Gilbert Furian
Der Richter und sein Lenker

»Das Buch von Gilbert Furian ist eine Hilfe, die Vergangenheit in der DDR besser zu verstehen. Indem die Berichte Einblick geben in Motive und Zusammenhänge von gefällten Entscheidungen, bewahren sie vor einfacher Aburteilung von Menschen und sind ein Beitrag zur Entfeindung und Versöhnung, die heute zwischen den Menschen im Osten und im Westen Deutschlands besonders nötig sind.«

Gottfried Forck

Gilbert Furian, geb. 1945 in Görlitz, wird 1962 aus der FDJ ausgeschlossen. Dolmetscher kann er damit nach seinem Abitur nicht werden. Er schließt eine Lehre als Verkehrskaufmann ab, beginnt nach der Armeezeit ein Philosophiestudium an der Karl-Marx-Universität Leipzig. 1971 aufgrund »negativen politischen Verhaltens« exmatrikuliert. Danach arbeitet er als Bearbeiter für Versicherungen und Inventuren in Leipzig und Berlin. 1985 wird er wegen »Anfertigen von Aufzeichnungen, die geeignet sind, den Interessen der DDR zu schaden« verhaftet, zu zwei Jahren und zwei Monaten Freiheitsentzug verurteilt und über ein Jahr eingesperrt. Ab 1986 organisatorischer Mitarbeiter in der Berliner Domkantorei. Im Herbst 1989 gründet er die Projektgruppe »Politische Justiz in der DDR« innerhalb der Initiative Frieden und Menschenrechte/IFM. Gegenwärtig ist er Hausmann; seine Frau arbeitet als Pastorin in Golzow.

Gilbert Furian

Der Richter und sein Lenker

Politische Justiz
in der DDR

Berichte und
Dokumente

mit Nachbemerkungen von Gottfried Forck

Verlag
Das Neue Berlin

ISBN 3-359-00659-3

1. Auflage
© 1992 Eulenspiegel · Das Neue Berlin
Verlagsgesellschaft mbH, Berlin
Alle Rechte vorbehalten
Umschlaggestaltung: Gerhard Medoch
Printed in Germany
Satz: Hagedornsatz Berlin
Druck und Binden: Dresdner Druck- und Verlagshaus GmbH

Gewidmet meiner Frau Katharina,
mit dem Versprechen, nie wieder ein Buch
zu schreiben.
Jedenfalls nicht gleich.

Zwischen Entrüstung
und Entfeindung

Welches Gesicht hatte sie, die *politische Justiz* der DDR? Was waren das für Menschen, die da tätig waren? Sind sie alle gleichermaßen schuldig? Wie stark war der Druck des Ministeriums für Staatssicherheit auf Richter und Staatsanwälte? Das sind nur einige Fragen, die mich bewogen haben, das vorliegende Buch in Angriff zu nehmen.

Als ich 1990 in der Gesetzgebungskommission *Rehabilitierung* beim DDR-Justizministerium mitgewirkt habe, wo mir auch Protagonisten der »normalen« DDR-Justiz begegnet sind, schien mir das Auftreten einiger ehemaliger politischer Häftlinge in dieser Kommission in eine Sackgasse der Vergeltungssucht zu führen. Da wurde oft gefordert, Richter und Staatsanwälte grundsätzlich zu entlassen, SED-Mitglieder unterschiedslos zu ächten und alle Mitarbeiter des ehemaligen MfS zu Kriminellen zu erklären.

Nun habe ich überhaupt keine Veranlassung, ein Loblied auf die politische Justiz der DDR zu singen – ich bin selbst 1985 zu zwei Jahren und zwei Monaten Freiheitsentzug verurteilt worden –, ich will auch einräumen, daß mancher ehemalige politische Häftling mehr Grund hat als ich, seinen ehemaligen Widersachern unduldsam entgegenzutreten, und in Sachen Rehabilitierung ist ganz gewiß noch nicht das letzte Wort gesprochen. Dennoch habe ich durch viele Begegnungen den Eindruck gewonnen, daß mit dem Raster *Opfer und Täter* wenig gewonnen ist, will man die Frage beantworten, wie das alles geschehen konnte. Es ist eben nicht nur eine Galerie von Bösewichtern, die einem da gegenübersteht. Dann wäre alles sehr einfach, das (Ver-)Urteilen würde einem leichtgemacht. Und die Neigung zu solcher Vereinfachung ist groß und weit verbreitet.

Ich habe an mir selbst beobachten müssen, daß eine differenzierte Betrachtung der eigenen Vergangenheit sich nicht von selbst, sozusagen automatisch einstellt. Als ich für *Mehl aus Mielkes Mühlen* meine eigene Geschichte aufschrieb, da habe ich in einer Art Abrechnungs-Übereifer die Rolle meines damaligen Verteidigers, Herrn de Maizière, in dessen Obhut ich mich im Prozeß selbst ausgesprochen geborgen gefühlt habe, in einer Weise dargestellt, daß er den Eindruck bekommen mußte, ich hätte sein Engagement für mich nicht wahrgenommen oder vergessen. Beabsichtigt hatte ich, meinen (wohlgemerkt erst Jahre danach entstandenen) Eindruck zu artikulieren, daß in solchen Verfahren ein Anwalt keine wirkliche Chance hatte, mehr als seelsorgerliche Rückendeckung zu geben. Ich will zudem nicht ausschließen, daß – neben dem genannten Übereifer, der ja genährt wurde vom dringenden Bedürfnis, mir mein Erleben von der Seele zu schreiben – auch meine Ablehnung von de Maizières Deutschlandpolitik in seiner Rolle als Ministerpräsident mich hat ungerecht werden lassen.

Wenn wir also die Vergangenheit verstehen wollen, und wenn wir darüber hinaus denen, die in der politischen Justiz oder ihrem Umfeld mitgewirkt haben, Rechenschaft abverlangen oder gar Buße und Reue nahelegen wollen, so müssen wir ihnen zuallererst einmal zuhören. Das Buch hat also weder Denunziation zur Absicht noch Reinwaschung. Weder die abstrakte Verurteilung als *Täter* noch die abstrakte Entschuldigung aufgrund einer Art *Befehlsnotstand* oder einer naivgläubigen weltanschaulichen Einbettung.

Die sehr verschiedenartigen Äußerungen – es wird ja nicht vordergründig interpretiert, sondern die Betreffenden kommen selbst zu Wort – zeigen trotz gewisser Ähnlichkeiten ein breites Spektrum von Amtsverständnis und Selbstverständnis. Natürlich hängt das, außer vom Charakter, nicht zuletzt auch von der gegenwärtigen Position in der Gesellschaft ab. Es macht schon Unterschiede, ob einer arbeitslos ist oder ob er in den Öffentlichen Dienst übernommen wurde; ob die ersehnte Übernahme als Richter oder Staatsanwalt abgelehnt worden ist oder ob von vornherein auf eine Bewerbung verzichtet wurde; ob jemand den 3. Oktober 1990 »nahtlos« überstanden hat oder ob er erst in den neuen Verhältnissen Fuß fassen muß. Ohnehin bezieht das Buch einen nicht geringen Teil seiner Spannung aus der Zerreißprobe, der die Protagonisten der politischen Justiz in der Umbruchzeit seit 1989 ausgesetzt sind. Anstelle einer rechtspolitischen Analyse habe ich also die Suche unternommen nach den Handlungsantrieben und Denkmustern der Befragten. Es soll deutlich werden, woher sie ihr inneres Gleichgewicht bezogen haben, wie sie es fertiggebracht haben, sich selbst abends ins Gesicht sehen zu können. Das Politische soll also nicht vordergründig als solches deklariert, es soll im Menschlichen aufgefunden werden.

Bestimmte Mechanismen im Zusammenspiel der einzelnen »Organe« der Justiz sollen dokumentiert werden, um auf diese Weise zu so etwas wie einer »Geschichtsschreibung von unten« beizutragen. Dieses *von unten* ist hier durchaus auch wörtlich zu nehmen, denn mit politischer Justiz ist hier nicht jene Spitze des Eisbergs gemeint, die in den Schauprozessen der fünfziger oder sechziger Jahre tätig war. Spektakuläre Namen sind ausgespart. Das hängt nicht nur mit der geringen Neigung dieses Personenkreises zusammen, sich zu äußern. Es ist dem Prinzip geschuldet, die weitaus zahlreicheren *Namenlosen* als die wirklich Repräsentativen zu erfassen. Das Buch versucht also besonders, das Ethos z.B. des *einfachen* Richters oder Staatsanwalts zu ergründen, der in seiner Arbeit mit den Bestimmungen des berüchtigten 8. Kapitels des Strafgesetzbuches der DDR (Straftaten gegen die staatliche Ordnung) konfrontiert war, und sei es *nur* an einem Kreisgericht und *nur* unter anderem.

Ein Hauptfaden, der sich durch das Buch zieht, besteht in der Idee, das Spektrum der an einem politischen Prozeß Beteiligten zu zeigen: also vom hauptamtlichen Spitzel über den, der die Verhöre durchführte, von dem in der Gesetzgebung Tätigen über den anklagenden Staatsanwalt bis hin zu dem das Gesetz anwendenden Richter. Ein zweiter Faden besteht aus meinen Beziehungen zu den Befragten, die mir zum Teil im Zusammenhang mit meiner Verurteilung von 1985 oder mit meinem 1990 erfolgten Freispruch (im Kassationsverfahren vor dem Stadtgericht Berlin) bzw. in der Gesetzgebungskommission *Rehabilitierung* begegnet sind. Dies entspringt nicht übertriebener Eitelkeit, sondern der Überlegung, daß zu diesen Personen ein genaueres Verhältnis möglich ist als das des Interviewers »vom grünen Tisch« zu völlig Unbekannten.

Im Gegensatz zu denen, die in *Mehl aus Mielkes Mühlen* über ihre eigene politisch begründete Inhaftierung zu

DDR-Zeiten berichtet haben – sie hatten nichts zu verbergen, sondern im Gegenteil etwas (oft viele Jahre lang selbst den eigenen Kindern) Verschwiegenes herauszuschreien –, haben einige von denen, die sich hier äußern, um Anonymität gebeten. Es muß sich dabei nicht in jedem Fall um ein Indiz für schlechtes Gewissen handeln. Die Atmosphäre in der Gesellschaft, vor allem in den Medien, ist nicht von der Art, zu öffentlichen Selbstdarstellungen, geschweige denn zu Schuldbekenntnissen zu ermuntern. Zudem sind die Gründe durchaus unterschiedlicher Natur, und ich habe solchen Wunsch respektiert, unabhängig davon, wie ich ihn für mich gewertet habe.

Die Gespräche sind zu verschiedenen Zeitpunkten des Jahres 1991 geführt worden, und ich gehe davon aus – gerade in solchen Umbruchsphasen ist das Finden neuer Werte ein ständiger Prozeß –, daß bestimmte Haltungen und Einschätzungen der Befragten sich in der Zwischenzeit geändert haben. Der Leser möge also bei der Beurteilung von dem jeweils historischen Stand ausgehen.

Damit man immer wieder daran erinnert wird, woher die politische Justiz der DDR ihren Ruf bezieht, welches System also auch die, die sich hier geäußert haben, repräsentieren, sind Auszüge aus Anklageschriften oder politischen Urteilen sowie Stellungnahmen von Verurteilten als *Kontrapunkte* eingefügt. Diese Auszüge stehen aber in keinem direkten Zusammenhang zu einer der befragten Personen.

Dies ist kein Tribunal in Buchform. Tribunale in ihrer Mischung aus Schauprozeß, Theaterinszenierung und Aggressionspodium sind kein geeignetes Forum für die Suche nach Antworten auf die eingangs genannten Fra-

11

gen. Sie wären zudem unter den gegenwärtigen Bedingungen eine Deponie, auf der all jene, die das DDR-System durch stillschweigendes Mitlaufen am Leben erhalten haben, ihren Schuldanteil abladen würden. Damit will ich die Verantwortung der Menschen, die im Buch zu Wort kommen, nicht bagatellisieren. Ich will nur darauf hinweisen, daß keine politische Ordnung allein durch ihre mit Machtbefugnissen ausgestatteten Exponenten getragen wird, sondern immer auch, wenn nicht sogar vor allem, durch jene fatale *schweigende Mehrheit*.

Golzow, Dezember 1991   *Gilbert Furian*

Die Zweifel haben nicht dazu geführt, zu sagen: Das ganze System stimmt nicht

Rudi Beckert, geb. 1932, war von 1956 bis 1965 Richter an Kreisgerichten, von 1966 bis 1971 Oberrichter am Bezirksgericht und von 1971 bis 1990 Oberrichter am Obersten Gericht, ist jetzt Altersübergangsgeld-Empfänger.

Wenn man gerade 20 Jahre alt ist und immer zu Hause gewesen, dann gibt es nur das Motto: Verlaß dich drauf, was die andern sagen, dann wirst du was finden, und genau so war es mit meiner Berufswahl – in Anführungsstrichen. Welche Verantwortung und welches Ethos dazu gehören, wenn man den Beruf des Richters ausübt, das hat sich, wenn man von der Universität abgeht, noch gar nicht herausgestellt. Und als 1956 das Staatsexamen bevorstand, wurde uns gesagt: Du mußt – nein, *Sie* müssen – ich war zu dieser Zeit noch nicht Genosse – Richter werden, etwas anderes gibt es nicht. Ich bin also in das ganze System und in den Ablauf der Justizmaschine hineingekommen, weil ich nichts anderes kannte. Ich habe mich dann damit abgefunden und langsam auch selbst davon überzeugt und mich überzeugen lassen, daß es gerade so richtig ist und nicht anders. Einzelfälle waren kein Grund, sich aufzulehnen oder Widerspruch anzumelden, so sinnlos es sowieso gewesen wäre, aber ich habe auch keine Anlässe gesehen, irgendwo ernsthaft zu widersprechen.

Am Gericht war ich dann hineingeworfen, wurde vor einen Berg Akten gesetzt mit einfachen alltäglichen Dingen, wie sie an allen deutschen Gerichten vorkommen: vom kleinen Diebstahl über einen Mietstreit bis zu einer Nachbarschaftsauseinandersetzung. Was anderes war für einen Anfänger nicht drin. Erst im Laufe einer gewissen Zeit war es möglich, sich zu »qualifizieren«. Das hat viele Jahre gedauert. Natürlich bringt dieser Beruf keine neutrale Position, sondern Verantwortung in einer konkreten Zeit mit politischem Umfeld. Und ich habe auch diese politischen Strafsachen bearbeitet. (Ich glaube, es gab schon das Paßgesetz, auch die *Staatsverleumdung*. Der *Widerstand* war im alten Strafgesetzbuch aus dem Jahre 1871 enthalten.) Hier gab es ständige Anleitung und Kontrolle sowie – als Hilfe – eine Sammlung von Entscheidungen, aber es gab auch ältere Kollegen, von denen man erfahren konnte, wie die Rechtsprechung zu laufen hat. Die Benjamin* zum Beispiel war für diejenigen, die damals anfingen, eine Ehrfurchtsperson (wobei das Gewicht vielleicht mehr auf der *Furcht* lag). Der Respekt und die Bange, daß man irgendwas falsch macht und bei ihr in Ungnade fällt, kamen hinzu. Sie soll auch nachtragend gewesen sein. Sie hatte ja Beinamen, die sie wohl zu Recht trug: die *Rote Hilde,* die *Blutige Hilde,* die Todesurteile mit Freude verkünden konnte. Vielleicht, ich war nie dabei, aber es ist nicht ausgeschlossen. Ich kenne Zitate, da stehen mir die Haare zu Berge. Trotzdem – es klingt unglaublich, aber es stimmt – war sie im Umgang nicht so. Wer eine ordentliche Arbeit machte, also handwerklich, und auch sonst nicht unangenehm auffiel, dem war sie eine Mutter (wenn sie auch

---

* Hilde Benjamin, Justizministerin der DDR von 1953 bis 1967

vom Äußeren keine Muttergestalt war). Und das hat den einen oder anderen verleitet, ehrfurchtsvoll zu ihr aufzusehen. Sie konnte hervorragend reden und einiges mehr. Sie war für uns eben die Leitfigur. Und die Art und Weise ihrer Verhandlungen, über die sie ja selbst immer auch sprach, war natürlich für die Richtergeneration meiner Zeit zumindest ein Leitbild, nach dem man sich richtete.

Die letzte Begegnung mit ihr hatte ich kurz vor ihrem Tode, vielleicht 1988, als sie – eigentlich nur als Besuch – auf Einladung des damaligen Präsidenten wieder zum Obersten Gericht kam. Ich würde sagen, sie konnte sich da was aus früheren Zeiten angucken und kam dann mit den Prominenten zusammen. Ich war aus Protokollgründen dabei. Anwesend waren der Präsident des Obersten Gerichts, die Vizepräsidenten und die Parteisekretärin, die B. – mit ihren persönlichen Mitarbeitern. Und es wurde ihr dann berichtet, daß wir versuchten, mehr Strafen ohne Freiheitsentzug anzuwenden, also durch Überzeugung anstatt durch Zwang vor allem auf jüngere Menschen Einfluß zu nehmen. Und da zischte sie dann dazwischen (so klein wie sie war, kam sie kaum über den Tisch, klapperte förmlich, mußte ja gestützt werden, aber ihr Geist war unheimlich wach), – sie zischelte also: Warum so milde? Nun konnte man ja wirklich nicht sagen, daß wir milde waren, aber sie hatte nichts gelernt, oder besser: innerlich hatte sich bei ihr nichts verändert. Und da wurde ich stutzig.

Ich habe damals – in den fünfziger Jahren – diese politischen Sachen nicht als etwas Außergewöhnliches wahrgenommen, als etwas, das von der »normalen« zivilen Rechtsprechung abweicht oder außerhalb ihrer liegt. Eklatante Beispiele dafür, daß ich mal gegen etwas hätte sein müssen, gab es zweifellos, aber erst später. Da waren einige Konflikte, die ich mit der Partei hatte. Ich bin relativ spät, erst 1959, in die SED eingetreten. Mehrfach war ich angesprochen worden: Das gehört dazu, du mußt und so weiter. Der Direktor eines Kreisgerichts mußte immer in der SED sein. Das aus heutiger Sicht Bemerkenswerte ist, wie ich diese Konflikte verkraftet habe. Ich erinnere mich an ein Parteiverfahren, das ich 1960/61 bekommen hatte, aus einem albernen Anlaß, der aber zu einer Prinzipienfrage gemacht wurde. Ich hatte angeblich am 1. Mai abgelehnt, eine rote Fahne zu tragen (was nicht stimmte) und dafür eine strenge Rüge erhalten. Als es dann wenig später um die Aufenthaltsbeschränkung für einen Bauern ging, der nicht in die LPG eintreten wollte, wurde von seiten der Kreisleitung gedroht: Wenn du nicht anders entscheidest, dann rollen wir dein Parteiverfahren wieder auf. Somit gab es für einen, der bis dahin schon einige Jahre Richterberuf hinter sich hatte, nur die Alternative: Entweder du machst es so, wie sie es wollen, und glaubst, es ist vielleicht doch richtig (es ist schlimm, daß ich das heute sagen muß, und ich betrachte mich ja wegen dieser Geschichte auch nicht als Opfer, sondern sehe sie als Anzeichen dafür, daß man hätte ganz anders reagieren müssen), oder du verläßt den Beruf, hast dein Studium umsonst gemacht und fängst wieder von vorne an. Und deine Familie ist ja auch noch da. (Dort und in der Verwandtschaft hatte ich natürlich eine Erziehung genossen, die ganz im Sinne der SED gewesen ist, sonst wäre die Situation recht kompliziert geworden.) Aber ich bin auch kein Kämpfer, kein Typ, der, sagen wir mal, sich zum Helden aufspielen konnte. Ich will nicht sagen: So haben es ja wohl die meisten gemacht, aber es dürfte doch stimmen – das ist wahrscheinlich die ganze Misere und die ganze Tragik –, daß in dieser Zeit Charaktere geformt wurden, ohne daß sie selbst merkten, daß sie verformt wurden.

Es kommt hinzu, daß man ja in jungen Jahren gezwungen war, sich auf die Erfahrungen Älterer zu verlassen. Das konnte dann durchaus so weit führen, daß man kapituliert hat und nur als Vorwand oder Argument oder Entschuldigung sagte: Die da oben werden es schon besser wissen. Da ich selber später ziemlich weit oben gelandet bin, muß ich sagen: Es wäre denen oben vielleicht gar nicht so unrecht gewesen, wenn sie mehr Widerspruch erfahren hätten von unten, von der Basis, wie man so schön sagte. Die Notwendigkeit, lebhaft und auch widersprüchlich zu diskutieren, Standpunkte auch kontrovers auszutauschen, habe ich jedenfalls immer empfunden, je mehr ich in meiner Entwicklung als Richter nach oben gekommen bin. Ich habe bis heute keine schlüssige Antwort, warum das Gegenteil von dem, was ich wollte, eintrat. Wahrscheinlich habe ich mir resignierend gesagt: Wenn es so beschlossen wird, dann soll es eben so sein, dann müssen wir also nur noch die richtigen juristischen Begründungen dafür finden. Schlimmerweise haben wir sie ja auch gefunden. Und obwohl ich selber in diesem System viele Jahre *mitgeplant, mitgearbeitet und mitregiert** und letzten Endes eben auch zu Ungerechtigkeiten in Dimensionen beigetragen habe, die heute erst sichtbar werden – muß ich doch, auch wenn ich an sehr hoher Stelle tätig war, für mich in Anspruch nehmen: Das, was heute bekannt ist und bekannt wird, haben Menschen in meiner Situation

---

* »Plane mit, arbeite mit, regiere mit!« – Losung der sechziger Jahre

nicht gewußt. Und sie sollten es bestimmt auch nicht wissen.

Aus: Exposé für eine Publikation mit dem Arbeitstitel DIE ERSTE UND LETZTE INSTANZ
Politische Strafprozesse vor dem Obersten Gericht der DDR:

Berlin, 30. 4. 1991

I. Vorbemerkung

Akten des Obersten Gerichts der DDR, die mit dem Zeichen »1 Zst (I)« beginnen, [...] gehören zu den bedeutungsvollsten und brisantesten Dokumenten über die Geschichte der Justiz dieses Landes. Es handelt sich um Verfahren vor dem 1. Strafsenat des höchsten Rechtsprechungsorgans der DDR, in denen ausschließlich der Präsident oder ein Vizepräsident den Vorsitz hatten.

Die Sammlung der Urteile dieses Senats befand sich bis Ende 1989 in einem Panzerschrank, zu dem nur der Präsident und einige seiner engsten Vertrauten Zugang hatten. Die Akten selbst verschwanden ohnehin nach der Durchführung des Prozesses wieder im Archiv des MfS. Der Autor – selbst über 30 Jahre Richter in der DDR, davon rund 19 Jahre am Obersten Gericht – hat nach der Wende zum ersten Mal diese Sammlung gesehen und Akten aus dem Archiv des MfS gelesen, die im Zusammenhang mit Rehabilitierungsgesuchen ehemals Verurteilter oder deren Angehöriger angefordert worden sind.

Die Zeit, die dem Obersten Gericht blieb, bevor es seine Tätigkeit einzustellen hatte, war viel zu kurz, um begangenes Unrecht nachträglich selbst

zu korrigieren. Einige, die Verantwortung trugen,
wollten dies wohl auch gar nicht.

Aus unterschiedlichen Gründen standen nicht
alle oder nur unvollständige Akten zur Verfügung,
weshalb manche Fakten und Zusammenhänge feh-
len.

Die zugänglich gewesenen Dokumente bieten in-
des ein erschreckendes Bild von einer ungerech-
ten, menschenverachtenden Justiz. Diese Arbeit
soll beitragen, eines der dunkelsten Kapitel der
DDR-Geschichte aufzuhellen, ohne zu verschwei-
gen, daß der Verfasser bis zur Wende 1989 ein
aktiver Verfechter des »sozialistischen Rechts-
staates« DDR war. [...]

Ich habe meinen Beruf begonnen, da galt das alte
Strafrecht noch. Nebenher galten natürlich eine Reihe
von Bestimmungen, die neu waren und die ich jetzt mal
im weiteren Sinne als politische einordnen will. Dazu
gehörten beispielsweise eine Wirtschaftsstrafverord-
nung, ein Volkseigentumsschutzgesetz, ein Handels-
schutzgesetz – also Bestimmungen, die in den fünfziger
Jahren existierten, mit furchtbaren Strafen: für die illegale Einfuhr von Kaffee – zwei Jahre Zuchthaus als
Mindeststrafe. Oder z.B. für eine Aktentasche voll Koh-
le, die ein Arbeiter aus dem Betrieb mitnimmt – ein Jahr
Zuchthaus. Wir haben es zu dieser Zeit als sehr, sehr
schlimm empfunden, solche Strafen aussprechen zu
müssen, die im Gesetz so zwingend vorgeschrieben
waren, daß man gar nicht anders konnte. So wie später
beim § 213 [ungesetzlicher Grenzübertritt, G. F.] sich
höchstens an der Strafzumessung etwas machen ließ,
aber an der Tatbestandsmäßigkeit und am objektiv unge-

rechten Gehalt des Gesetzes selber kein Richter etwas ändern konnte, das durfte er nicht.

So empfanden wir die erste gravierende Änderung des DDR-Strafrechts 1968 als den Versuch, zu differenzieren und nicht alles so kraß zu kriminalisieren. Das lief ja parallel oder sagen wir mal synchron mit Ulbrichts »sozialistischer Menschengemeinschaft«, die ja, ganz profan auf einen Nenner gebracht, besagte: Es wird alles besser, wir wachsen mehr und mehr zusammen, vom gläubigen Christen bis zum ganz konsequenten Marxisten und Leninisten werden alle an einem Strang ziehen, bis im Ergebnis einer friedlichen Entwicklung eine schöne, wohltätige Gesellschaft existiert.

Trotzdem ist nachzuweisen, daß es eine Verschärfung des politischen Strafrechts gab. Der Artikel 6 der Verfassung* – ich mußte ihn zum Glück nicht anwenden – verschwand zwar aus der Strafrechtspraxis, wurde aber durch variablere Bestimmungen ersetzt. (Dieser Artikel 6 ließ ja kaum eine richtige Differenzierung zu, und wenn, dann wurde sie gestaltet nach den zentralen Orientierungen, und die waren genauso schlimm.) Außerdem führte man Straftatbestände ein, die dazu dienen sollten und dienten, politisch Andersdenkende zu kriminalisieren. Aber die Zweifel, die einem hier kamen, haben nicht dazu geführt, daß man ernsthaft und laut gesagt hätte: Das ganze System stimmt nicht. Denn das wäre ja die Konsequenz gewesen. Ich konnte nicht sagen, der Paragraph 249 muß weg oder vielleicht auch der 213, auch nicht, die *staatsfeindliche Hetze* kann ich nicht anwenden und nicht jeden zweiten, der nega-

---

* Hier und im weiteren Text werden die jeweiligen Paragraphen oder Artikel der gesetzlichen Grundlagen des politischen Strafrechts nur genannt. Der Wortlaut findet sich im Anhang.

tive Äußerungen über bestimmte staatliche Maßnahmen macht, zum Hetzer und Staatsfeind stempeln. Das wäre sicher richtig gewesen, wenn ich es gemacht hätte, aber es hätte dem einzelnen nichts genützt, und es hätte auch nichts geändert, weil es das System und die innere Struktur der Gesellschaft nicht angetastet hätte, die Linie also, die hier gefahren wurde in den Parteibeschlüssen, die ja den Ursprung gesetzt haben.

Aus: Exposé für eine Publikation...:

[...] Der Grund, weshalb nach 1972 kein erstinstanzliches Strafverfahren mehr an das OG gelangte, ist offensichtlich: Man konnte es sich angesichts der internationalen Situation, nach Helsinki, nach der formellen Anerkennung von Konventionen u.a. über Menschenrechte durch die DDR, nicht länger leisten, einen Prozeß vor der höchsten Instanz des Landes durchzuführen, in dem einem Angeklagten kein Rechtsmittel* zustand.

In den folgenden Jahren wurden deshalb die Anklagen – angeleitet und kontrolliert durch den Generalstaatsanwalt der DDR – vor den I. Strafsenaten der Bezirksgerichte erhoben. Die für die entsprechende Anleitung in politischen Sachen Verantwortlichen des OG – der Präsident, der Vizepräsident und die Richter des I. Strafsenats – waren selbstverständlich über den Gegenstand der Verfahren vorher informiert. Sie sorgten erforderlichenfalls durch »Konsultationen« dafür, daß die nachgeordneten Richter nichts falsch machten. [...]

---

* Rechtsmittel: z. B. Berufung des Verurteilten oder Protest des Staatsanwalts (Strafprozeßordnung der DDR, 5. Kapitel)

Die Beziehungen der Staatssicherheit zum Gericht, zum Richter, waren nicht so einfach, daß da am Telefon gesagt wurde: Komm doch mal rüber. Die Richter, die in politischen Sachen tätig waren, sind generell dazu verpflichtet und auch darauf ausgerichtet gewesen, den Willen dieser Leute zu erfüllen. Sie waren Vermittler des Willens der Staatssicherheit. Aber das geschah nun nicht durch unmittelbaren Kontakt, daß etwa jemand kam und sagte: Jetzt will ich dich mal in der und der Angelegenheit sprechen. Im Gegenteil, das war recht distanziert. Es war eine jahrzehntelange Tradition, daß der Schlußbericht des MfS Gegenstand der Anklageschrift wurde, das heißt, die Staatsanwälte der Abteilung I waren nicht unbedingt die fleißigsten oder variabelsten. Sie hatten ein hervorragend formuliertes Material vor sich und mußten nur einen anderen Kopfbogen nehmen. Höchstens stilistisch wurde einiges geändert, sonst nichts. Es hat wenig Anlaß gegeben, am Inhalt so einer Akte zu zweifeln. Die Geständnisse waren die Krönung. Oder andere Beweismittel, die ja im Grunde genommen keine waren, sondern lediglich Bestätigungen, daß z.B. in Westberlin diese und jene Agentenorganisation existiert oder daß diese und jene Sendung des SFB eben eine feindliche Sendung ist, und wenn sich jemand an die gewendet hat, dann war das Verbindung zu einer feindlichen Organisation. Das hatte der Richter zu übernehmen (es war ja wie ein Gutachten formuliert), und er verlas es dann in der Verhandlung. Also im allgemeinen war das alles glatt.

Der Richter selbst durfte nicht wissen, daß es z.B. Sendungen gibt wie *Briefe ohne Unterschrift,* er mußte sich das schriftlich bestätigen lassen. Ja, Sie lachen darüber, das ist kurios, skurril und albern, aber so ist es eben gewesen. Ich kann mich noch erinnern an eine Sache, die ist auch lächerlich: Ich war damals immerhin so gebildet zu wissen, daß Wenke Myhre eine Sängerin ist, eine norwegische. Aber der Staatsanwalt haute dann rein, der Angeklagte habe staatsfeindliche Verbindungen gehabt und sich auch an einen Herrn Wenke Myhre gewandt. Und als wir sagten: Herr Staatsanwalt, das ist eine Sängerin, war die Antwort: Das ist ja völlig egal.

Es gab auch manchmal politische Gutachten – das Institut für Zeitgeschichte hat solche Sachen gemacht. Das waren feine Formulierungen; die wußten auch, was verlangt wird.

Hauptinhalt der Verbindung zur Staatssicherheit war der Ablauf des Prozesses. Auf jeden Fall wurden solche Sachen angesprochen wie die Frage: Wird die Öffentlichkeit ausgeschlossen, oder findet der Prozeß sogar vor einer Öffentlichkeit statt, oder lädt man dazu Leute, die dann sozusagen die politische Auswertung in ihren Bereichen übernehmen. Manchmal haben sie gefragt: Wie lange braucht denn der Genosse Richter, bis er seinen Prozeß eröffnet hat, bis er ihn abgeschlossen hat. Und sie waren ungehalten, wenn man gesagt hat, ich möchte erst mal in Ruhe lesen. Die Antwort war: Das ist doch alles fertig, ist doch alles klar. Dabei haben wir uns ja eigentlich gar nicht Zeit gelassen, sondern diese Sachen sehr konzentriert bearbeitet, aber von mir konnte keiner verlangen, daß ich einfach unkritisch alles übernehme. Und ich habe auch Abstriche gemacht, ganz zweifellos. Die waren sicher geringfügig, aber es gab welche. Ich will mich dafür nicht loben, aber ich mußte dann immer gewärtig sein, gefragt zu werden, warum ich mir das erlaubt habe – je nachdem, wie schwerwiegend denn nun die Abweichung vom Antrag des Staatsanwaltes war.

Manchmal wollten die Leute vom MfS die Verhandlung mitschneiden und haben dann auch ganz offiziell Mikrofone aufgestellt. Für welchen Zweck, weiß ich nicht, ich habe mir das auch nie angehört, für mich war es unwesentlich. Vielleicht zählte das für die auch als Schulungsmaterial, oder sie hatten andere Gründe. Ich weiß es nicht. Aber Detailabsprachen über die Strafen hat es nicht gegeben. Was allerdings MfS und Staatsanwalt ausgemacht haben, weiß ich nicht. Gelegentlich gab es auch mal eine Rückgabe zur Nachermittlung, nicht zur Freude der Ermittler. Woran ich mich erinnere: Ein Zahnarzt, prominenter Arzt, kauft sich Lupen oder Brenngläser, geht fortlaufend in den Wald damit und will die Funktion der Brenngläser ausnutzen, um Waldbrände zu verursachen, was ihm merkwürdigerweise nie gelungen ist. Er gibt als Motiv an, politische Signale setzen zu wollen, um dann als Flüchtling anerkannt zu werden. Nun kann das ja alles sein, aber daß man deshalb Waldbrände legt, ich weiß nicht, ein Mann mit dieser Intelligenz... Ich habe dann gesagt, geht mal erst zum Psychiater und fragt, ob der eine Erklärung für dieses abstruse Zeug findet. Was dabei rausgekommen ist? Zumindest war er zurechnungsfähig, denn er ist verurteilt worden. Aber es war für mich eine – ich will nicht sagen Entlastung, aber es war für mich eine Möglichkeit, mit Hilfe von Gutachten mehr über Motive zu erfahren, als es ein nackter Jurist kann. Die Leute vom Untersuchungsorgan haben sich zumindest geärgert, daß der Richter diese Frage gestellt hat und nicht sie schon vorher, weil sie eben dachten, es läuft alles glatt. Solche Berührungen gab es also, aber nie hat jemand die Kompetenz des Richters angezweifelt, das konnten sie nicht, das ging nicht. Sie brauchten uns ja, und sie gebrauchten uns.

[G. F.: Trotz ausgeschlossener Öffentlichkeit hat ja meist jemand vom MfS mit drin gesessen. Hat das keine Wirkung gehabt auf Ihren Spielraum, er mag ja ohnehin eng gewesen sein, aber haben Sie sich dadurch nicht beeinträchtigt gefühlt?]

Nein, ich muß sogar die dumme Gegenfrage stellen: Aus welchen Gründen soll er denn den Richter unter Druck setzen durch seine Anwesenheit? [G. F.: Es wäre doch denkbar gewesen, daß der Richter den Prozeß in einer Art und Weise führt, die dem Untersuchungsorgan nicht gefällt.] Nun, da müssen Sie folgendes wissen: Natürlich sind uns immer die »Unvoreingenommenheit« und die »Unschuld bis zur Feststellung der Schuld« gelehrt worden. Solange ist der Richter erst einmal gehalten, an der Schuld zu zweifeln, und hat auch demzufolge seine eigenen Vernehmungen des Angeklagten durchzuführen. Das ist wohl wahr, aber er hat ja ein Ermittlungsergebnis. Und nur dann, wenn das Anhaltspunkte für Zweifel geboten hätte, wären solche Fragen zu erwarten gewesen. Ich sagte ja, die Ermittlungsverfahren waren glatt, und sie waren auch von der Machart sauber; nennen Sie es preußisch, stereotyp dazu.

Ich dachte jedenfalls immer, der Vernehmer muß da sitzen, weil er sich das anhören will, damit er es in Zukunft noch besser macht, was weiß ich. Das war wirklich meine Auffassung, Sie mögen es glauben oder nicht. So ist es natürlich nicht gewesen, natürlich sollte der Angeklagte an seinen Geständnissen festhalten, aber ich habe es eben anders empfunden. Sicher war man – das zeigt sich ja hier – nicht kritisch (das wäre das Allerwenigste gewesen, ob man nun Grund gehabt hätte oder nicht). Und schon gar nicht mißtrauisch. Das stimmt, das hätte man natürlich auch sein müssen, klar. Aber es war nie so, daß man aus der bloßen Anwesenheit des MfS etwas hätte befürchten müssen. Also da hätte man ja selbst irgendwelche Zweifel äußern müssen.

Aus: Exposé für eine Publikation...:
[...] Kriegs-, Boykott- und andere Hetze, Spionage, Sabotage und sonstige »Staatsverbrechen«: Dieser Teil soll sich mit Verfahren wegen unterschiedlicher Handlungen gegen den Staat und seine Grundlagen in Form von Spionage, Sabotage, Diversion, staatsfeindlicher Hetze u.a. beschäftigen.*

Meist wurde davon ausgegangen, daß die Angeklagten im Auftrag von Institutionen, Organisationen oder Personen aus der Bundesrepublik und Westberlin gehandelt hätten. Häufig werden der BND (Gehlen-Dienst), der Untersuchungsausschuß freiheitlicher Juristen und die Kampfgruppe gegen Unmenschlichkeit, nicht selten auch der als »Spionagezentrale« oder »Hetzsender« bezeichnete RIAS als Auftraggeber der Angeklagten genannt.

Verurteilungen ehemaliger Mitarbeiter des MfS, die für den »Klassenfeind« gearbeitet haben sollten, enthalten unglaubwürdige Unterstellungen und eine »Beweisführung«, die keiner ordentlichen Überprüfung standhält.

Es gibt auch in diesen Prozessen nachweislich gravierende Verletzungen grundlegender Rechte der Beschuldigten bzw. Angeklagten. In einigen Fällen entstand für die Betroffenen eine besonders

---

* Rudi Beckert hat an keinem dieser Verfahren teilgenommen. Die genannten Akten sind ihm erst nach November 1989 zugänglich gewesen.

belastende Situation dadurch, daß sie in einer Gruppe angeklagt worden sind, z.B. im Auftrag der KgU* gehandelt zu haben, jedoch lagen weder gemeinsam begangene Taten vor, noch sind sich die Angeklagten bis zum Prozeß jemals persönlich begegnet.

Die in diesem Teil (aber nicht nur hier) zu besprechenden Prozesse bedürfen einer differenzierten Betrachtung. Bestimmte zur Last gelegte Handlungen (Brandstiftung, Körperverletzung, Nötigung u.a.) wären auch in einer rechtsstaatlichen Ordnung zu ahnden gewesen.

Entscheidend ist die außergewöhnliche, unmenschliche Härte, mit der die Justiz reagierte. Die Strafen standen in keinem Verhältnis zu den angelasteten Handlungen, die häufig nur Versuche und nicht realisierte Pläne waren. Die Richter bedienten sich zur Begründung solcher Urteile einer allgemeinen politischen Argumentation und der »Lehre« vom Klassenkampf. [...]

Wenn man eine Weltanschauung verliert, oder besser gesagt: wenn man sie ablegt und als untauglich hinstellt, dann heißt das ja noch nicht, daß man gleich eine Ersatz-Ideologie bei der Hand hat. Die Erkenntnisse, die ich jetzt gewonnen habe, sind ja so schlimm, daß man noch lange damit zu tun haben wird. Vielleicht kommt man da überhaupt nicht zu einem Ende. Das, was sich freilich jetzt hier entwickelt, ist nun bei weitem nicht mein Ideal, davon können Sie ausgehen. Aber es gibt für mich keine

---

* KgU – Kampfgruppe gegen Unmenschlichkeit – Organisation in der Bundesrepublik Deutschland zur Unterstützung des Widerstands in Ostdeutschland.

Alternative. Im Augenblick schon gar nicht. Und es gibt noch weniger ein Zurück, ein bißchen Sozialismus und ein bißchen dies und ein bißchen jenes. Das geht einfach nicht. Dann wird man so eine Art Traumtänzer in dieser brutalen Zeit, und man wird immer scheitern.

Es ist schön, wenn man sich Ideale schafft und bewahrt, aber sozialistische Ideale dürfen nicht hängen und kleben an einem Marxismus, von Kommunismus will ich mal ganz schweigen. Wir sind ja dabei, all das, was es hier in diesem Land an politischem Terror und an politischer Justiz gegeben hat, mit Stalinismus zu erklären, was es zweifellos zum überwiegenden Teil auch war. Aber dieser Stalinismus ist noch längst nicht die Wurzel. Das fängt doch alles schon mit dem Leninismus an, weil die Revolutionstheorie von Lenin ja auch den Terroraspekt enthält und solche Begriffe wie »demokratischer Zentralismus« oder »Diktatur des Proletariats« in einem negativen Sinne entwickelt wurden. Und darauf beruhen ja eigentlich auch alle juristisch formulierten Dinge.

Bis in die 70er Jahre waren den Angehörigen von Armee, Sicherheitsorganen, Polizei und Justiz (Partei sowieso) Westfernsehen und Westrundfunk verboten. Und ich sage Ihnen, bis 1971 habe ich Dussel mich daran gehalten. Nun kann man sagen, das ist schon der erste Nachweis, daß ich mit einem ganz engen Horizont ausgerüstet war. Das stimmt. Den Horizont habe ich mir sogar selbst geschaffen, weil ich es eben gehalten habe damit. (Ich will nicht sagen, daß ich in den 50er Jahren anders gewesen bin, aber meine Haltung am 17. Juni 1953 war so, daß mein Vater mich beinahe rausgeschmissen hätte. Das ist eben das Auf und Ab. Ich bin deshalb kein Held geworden oder Opfer. Ich will bloß sagen: Manchmal merkt man doch, daß man auch mal eine andere Seite hatte.)

Aber wer hat uns denn an der Universität oder zu Beginn der Tätigkeit oder all die Jahre danach jemals erklärt, was richterliche Unabhängigkeit ist und wie der Richter dafür sein eigenes Kreuz der Umwelt zum Trotz beweisen muß? Es wurde doch die einheitliche Staatsgewalt propagiert und die Justiz zum Anhängsel des Staates gemacht, der Volksvertretung untergeordnet und damit die Unabhängigkeit der Richter beseitigt. Die Unabhängigkeit ist wirklich ein Eckpfeiler, und was darunter zu verstehen ist, muß man natürlich auch gelernt haben. Insofern verstehe ich schon, daß man jetzt einem Richter, der 40 Jahre lang nicht unabhängig war, sondern abhängig von der Gnade der Partei, von der Wahl durch die Volksvertretung und von der Kritik von oben – daß man dem sagt: Du wirst kaum in der Lage sein, jetzt unter neuen Verhältnissen rechtsstaatlich zu arbeiten.

Ich habe nur etwas gegen die pauschalen Urteile, die pauschalen Zweifel. Dahinter stecken, glaube ich, ein großes Maß an Überheblichkeit und ein Verfolgungswahn sowie eine Angst vor Leuten, die geistig auch etwas drauf haben und deshalb anderen vielleicht das Brot wegnehmen, sie überflügeln könnten. Oder weiß ich, was dahinter steckt. Jedenfalls nichts Gutes, nichts, was ich als korrekt und gerecht bezeichnen könnte. Und es kommt noch eins hinzu: So macht man Leute – die mindestens loyal sind, wenn nicht mehr, die bereit sind mitzuziehen und etwas zu verändern, zumal sie die Verhältnisse kennen – unter Umständen noch zu Feinden. Leute, die Schuld haben, sollen diese verantworten, über sie sprechen, sie bekennen, das ist die Voraussetzung. Man muß sie nur lassen, man muß sie nur lassen.

Ich selbst bin nicht christlich erzogen und habe auch keinen Glauben. Deshalb gelingt es mir auch auf diese Weise nicht, wieder ein Rückgrat zu bekommen. Das ist mir gebrochen, und die Leute, die jetzt an der Macht sind, tun alles, um es weiter krumm zu halten. Damit muß ich leben, damit muß ich fertig werden, denn ich habe 40 Jahre diese Gesellschaft gestützt. Das ist der Preis, den ich zu bezahlen habe. Mir ist nur nicht klar, warum denen, die den ehrlichen Willen haben, sagen wir mal, Konsequenzen zu ziehen und etwas wiedergutzumachen, keine Gelegenheit dazu gegeben wird, es sei denn zu reden, wie ich das jetzt tue.

Aus: Exposé für eine Publikation...:
Prozesse gegen führende DDR-Politiker*
Einige Prozesse haben ihre herausragende Bedeutung durch die Persönlichkeiten, die auf der Anklagebank saßen. Führende Politiker der DDR, der SED und der »Blockparteien« fielen aus den unterschiedlichsten Gründen in Ungnade oder wurden den politischen Zielen (Ulbricht) geopfert. [...]
Beispiele:
– Fritz Sperling, Bruno Goldhammer und Paul Merker im Zusammenhang mit der sogenannten Noel-Field-Affaire. Hier wird zum ersten Mal der weithin unbekannte Freispruch Merkers, die einzige juristische Rehabilitierung durch das OG, wiedergegeben;

---

* Zu diesem Thema ist beim *Deutschlandfunk* das Material einer Funkdokumentation von Rudi Beckert / Karl Wilhelm Fricke: *Auf Weisung des Politbüros. Aus den Geheimprozeßakten des Obersten DDR-Gerichts* erhältlich.

– Dr. Karl Hamann und fünf Mitangeklagte, der er-
ste Handelsminister, Parteivorsitzender der LDPD;
[...] In Wirklichkeit ließ die Parteiführung, nament-
lich Walter Ulbricht, durch ihre zuverlässigen Leute
(Mielke, Melsheimer, Benjamin u.a.) jene Personen
ausschalten, die der vorgegebenen Einheitslinie
und persönlichen Machtausbreitung im Wege stan-
den oder zu stehen schienen. Allein der Verdacht
genügte, um aus einem getreuen Genossen einen
Feind zu machen. So werden bestimmte Zusam-
menhänge sichtbar: Mitangeklagter Hamanns war
dessen Staatssekretär Paul Baender (SED), der seit
dem Exil enge persönliche Beziehungen zu Merker
hatte; auch der Name des 1957 (!) verurteilten Wal-
ter Janka taucht auf. Bei Dertinger heißt der zweite
Angeklagte Dr. Dr. Helmut Brandt (CDU), Anfang
der 50er Jahre Staatssekretär in dem von Fechner
geleiteten Justizministerium, der sich – zum Ver-
druß der SED-Führung – gegen die ihm bekannt
gewordenen Ungesetzlichkeiten in den sogenann-
ten Waldheimer Prozessen eingesetzt hatte. [...]

Wenn Sie mich nach Zeiten in meiner Amtsausübung
fragen, für die ich mich schämen müßte, so will ich ein
einziges Beispiel nennen, wahrscheinlich das schlimmste und sicher das treffendste. Das ist 1968 – die Zeit
nach dem Einmarsch der Truppen in die Tschechoslowa-
kei, die Rechtsprechung gegen alle, die für einen Früh-
ling auch hier im Lande waren, die manchmal nur
Dubček hochleben ließen oder »Freiheit« an die Wand
schrieben, die gegen den Einmarsch waren und dann
verurteilt wurden. Ich habe an dieser Rechtsprechung
Anteil gehabt, habe solche Prozesse selbst durchgeführt.

Und ich würde mich ohne Wenn und Aber, ohne Drumherum in jedem einzelnen Fall bei den Verurteilten dafür entschuldigen. Für diese Entscheidungen schäme ich mich seit langem schon abscheulich. Wie wir sie abschrieben von anderen Entscheidungen, die uns vorgegeben waren, wie wir sie begründet haben ... Deshalb muß ich – was meine Teilnahme an den Rehabilitierungsverfahren angeht – sagen: So belastend die Arbeit war, es gehörte zu meiner Auffassung: Du hast etwas wiedergutzumachen. Man kann es eigentlich gar nicht Wiedergutmachen nennen, sondern: Du hast also etwas dazu beizutragen, daß die Ungerechtigkeiten, die in den vergangenen Jahrzehnten passiert sind, einigermaßen abgegolten werden. Und das sage ich nicht einfach so hin, sondern ich glaube, in dieser Zeit habe ich meine Gesundheit mehr ruiniert als in den 35 Jahren davor. Diese Aufgabe hat einen fertiggemacht, und sie hat mir keine Freunde eingebracht im eigenen Hause.

Ich wüßte aber nicht, auf welche Art und Weise und mit welchen Worten ich ehemaligen Verurteilten aus jener Zeit entgegengetreten wäre, wenn sie gekommen wären und gesagt hätten, sie wollen rehabilitiert werden. Es wäre mir sehr schwergefallen, aber es wäre mir nach so vielen Jahren eine innerliche Erleichterung gewesen. Obwohl diese Arbeit also belastend war – schon wegen der eigenen Bilanz, die man notwendig ziehen mußte –, bin ich geblieben bis zum letzten Tage und habe dann die Akten, die ganzen Rehabilitierungsunterlagen persönlich dem Bundesgerichtshof übergeben.

Schon einige Zeit davor hatte bei mir – nicht sichtbar, sondern in meinem Kopf – eine Wende eingesetzt. In meinem Kopf ging's seit langem durcheinander, wie in vielen Köpfen, weil sie gemerkt haben: Das Ganze ist nicht zu retten. Das wurde bei uns dann sogar von den Genossen, die sonst in jeder Versammlung »Hurra« gebrüllt hatten, laut gesagt, wenn auch nicht aus dem Fenster oder auf der Straße. Es war eine solche Stimmung erreicht: Hier braucht es nur noch ein Antippen, und das Ganze kippt ab, dann ist es vorbei – und dann Gnade uns. Und so ist ja dann auch alles gekommen. Ich habe zu denen in der Dienststelle gehört, die unter anderem die sofortige Absetzung einiger Leute gefordert haben. Es waren nicht viele, die das gefordert haben, und es war damals durchaus nicht normal, so aufzutreten, zumal ich ja noch zu den Oberen im Obersten Gericht gehörte. Aber gerade diejenigen, die hätten gehen müssen, die wollten ja gar nicht gehen. Und alle hatten einen Grund, so lange auszuhalten – entweder wollen sie etwas wiedergutmachen oder wenigstens bilanzieren, oder sie stellen sich hin und sagen: Was wir gemacht haben, war ja alles Recht und Gesetz, wir haben doch das Gesetz nur angewandt. Das ist das schlimmste Argument, das ist ja nicht einmal Opportunismus, das ist ja schon Vogel-Strauß-Politik. So etwas kann einer sagen, der unabhängig ist und wo die Gewaltenteilung existiert. Aber dort, wo die Einheit der Staatsgewalt herrscht, wo ich als Richter also selber Bestandteil des Machtorgans bin, ist dieses Argument ausgesprochene Heuchelei. Der Richter hat die Fakten gesetzt. Der Mann auf der Straße hat zwar mit der Wahl die Rechtfertigung gegeben, aber seine Verantwortung ist im Verhältnis zu der des Richters unverhältnismäßig kleiner. Mit einer solchen Argumentation fängt schon die Reinwaschung an. Und aus eben dem Grunde traue ich es mir nicht zu, als Richter weiterzumachen. Nicht, weil ich das Handwerkzeug nicht beherrsche – das traue ich mir schon noch zu. Nur kann man nicht einfach von einer Richterbank zur anderen wechseln, ohne nach der Haltung zu fragen. Ich wäre heute viel zu unsicher, unter anderen Bedingungen, die ich ja bis dahin nicht kennengelernt habe. Mir würde meine Sicherheit fehlen, und es hängt mir doch zu viel aus der Vergangenheit an. Ich habe viele Gespräche geführt, aber nicht mit meinen ehemaligen Kollegen. Ich habe das vermieden, ich habe auch um das Haus selbst immer einen Bogen gemacht. Es hat lange gedauert, bis ich das erste Mal wieder durch die Littenstraße gelaufen bin, wo ich jahrelang gearbeitet habe. Es ist vielleicht komisch, aber ich hatte ein – wie sagt man so schön auf deutsch – beschissenes Gefühl. Und das ist noch nicht weg. Es ist keine Tragik, es ist ganz normal, und ich bin ein Typ, der darüber hinwegkommt.

Und wenn Sie mich fragen, ob ich diese Sicherheit bei den Entscheidungen in den vertrauten Verhältnissen hatte oder in der Weltanschauung, die mir jetzt abhanden gekommen ist, so muß ich sagen: Die Sicherheit bei den Entscheidungen war in erster Linie dadurch gegeben, daß meine Haltung dahinterstand, einschließlich der Parteibeschlüsse. Die sagten ja immer auch, was ich in der Justiz zu machen habe, und die Gesetze sagten immer, die Parteibeschlüsse sind für euch verbindlich. In diesem Kreislauf, in dieser gegenseitigen Verpflichtung und Bekräftigung lag wohl meine Sicherheit. Die ist jetzt weg.

(aufgezeichnet am 20. Februar 1991)

Kontrapunkt 1
Teil 1

Frankfurt (Oder), den 21. August 1961
Der Staatsanwalt
des Bezirkes Frankfurt (Oder)
Bezirksgericht
I. Strafsenat

ANKLAGE
(Anklageverfasser Staatsanwalt *Sehnke*)

Der Landwirt Otto, Fritz *Sette,*
geb. am 4. 10. 1901
in Zorndorf, Krs. Königsberg N/M.,
wohnhaft in Golzow, Ausbau 39,
verheiratet, 2 Kinder,
Staatsangehörigkeit DDR,
nicht vorbestraft,
in dieser Sache in UH seit dem 19. 8. 1961
in der UHA Frankfurt (O), Gartenstr.,
der Lehrling Martin *Sette,*
geb. am 5. 12. 1941
in Zorndorf, Krs. Königsberg N/M.,
wohnhaft in Golzow, Ausbau 39,
ledig, keine Kinder,
Staatsangehörigkeit DDR,
in dieser Sache in UH seit dem 19. 8. 61
in der UHA Frankfurt/O, Gartenstr.,
werden angeklagt,
die ideologischen Grundlagen der volksdemokra-
tischen Staats- und Gesellschaftsordnung der DDR
angegriffen zu haben. Die Beschuldigten haben seit

Herbst 1959 in ihrer Wohnung in Golzow, Ausbau 39, Kreis Seelow, durch den westberliner Fernsehfunk Hetze gegen die Arbeiter-und-Bauernmacht sowie andere Völker verbreitet. Sie luden bzw. ermöglichten es Bürgern aus Golzow, sich Sendungen des westberliner Fernsehfunks anzusehen, wobei es sich zum größten Teil um Hetzsendungen, wie »Abendschau, Tagesschau und andere« handelte.

Verbrechen nach § 19 Abs. 1 Ziffer 1 und 2 StEG.

Beweismittel:

1. Einlassungen der Beschuldigten
2. Zeugen:

a) Gustav *Jesse,* z. Zt. UHA Frankfurt (O), Gartenstr.

b) Eckhardt *Ochs,* Golzow, Bahnhofstr. 5

c) Ullrich *Dach,* Golzow, Ausbau

[...]

Ich hab' immer gedacht:
Der Staat ist wie ein Familienvater

Ekkehard Kaul, geb. 1946, war von 1970 bis 1981 Justitiar, danach 1981 bis 1990 Staatsanwalt am Kreisgericht bzw. beim Generalstaatsanwalt, ist jetzt Unternehmensberater

Ich stamme aus einer Familie, die politisch engagiert war. Mein Vater war Lehrer. Wir sind im Grenzgebiet zum Westen aufgewachsen. Auch das hat natürlich meine Einstellung zu dieser DDR sehr wesentlich geprägt. Ich wollte – aus dieser Haltung heraus – Offizier werden, bin aber aus gesundheitlichen Gründen abgelehnt worden. Irgendwie war ich ganz schön enttäuscht und vor die Frage gestellt: Was machst du nun? Es sollte natürlich ein Beruf sein, der möglichst meiner Grundeinstellung entspricht (extrem ausgedrückt, Theologie wäre für mich nicht in Frage gekommen) und bei dem ich einigermaßen selbständig arbeiten kann, nach Möglichkeit auch noch mit Menschen zu tun habe. Ich wollte also nicht unbedingt ein Schreibtischarbeiter sein. Durch Empfehlung eines Mitglieds der Kreisleitung der SED Wernigerode, zu dessen Familie wir freundschaftliche Beziehungen hatten, bin ich auf die Juristerei gekommen. Aber ich hab' alles, was mit Gerichten zusammenhing, abgelehnt. Es war mir suspekt, anderer Leute Dreckwäsche zu waschen, und ich hatte ja auch gar keine Ahnung von der Justiz. So hab' ich mich entschlossen, Wirtschaftsrecht zu studieren, weil mir das am geeignetsten erschien. Justitiar in einem Betrieb zu sein, das hielt ich für durchaus erstrebenswert.

1970 habe ich in Jena Wirtschaftsrecht mit Staatsexamen abgeschlossen, als Wirtschaftsjurist, hab' dann in verschiedenen Betrieben gearbeitet, hauptsächlich auf dem Investitionssektor, war auch mal kurzzeitig im Außenhandel tätig, beim Havariekommissar (das ist so eine Gesellschaft, die ausländische Versicherungsgesellschaften auf dem Territorium der DDR vertreten hat: Schadensregulierung), und zum Schluß im Wärmeanlagenbau.

Und gerade in diesem Betrieb, obwohl dort ein gutes Arbeitsklima herrschte, haben sich die Widersprüche, die letztlich zu der Entscheidung führten, aus der Wirtschaft auszusteigen, für mich so eklatant zugespitzt, daß ich für mich überhaupt keine Zukunft auf dem Gebiet sah. Die Selbstherrlichkeit, mit der durch das Bezirksbauamt, das Ministerium Energie oder das Bauministerium in den Plan eingegriffen wurde, hat mich dermaßen frustriert – ich war ja verantwortlich dafür, die gesetzlich geforderte Einheit von Plan und Vertrag herzustellen –, daß ich keine Befriedigung gefunden habe. Ich hab' zwar gut verdient, hatte ein Abteilungsleitergehalt, es gab Treueprämie, es gab Jahresendprämie, aber das Geld alleine macht's nicht. Wenn man an der Arbeit keine Befriedigung hat, nicht darin aufgehen kann, dann muß man sich was anderes suchen.

Ich habe in dieser Zeit durch die Tätigkeit meiner Frau den damaligen stellvertretenden Generalstaatsanwalt der DDR, Herrn Borchert, kennengelernt, und er hat mir angeboten oder mich darauf aufmerksam gemacht, daß ich mit diesen Erfahrungen aus der Wirtschaft und meinen Ambitionen, also für die Gesellschaft im Sinne der Gesetzlichkeit was zu tun, in der Staatsanwaltschaft ganz gut aufgehoben wäre. Ich hab' mir das durch den Kopf gehen lassen, und obwohl ich schon zu diesem Zeitpunkt wußte, daß ich eine finanzielle Einbuße haben würde, stellte ich mir das ganz interessant vor und war auch zu der Auffassung gekommen, daß es eine gute Synthese wäre zwischen meinem ursprünglichen Wunsch, Offizier zu sein, und meiner späteren Ausbildung als Jurist. Und es ist ja kein Geheimnis, daß die Staatsanwaltschaft in der DDR nahezu militärisch organisiert war. Wir hatten zwar keine Dienstgrade und Uniformen, aber es herrschte ein militärisches Regime, so muß man das schon sagen, in dem ich mich nicht unwohl gefühlt habe. Insgesamt. Es gab sicherlich auch Phasen, in denen ich mich, na ja, in meiner Freiheit sehr stark eingeengt fühlte, aber das ging unter im Gefühl der Befriedigung an der Arbeit.

Ich hatte das Ziel – so war es mir bei der Einstellung auch zugesagt worden – in der I a* (und I a ist ja immer etwas Besonderes gewesen) für größere Wirtschaftsstraftaten zuständig zu sein. Und darauf habe ich mich gefreut und auch vorbereitet. Ich bin den üblichen Weg gegangen in der Staatsanwaltschaft, hab' also ganz unten im Stadtbezirk angefangen und bin dann über die Fachabteilung beim Generalstaatsanwalt von Berlin bis zum Generalstaatsanwalt der DDR. Bereits beim »General Berlin« war ich in der Abteilung I a, um da reinzuriechen und damit mich die andern testen können. Es ist üblich gewesen, auf die Art und Weise erst mal eine

---

* I a – inoffizielle Bezeichnung für die Abteilungen an den Bezirksgerichten, in denen politische Straftaten behandelt wurden

Bewährungssituation zu durchlaufen, und offensichtlich hatte ich die damals gut bestanden, ich durfte jedenfalls in die Maternstraße zum Generalstaatsanwalt der DDR.

Mir hat die Arbeit insgesamt Befriedigung verschafft. Es war keine Arbeit, die einem »Spaß« machen kann. Ich habe das immer mit der Tätigkeit eines Chirurgen verglichen – dem macht es mit Sicherheit auch keinen Spaß, jemandem das Bein zu amputieren, und genausowenig kann es einem Staatsanwalt Spaß machen, andere Leute anzuklagen. Aber ich habe das – genauso wie der Chirurg seine Tätigkeit sieht – als eine notwendige Maßnahme gesehen, um dem Patienten, in diesem Fall dem Straftäter, zu helfen, na ja, damit er seinen – das hört sich vielleicht bißchen phrasenhaft an, aber mir fällt im Moment nichts anderes ein, und wir haben das so gesagt –, »seinen Platz in der Gesellschaft findet«. Es sollte dabei nicht darum gehen, einen Gestrauchelten aus der Gesellschaft auszugrenzen, sondern es sollte ihm die Möglichkeit eingeräumt werden (unter Umständen auch mit schwerem staatlichem Zwang, also mit Freiheitsentzug, zu dem ich von Anfang an ein gestörtes Verhältnis hatte, aber er ist gesetzlich so vorgeschrieben), über seine Straftat nachzudenken, unter Umständen auch Sühne zu tun.

Daß es dann in meiner Arbeit in der I a darum ging, vordergründig politische Straftaten zu verfolgen, lag in der Natur der Sache, und ich habe dazu grundsätzlich keine andere Einstellung als zur Verfolgung anderer Straftaten gehabt. (Dieses *gehabt* bitte ich jetzt nicht überzubewerten, im Grunde hat sich an dieser Position auch heute nichts Wesentliches verändert.) Ich war aber froh, daß ich zu bestimmten Anlässen nicht aktiv werden mußte, daß ich zum Beispiel mit den Leuten, die Ausreiseanträge gestellt hatten, kaum etwas zu tun hatte und auch gegen die »Fähnchenfahrer«* nicht aktiv werden mußte, vor allem aber nicht gegen die Demonstranten am 17. Januar 1988 eingesetzt worden bin, weil ich da mit Sicherheit in schwere Konflikte gekommen wäre.

Ich muß aber ehrlich sagen, vor die Frage gestellt, handelst du im Sinne deines staatlichen Auftrages, ich glaube, ich hätte gehandelt. Aber ich war froh, daß ich es nicht mußte, weil ich dadurch vor diesen Gewissenskonflikten bewahrt blieb.

Vom Grundsatz bin ich so herangegangen: Es hat sich in der Vergangenheit in der DDR niemals jemand gegen die Art und Weise der Gesetzbildung aufgelehnt. Alle haben akzeptiert: Es gibt ein gesetzbildendes Organ. Alle sind auch immer artig zur Wahl gegangen, und da ist mir im Augenblick völlig egal, ob das 92% waren oder ob es 98% waren. Auch wenn es nur 88% oder 78% gewesen wären, der überwiegende Teil der DDR-Bevölkerung hat gewählt; er hätte seinen Stimmzettel ungültig machen können, aber das haben sie nicht gemacht. Über 90% haben einen gültigen Stimmzettel abgegeben. Selbst diese Art des Protestes oder der Auflehnung gegen den Staat haben sie nicht gemacht, so daß ich also gar keine Veranlassung hatte, an der Rechtmäßigkeit meines Tuns oder an der Rechtsstaatlichkeit unserer Gesetzgebung zu zweifeln. Also: Es gab Gesetze, diese Gesetze waren allen Bürgern bekannt, und auch wenn sie nicht bekannt gewesen wären: Unkenntnis schützt vor Strafe nicht, das ist ein alter bürgerlicher Grundsatz, der auch in der DDR galt, und wer wissentlich gegen Gesetze verstößt, muß

---

* weiße Fähnchen am Auto, um zu demonstrieren, daß man einen Ausreiseantrag gestellt hatte

sich dafür verantworten. Und als Staatsanwalt, der ich war, war ich dafür verantwortlich, daß diesen Dingen dann entsprechend nachgegangen wurde. Im Rahmen der Gesetzlichkeit. So habe ich meinen Auftrag verstanden, einen staatlichen Auftrag, den wir zugleich als Parteiauftrag verstanden haben.

Aus: Gesetz über die Staatsanwaltschaft der Deutschen Demokratischen Republik vom 7. April 1977:

Kapitel VI
Der Staatsanwalt
§ 35

(1) Staatsanwalt kann nur sein, wer der Arbeiterklasse und dem sozialistischen Staat treu ergeben ist und über ein hohes Maß an politisch-fachlichem Wissen und Lebenserfahrung, an menschlicher Reife und Charakterfestigkeit verfügt. [...]

Parteiauftrag – das macht ja deutlich, wer konkret, nun sagen wir mal, unser Befehlsgeber war. Natürlich war es so, daß alle Staatsanwälte Mitglieder der SED waren. Wir waren Partei- und Staatsfunktionäre, so haben wir uns selbst gesehen, so haben wir unseren Auftrag verstanden, und so haben wir auch gehandelt. Und wir waren immer davon überzeugt (also ich sag' das am besten nur für mich, vielleicht denkt der eine oder andere tatsächlich anders darüber), daß das, was man tut, im Interesse der überwältigenden Mehrheit unseres Volkes ist. Ja, und das war es, was mir die Befriedigung verschafft hat: die Stärkung der DDR. Natürlich hab' ich die DDR einseitig gesehen, das ist mir schon früher bewußt geworden, aber die Gefahr eines Einseitigsehens, die habe ich damals nicht erkannt. Ich war davon überzeugt, daß das, was wir machen, richtig, und auch wie wir es machen, im wesentlichen richtig ist. »Nur wer nichts macht, macht keine Fehler.« – Das war auch eine Entschuldigung für viele Fehler, die hier in der DDR geschehen sind, und die ich auch, zumindest aus meinem Verständnis, gesehen habe. Vielleicht habe ich Fehler gesehen, wo keine waren, oder da, wo welche waren, hab' ich sie nicht gesehen. Aber hier in der DDR ist viel gemacht, unter schwierigen Bedingungen gemacht worden. Diese politische Situation, Grenze zwischen den beiden Gesellschaftssystemen, hat uns, so hab' ich das jedenfalls immer gesehen, vor eine Vielzahl besonderer Aufgaben gestellt.

Ich habe da allerdings keine Vergleichsmöglichkeiten, weil ich immer auf die DDR fixiert war, das war mein Staat, in dem ich gelebt habe, in dem ich mich wohl gefühlt habe und für den ich eigentlich auch meine Kraft einsetzen wollte, damit er stark und stärker wird, in unser aller Interesse und natürlich, man kann das ruhig so sagen, sicherlich auch im Interesse der gesamten Menschheit, denn wir haben uns ja immer auf die Fahnen geschrieben: Je stärker der Sozialismus in der DDR, desto sicherer der Frieden in der Welt, und die Aktivitäten der DDR-Führung im internationalen Friedenskampf sind ja weltweit anerkannt worden. Also, der Friedensfaktor DDR hatte auch für meine persönlichen Aktivitäten doch eine sehr große Bedeutung. Und ich habe in diesem Zusammenhang viele Dinge weggesteckt, die erstrebenswert waren, z.B. daß ich niemals ins kapitalistische Ausland hätte reisen können oder ins neutrale Ausland, das wäre schwierig gewesen. Für mich standen die unmittelbar östlichen Länder offen – natürlich auch nur im Verhältnis zu meinen Spareinlagen, und die waren äußerst beschränkt, denn ich habe durch den Wechsel zur Staatsanwaltschaft einen jährlichen Nettoverlust von 6000 Mark gehabt, und der war nicht so ohne weiteres wegzustecken, aber die Arbeit muß Befriedigung verschaffen, dann kann man vieles andere tolerieren. Tja, so sah das aus.

Im Rahmen meiner Tätigkeit beim Generalstaatsanwalt der DDR hatte ich im Sektor Grenze zu tun, das ist also der Bereich, der die Straftaten gegen die Staatsgrenze zu verfolgen hatte. Das betraf nicht nur Sachen, wo es um Flucht aus der DDR ging, sondern auch um Menschenhandel, Schleusung und solche Dinge. Ich kann nicht sagen, daß ich dabei vom Grundsatz her Skrupel gehabt hätte. Deshalb würde ich es aus rechtlicher Sicht für falsch und nicht vertretbar halten, wenn alle 213er [ungesetzlicher Grenzübertritt, G.F.] unter die Rehabilitierung fallen sollten. Natürlich gab es immer wieder Fälle, wo ich mir sagte, hier hätte man die persönlichen Beweggründe des einzelnen stärker berücksichtigen müssen, persönliche, familiäre Konfliktsituationen oder solche aus dem Arbeits- oder Ausbildungskollektiv. Aber diese Möglichkeit bestand für den Staatsanwalt kaum.

Ich bilde mir ein, ohne überheblich zu sein, daß meine Lebenserfahrungen größer waren als die vieler Staatsanwälte, die sich mit den gleichen Problemen zu beschäftigen hatten wie ich. Besonders dann, wenn sie von Anfang an in der Staatsanwaltschaft und dann möglicherweise nur im Bereich der politischen Abteilung tätig waren.

Ich weiß noch, als ich in Friedrichshain angefangen habe: – so etwas wie Westfernsehen oder Westradio, oh, das durfte man gar nicht erwähnen. Dann die Geheimniskrämerei um viele Dinge, die uns in der täglichen Arbeit fürchterlich beschäftigten und die man dann auch aus den Westmedien mal zur Kenntnis nahm. Aber austauschen konnte man sich da nicht, also mußte ich mir andere Gesprächspartner suchen. Ja, und die hab' ich natürlich auch gefunden, in meinem Bekannten- und Freundeskreis. Es gab immer wieder Leute, die zwar in ähnlichen Funktionen arbeiteten wie ich, das aber in ihren Dienststellen toleranter handhabten. Aufgrund dieser Erfahrungen kam ich also gelegentlich in Konfliktsituationen, weil ich meinte, hier müßte man andere Maßstäbe anlegen. Aber da uns durch das Untersuchungsorgan, insofern es sich um das MfS handelte, die Orientierung vorgegeben war zum Strafmaß, hatten wir als anklagevertretende Staatsanwälte kaum einen Ermessensspielraum. Also wenn eine Freiheitsstrafe vorgesehen war, dann mußte die eben kommen, auch wenn sich aus der ganz konkreten Situation durchaus Anhaltspunkte ergeben haben, daß hier eine Verurteilung auf Bewährung angemessen wäre. Selbst wenn das Arbeitskollektiv gesagt hat: Wir übernehmen die Bürgschaft, denn das ist nicht typisch für den, der geht dort kaputt – auch dann hatten wir – ich muß das mit aller Brutalität so sagen, auch wenn das auf mich selbst zurückfällt – keine Möglichkeit, etwas gegen eine Freiheitsstrafe zu unternehmen.

Wir sind mit einem Strafvorschlag in die Verhandlung gegangen, das heißt, wir haben unsere Gedanken zur Strafe auf einem Handzettel, der in der Handakte verblieb, vermerkt, wobei es auch für diese Strafvorschläge entsprechende Kriterien gab. Also der schwere Fall z.B., der mußte eine Freiheitsstrafe bringen. Diese Strafvorschläge sind dann durch die Fachabteilung oder durch den Abteilungsleiter abgesegnet worden. Hätte ich auf eine Bewährungsverurteilung orientiert, hätte ich meine Gedanken natürlich begründen können und auch müssen, das ist klar, aber ich wußte aus Erfahrung, daß ich mit einem solchen Vorschlag nicht durchkomme. Also blieb dann nur die andere Möglichkeit, die ich dann auch, soweit das machbar war, praktiziert habe, daß wir an der untersten Grenze des vorgesehenen Strafvorschlages geblieben sind und dann versucht haben, vor Ablauf der Strafe Strafaussetzung auf Bewährung zu beantragen. Ich muß Ihnen ganz ehrlich sagen, daß ich in solchen Fällen (und ich erinnere mich da an ein junges Mädchen, das sich dann später das Leben genommen hat) irgendwie, ich will nicht sagen, zerrissen war, aber es hat mich bewegt, weil ich gern andere Lösungen gehabt hätte, aber einfach ohnmächtig war, nicht helfen konnte, so wie ich mir das vorgestellt habe und wie ich eigentlich auch meinte, so würde unser Auftrag sein. Es ging ja nicht darum, den Leuten den Kopf abzureißen, sondern ihnen zu helfen.

Aus: Neues Deutschland, 2. Oktober 1989:

Sich selbst aus unserer Gesellschaft ausgegrenzt

Berlin (ADN). Wie der Sprecher des Ministeriums für Auswärtige Angelegenheiten mitteilt, sind die ehemaligen Bürger der DDR, die sich rechtswidrig in den Botschaften der BRD in Prag und Warschau aufhielten, über die Deutsche Demokratische Republik in Zügen der Deutschen Reichsbahn in die BRD abgeschoben worden. [...] Sie alle haben durch ihr Verhalten die moralischen Werte mit Füßen getreten und sich selbst aus unserer Gesellschaft ausgegrenzt. Man sollte ihnen deshalb keine Träne nachweinen. Wie es ihnen drüben ergeht, zeigen jetzt schon einige Berichte aus der BRD. Einige wurden bereits aus Arbeitsstellen entlassen, weil sie während der Arbeit Besorgungen machen wollten. In einem Autowerk hat man eine Frau ausgelacht, weil sie für ihre Kinder Kindergartenplätze beantragte. Arbeiter haben ihr zugerufen, sie verwechsele die BRD mit der DDR. Wäre sie dort geblieben, brauchte sie sich jetzt keine Sorgen um Kindergartenplätze zu machen. Doch wie viele Schicksale bleiben im Dunkeln, wenn erst einmal die Fernsehscheinwerfer abgeschaltet sind. [...]

Was das erwähnte Mädchen angeht: Am ersten Sonntag im Jahre 1986 hatte ich Haftdienst als Staatsanwalt, das heißt, ich saß im Präsidium – immer sonn- und feiertags sind dort ein Haftstaatsanwalt und ein Haftrichter gewesen, um dann gegebenenfalls Haftbefehle zu beantragen bzw. zu erlassen –, und es wurde mir ein junges Mädchen vorgeführt, damals 18 Jahre alt, die an einer Grenzübergangsstelle gestellt wurde, weil sie zu ihrem Freund nach Westberlin wollte, den sie bei einer Disko hier kennengelernt hatte. Es war eine Kurzschlußreaktion, da sie sich mit ihrer Mutter entzweit hatte und keinen anderen Halt sah – einen Vater gab's nicht mehr –, als zu ihrem Freund zu gehen.

Nach den Umständen, unter denen sie festgenommen worden war, war eine Inhaftierung nach dem Gesetz gerechtfertigt, denn der Straftatbestand des 213, also versuchter ungesetzlicher Grenzübertritt, enthält von sich aus schon die Fluchtgefahr. Also wer über die Grenze will, der will weg, und wenn ich den jetzt draußen lasse, dann will der immer noch weg, also hab' ich den Tatbestand der Fluchtgefahr, einen wesentlichen Haftgrund, und demzufolge war der Erlaß des Haftbefehls gerechtfertigt.

Es war ein Mädchen aus Hohenschönhausen, und da ich in diesem Zeitraum in Hohenschönhausen tätig war, hatte ich auch die weiteren Ermittlungshandlungen zu tun und merkte schon beim ersten Gespräch (bei den folgenden hat sich das dann vertieft, weil ich auch entsprechend auf sie eingewirkt habe), daß sie eingesehen hat: rüberzugehen ist nicht der Weg. Ich habe meine Mutter hier, habe meine Oma hier, und das mit dem Freund ist auch nicht so tief, daß ich dafür unbedingt meine Familie verlassen müßte. Wenn sie rübergegangen wäre, hätte es ja keine Möglichkeit mehr gegeben, mal zur Mutter oder zur Oma zu kommen. Sie hatte sich also entschlossen hierzubleiben. Aber zwischenzeitlich war dann die Gerichtsverhandlung, und sie hat eine Freiheitsstrafe von, ich glaube zehn Monaten, vielleicht auch einem Jahr, das kann ich jetzt nicht mehr so genau sagen, bekommen.

Der Rechtsanwalt hat dann auch gleich – sie war durch Herrn Hartmann vom Büro Vogel vertreten – aufs Rechtsmittel verzichtet, also das Ding ging über die Bühne wie viele dieser Fälle, völlig problemlos. Aber aufgrund ihrer Einsicht oder ihrer Erklärung, daß sie hierbleiben wollte, und auch wegen des persönlichen Eindrucks, den ich schon bei der Verhaftung hatte, daß das eigentlich eine ganz dumme Situation war, eine Konfliktsituation, die mit der Gesellschaft überhaupt nichts zu tun hatte, hatte ich mir damals schon vorgenommen, hier mußt du helfen, hier mußt du dafür sorgen, daß beizeiten eine Strafaussetzung auf Bewährung erfolgt. Ich habe also Führungsberichte von der Strafvollzugseinrichtung abgefordert, die anfangs nicht so gut waren. Sie war in der ersten Phase so ein bißchen quengelig und stänkerte da rum, aber dann wurde sie allmählich arbeitsam, und Ende Juli zeichnete sich ab, daß sie sich ganz prima machte. Zwischenzeitlich hatte ich mit ihr schon Kontakt gehabt (sie hatte keinen Zehnklassenabschluß, war also nach der achten Klasse aus der Schule gegangen, hatte nur den Haushalt ihrer Mutter geführt, nichts gelernt) und sie gefragt, was sie für eine Tätigkeit ausüben wollte. Sie wollte in der Natur sein und mit Menschen zu tun haben, Tierpark oder Gärtnerei oder so was. Und da hab' ich ihr eine Arbeit vermittelt, in der Gärtnerei in Hohenschönhausen, und konnte dann zum August die Strafaussetzung auf Bewährung durchsetzen. Sie ist entlassen und auch so eingegliedert worden, wie ich das für sie und in ihrem Sinne vorbereitet hatte.

Es lief alles ganz prima. Sie kam dann auch mal mit ihrer Mutter und erzählte, daß ihr die Arbeit Spaß macht und sie im Kollektiv gut aufgehoben ist. (Die Kaderabteilung ihres Betriebes bestätigte mir das.) Und im November des gleichen Jahres kriegte ich dann über die Lagemeldung – das ist der Bericht der Volkspolizei über die Ereignisse der letzten 24 Stunden im Territorium – die Information, daß sich dieses Mädchen in der Wohnung aufgehängt und einen Zettel hinterlassen hatte: *Ich wollte die Freiheit haben.* [G.F.: Vielleicht hatte sie das Gefühl bekommen, daß es für Freiheit nicht reicht, aus dem Gefängnis entlassen zu werden?] Das hätte ich damals nicht denken können. Ich konnte ja, wie schon gesagt, auch selber nicht ins kapitalistische Ausland reisen und hatte mich damit abgefunden. Mich hat die Sache fürchterlich belastet, weil ich eigentlich bis zu diesem Zeitpunkt der Auffassung war, sie ist zufrieden, hat das, was sich zum Jahreswechsel ereignet hatte, abgeschlossen, weggesteckt, und ist einen neuen Weg gegangen, hat einen neuen Anfang oder überhaupt einen Anfang ihres Lebens genommen. Ich habe mich immer wieder gefragt, wo ist dein Anteil daran, deine Schuld an dieser Entwicklung. Und ich kann beim besten Willen keine Antwort darauf geben. Ich habe immer gedacht, daß ich ihre Mutter mal wieder treffe. Ich habe sie aber nicht gesucht, vielleicht hätte ich das mal machen sollen, aber ich weiß nicht, was es gebracht hätte, möglicherweise hätte sie mir noch schwere Vorwürfe gemacht. Vielleicht hatte ich auch Angst davor, daß sie mir Vorwürfe macht... Ich hab' für mich keine Schuld gesehen, aber es muß ja was dran sein, ich hab' ja keinen unmaßgeblichen Anteil an ihrem Leben, und da meine Einflußnahme auf ihr Leben relativ kurz vor ihrem Selbstmord war, muß ja irgendein Zusammenhang bestanden haben. Man kann es jedenfalls nicht völlig ausschließen.

Und noch eine andere Geschichte: Ein junges Mädchen, auch so 19, 20 Jahre alt, eigentlich im wohlbehüteten Elternhaus oder in geordneten Familienverhältnissen, lernt einen ungarischen Staatsbürger kennen, verliebt sich in ihn oder meint, sich in ihn zu verlieben, und will zu ihm hin. Die Eltern haben was dagegen, weil sie Konflikte befürchten, die sich aus dieser internationalen Ehe ergeben könnten, aber man plant trotzdem gemeinsam einen Familienurlaub in Ungarn. Die Eltern beharren aber darauf: Mädchen, mit dem Ungarn läßt du dich nicht ein, das wollen wir nicht. In dieser Situation geht die Tochter zur Polizei und sagt: Meine Eltern wollen die nächste Gelegenheit, nämlich wenn wir in Ungarn sind, nutzen, um von dort aus über Österreich in die Bundesrepublik zu kommen. Und das reichte aus, gegen alle Familienangehörigen, das waren drei Kinder und die Eltern, Ermittlungsverfahren einzuleiten. Bis auf die jüngste Tochter, die war sechzehn (und die Anzeigeerstatterin natürlich), sind sie alle erst mal inhaftiert worden. Die Mutter und der Bruder kamen nach etwa einer Woche wieder raus, und der Vater nach sechs oder acht Wochen. Zu diesem Zeitpunkt hatte sich nämlich das Mädchen offenbart, nachdem sie mitbekommen hatte, was sie angerichtet hat, daß ihre Denunziation falsch war, also nicht nur menschlich falsch, sondern daß sie ihren Eltern fürchterliches Unrecht getan hat.

Ich habe daraufhin das Ermittlungsverfahren eingestellt, aber es war erst mal gar nicht so einfach, den Vater und den Bruder – obwohl sich schon bald abzeichnete, daß die Beschuldigungen falsch sind – aus der Untersuchungshaft rauszukriegen. Dann haben wir sie rausgehabt, aber die Familie behielt den PM 12, diesen provisorischen Personalausweis, und das war das Schlimmste, was dieser Familie passieren konnte, weil sie sich dadurch als Bürger 3. Klasse fühlen mußten, denn überall, wo sie hinkamen, ob es auf der Sparkasse war oder wenn sie irgendwo ihren Personalausweis vorlegen mußten, dann legten sie, die tatsächlich unbescholtenen Bürger, einen PM 12 vor, von dem jeder annehmen mußte, daß ihn nur jemand bekommt, der ein »Antragsteller« ist oder in anderer Weise ein Strafverfahren hat, daß sie also Menschen sind, die deswegen in ihrer Bewegungsfreiheit eingeschränkt werden sollen (das war ja das Anliegen des PM 12). Freier Reiseverkehr in die ČSSR war damit also unmöglich. Und ich habe gekämpft, das hört sich so theatralisch an, aber ich hab's wirklich versucht, immer wieder, bei der Polizei und auch bei der Kreisdienststelle der Staatssicherheit, die bei solchen Entscheidungen eine maßgebliche Rolle zu spielen hatte, diesen Leuten ihren ordentlichen Personalausweis wiederzugeben, weil nämlich hier die Gefahr bestand, daß sie dann einen Ausreiseantrag stellen, denn sie fühlten sich verraten, nicht nur von der Tochter, sondern auch von der Gesellschaft. Es führte aber einfach kein Weg rein.

Die Familie hat dann tatsächlich einen Ausreiseantrag gestellt, nach anderthalb oder zwei Jahren, weil dieses Problem einfach nicht gelöst wurde. Zu diesem Zeitpunkt war ich dann schon nicht mehr in Hohenschönhausen. Das ist keine Entschuldigung, aber es wurde einfach nicht gelöst. Sie sind dann weg, alle fünf, in die Bundesrepublik, das muß 1989 gewesen sein. Und das sind Dinge, mit denen ich absolut nicht konform gehen konnte. Das widersprach meinem Gerechtigkeitssinn. Der PM 12 war sowieso was ganz Schlimmes, und ich habe für diese Verfahrensweise nie Verständnis gehabt.

Einmal – da war ich noch im Friedrichshain – hatten wir da einen jungen Mann, der mächtig mit uns rumstänkerte und eines Tages dann sagte: Wissen Sie, wenn Sie hier nicht machen, was ich will – ich weiß jetzt nicht mehr im einzelnen, worum es ihm ging –, dann fahr' ich jetzt ins Erzgebirge, und dann hau ich ab. Ich bin anschließend zu meinem Dienststellenleiter gegangen und hab' ihm das Problem geschildert und daß ich damit nicht zurandekomme. Mein Dienststellenleiter hat sich ans Telefon gehängt, hat irgendwo angerufen, ich weiß nicht wo, hat das durchgegeben, und sagte mir dann:

Der kommt gar nicht bis dorthin. Man wird ihn zu Hause besuchen, gleich in einer Stunde steht man bei ihm vor der Tür und wird ihm einen PM 12 verpassen. Da ist mir das erste Mal bewußt geworden, welche Macht so ein Staatsanwalt hat. Und da hab' ich Angst gehabt vor dieser Macht. Ich bin später niemals wieder in eine derartige Situation gekommen, aber schon, daß es möglich ist, Leute hinzuschicken, die ihm seinen Ausweis abnehmen, um seine Bewegungsfreiheit einzuengen... Das hat mich doch in irgendeiner Form erschüttert. Andererseits – ich gehörte ja noch nicht lange zur Staatsanwaltschaft – war ich natürlich gebauchmiezelt, daß ich zu denen gehöre, die solche Macht haben. Trotzdem – wissen Sie, war das so ein Ereignis, das einem aufgrund der negativen Empfindungen, die man dabei hat, ewig in Erinnerung bleibt.

Die Zusammenarbeit der Staatsanwaltschaft mit dem MfS-Untersuchungsorgan war – so hab' ich das empfunden – kollegial. Mit der Bezirksverwaltung Berlin des MfS hatte ich nicht allzuviel zu tun. Ich habe mal ein Verfahren dort bearbeitet, das war ein Wirtschaftsverfahren, umfangreiche Schnapsschiebereien, das war eine Sache, die hat mir gelegen, und da hab' ich auch mein Untersuchungsorgan als Partner gesehen, so würde ich das überall sagen. Das waren Leute, die engagiert rangegangen sind, die eine saubere Ermittlungsarbeit gemacht haben, so habe ich sie kennengelernt, und so habe ich sie auch später beim Generalstaatsanwalt der DDR kennengelernt, in der Hauptabteilung IX (Untersuchung), wobei ich da auch nur mit der Arbeitsgruppe zu tun hatte, die die Grenzsachen, Schleusungen und so, machte.

Nach meinem Dafürhalten war das eine sehr solide Ermittlungstätigkeit, sehr korrekt, auch im Umgang mit uns, auch gegenseitig, was die Sachbearbeiter anbelangt. General Pfister, der Leiter der Hauptabteilung IX, war eine von uns anerkannte Persönlichkeit, die wir geschätzt haben.

Ich habe mir damals keine allzu großen Gedanken darüber gemacht (das ist mir wesentlich später erst zu Bewußtsein gekommen), daß wir nur Mittler, ja eigentlich Statisten waren, die Staatsanwälte, im Verhältnis zum MfS. Mittler für das, was vom Politbüro der SED über den Minister für Staatssicherheit, oder vom MfS festgelegt, dann durch uns bis zum Gericht ging. Wir haben eigentlich auf die Einleitung des Ermittlungsverfahrens, ob nun Haftbefehl beantragt werden sollte, oder ob er wieder rauskommt aus der Haft, tatsächlich keinen Einfluß gehabt, das muß ich jedenfalls für meine Strecke sagen. Uns wurden die Vorgänge vorgelegt. Bei der Einleitungsverfügung, da wurden wir nicht gefragt: Sollen wir, das Untersuchungsorgan, Ermittlungsverfahren einleiten, Staatsanwalt, was meinst du dazu, sondern die haben eingeleitet. Da wurde ein Haftvorschlag vorbereitet, das war nicht mal vorher abgestimmt: Wir müßten den jetzt in Haft nehmen, was meint ihr dazu?

Bei Grenzsachen ging das in der Regel auch nicht, weil da wirklich Gefahr im Verzuge und sofort eine Reaktion notwendig war. Wobei ich nicht ausschließen will, daß vorher schon operative Maßnahmen stattgefunden haben, also eine (oftmals sehr aufwendige) Observierung, oder Recherchen, die letztlich zu der Entscheidung führten: Heute müssen wir zuschlagen. Und da konnte kein Staatsanwalt mehr gefragt werden, weil diese operativen Maßnahmen ja außerhalb eines Ermittlungsverfahrens liefen, lediglich auf Verdachtsmomente hin. Also wir haben erst Kenntnis erhalten, wenn ein

Ermittlungsverfahren eingeleitet war, und unser Ermessensspielraum, der war extrem klein, also wir konnten ... ja, was konnten wir eigentlich entscheiden? Ich habe eine Wohnungsdurchsuchung angeordnet, aber auch nur auf Vorschlag des Untersuchungsorgans. Unser Entscheidungsspielraum war wirklich gleich Null, und genauso betraf das dann die Anklageerhebung. Die Ermittlungsergebnisse waren qualitativ so, daß wir nichts daran zu deuteln hatten. Und man konnte auf Grundlage des Abschlußberichts eine hervorragende Anklage machen, aber die anklageerhebenden Staatsanwälte hatten schon Vororientierung, das und das sollte in etwa rauskommen, und dann hieß es: Gib uns bitte die Anklage und deinen Strafvorschlag zurück. Beispielsweise Strafaussetzung auf Bewährung zu beantragen war für den Staatsanwalt allein nicht möglich, auch da hat das MfS gesagt: Also der schnell raus, der sitzt ab... Ja, so war die Situation.

Aus: Brief an ADN, 2. Oktober 1989:
Werte Genossen!
[...] In den letzten Wochen wurde durch unser Außenministerium und den als Beauftragten bezeichneten Rechtsanwalt Prof. Vogel den Botschaftsbesetzern erklärt, daß sie zurückkommen sollen, ihr Antrag hier innerhalb einer bestimmten Frist bearbeitet wird und sie bis dahin an ihrem bisherigen Wohnort ohne jegliche Einschränkungen leben und arbeiten können. Mit Eurer Aussage: »daß jene Menschen bei Rückkehr in die DDR, selbst wenn das möglich gewesen wäre, keinen Platz mehr in dem normalen gesellschaftlichen Prozeß gefunden hätten«, gebt Ihr den Zweiflern Recht,

die kein Vertrauen in unsere offiziellen Verlautbarungen hatten und u.a. deshalb nicht zurückgekommen sind. [...] Und ich bin auch nicht der Meinung, daß es legitim ist, lapidar herauszustellen, »daß sich nach bisherigen Feststellungen unter diesen Leuten auch Asoziale befinden, die kein Verhältnis zur Arbeit und auch nicht zu normalen Wohnbedingungen haben« (von dieser Art sind auch sehr viele hier geblieben), um schließlich in die Empfehlung zu verfallen: »Man sollte ihnen deshalb keine Träne nachweinen.« Jeder, der unser Land verläßt, auch wenn er u.U. gegenwärtig zu den Asozialen zählen sollte, sollte es uns als Mensch wert sein, ihm nachzuweinen. Eine andere Schlußfolgerung diskriminiert den eingangs erwähnten humanitären Akt.

Daß diese für unsere Gesellschaft, für die hehren Ziele des Sozialismus äußerst schmerzliche Entwicklung Ausdruck und ein Ergebnis des Klassenkampfes ist, dürfte den meisten unter uns klar sein. Aber wir werden nicht stärker, wenn wir nicht anerkennen, daß dem Gegner dieser Einbruch in unsere Reihen nur möglich war, weil wir Schwachstellen bei uns nicht rechtzeitig erkannt und ausgemerzt haben. [...] Ich bin davon überzeugt, daß es die sozialistische DDR nicht umwirft, was gegenwärtig geschieht, wenn es uns endlich gelingt einzugestehen, daß die Ursachen für diese Situation auch und im wesentlichen von uns und jedem einzelnen von uns beeinflußbar sind und daß nur wir es in der Hand haben, die Konsolidierung unserer gesellschaftlichen Entwicklung fortzusetzen. Wir können es uns nicht leisten, auch als Verfechter der huma-

nistischen Grundideale, auch nur einen einzigen zu
verlieren, ihn auf Gedeih und Verderben unserem
Gegner auszuliefern.

Mit Sicherheit haben uns die Menschen, die uns
jetzt verlassen, enttäuscht. Viele werden bald die
Realität des Kapitalismus schmerzlich zu spüren
bekommen und erkennen, was sie zurückgelassen
haben. – Ich kann bei diesem Gedanken keine Ge-
nugtuung empfinden. [...]

Ekkehard Kaul

Wissen Sie, im Sommer 1989 waren wir fast verzweifelt, in der Familie. Wir waren auf der Insel Hidden-
see, es hat uns dort sehr gut gefallen, obwohl die Versor-
gungslage schlecht war. Und wir haben alle möglichen
Nachrichten verfolgt und waren erschüttert über diese
Absetzungsbewegung über Ungarn und die ČSSR,
und daß in unseren Medien und auch von unserer
Staatsführung überhaupt nicht darauf reagiert wurde.
Wir dachten, das kann doch nicht sein, man muß doch
was machen, es muß doch eine Lösung geben dafür.
Dabei hatten wir schon seit langem gehofft, daß
sich eine Veränderung in unserer Partei- und Staatsführung vollzieht, eine altersmäßige Erneuerung, um
auch die Politik zu aktivieren. Auch ruhig bißchen
im Sinne von Perestroika. Wir haben sehr skeptisch,
aber auch neidvoll in die Sowjetunion geguckt.
Skeptisch, weil wir dachten, das kann doch nicht gut
gehen, was der da macht, der Gorbatschow, aber er
geht neue Wege, und neue Wege müssen wir auch
gehen. Wir müssen aus den eingefahrenen Gleisen raus.
Insofern war das ganz schlimm, daß wir im Sommer '89
miterleben mußten, daß unsere Partei- und Staatsführung

tatenlos zusah, wie unser Volk ausblutete und unsere Wirtschaft und unsere Gesellschaft immer maroder wurden.

Und als ich dann eines Tages eine Kolumne im *ND* las, unter der Überschrift: *Wir weinen denen keine Träne nach,* war das für mich Anlaß zum ersten Aufschrei. Also für mich war's ein Aufschrei. Ich hab' an ADN geschrieben.

Ich hab' immer gedacht: Der Staat ist wie ein Familienvater, der über das Wohl und Wehe seiner Kinder wachen muß, und wenn er sieht, daß sein Kind eine Dummheit machen will, dann muß er was dagegen tun und das Kind vor dieser Dummheit bewahren, und ich kann doch nicht zusehen, wie mein Kind in den Brunnen fällt. Also das hab' ich nicht verstanden... Da hab' ich mir Luft gemacht. Und ich hab' mich danach auch wohler gefühlt.

Und dann am 7. Oktober – ich konnte nach einem Sportunfall noch gar nicht so richtig laufen – dachte ich: Du mußt zur Parade gehen. Das ist eine so angespannte Situation, und wer weiß, wer da überhaupt hingeht und unserer Staatsführung zuwinkt, und Gorbatschow ist da, und du mußt schon da sein, um für die Medien und fürs Fernsehen bißchen Masse mit zu bilden. Und da bin ich hingegangen und habe auch Leute getroffen, die ähnlich dachten wie ich, aber es waren nicht allzu viele. Und dann kriegte ich mit, was sich so in der Stadt abgespielt hat. Diese Auseinandersetzungen.

Ich bin dann mit dem Fahrrad durchs Zentrum geradelt und sah überall – das war ja für mich etwas völlig Neues und Erschütterndes eigentlich – diese Mannschaftswagen von der Polizei mit den Räumschildern stehen. Das war wie Belagerungszustand. Und überall liefen die zivilen Leute rum und auch Polizisten mit ihrer Schutzausrüstung, die ich vorher noch nie gesehen hatte. Und ich dachte, jetzt ist die Konterrevolution da. Das war für mich ganz schlimm, und ich war schon drauf und dran – zumindest innerlich habe ich mich damit beschäftigt –, jetzt gehst du zum Wärmeanlagenbau, da warst du mal in der Kampfgruppe, du weißt, die sind bestimmt da unten im Keller und ziehen sich grade an, und da reihst du dich mit ein. Und ich glaube, ich wäre mit auf die Straße gegangen, um gegen die von mir angenommene Konterrevolution zu gehen. Da war ich auch nicht der einzige, der so dachte. Und später kriegte ich dann mit, Mensch, das ist ja alles ganz anders. Das, was die da wollen, die da auf die Straße gehen, das willst du ja eigentlich auch. Eine Veränderung in unserer Gesellschaft. Daß hier endlich sich mal wieder was bewegt. Daß die Leute hierbleiben.

Aus: Brief an das Ministerium für Auswärtige Angelegenheiten der DDR, 22. Oktober 1989:
Werte Genossen!
Mit großer Beruhigung habe ich die jüngsten Wandlungen in unserer Innen- und Medienpolitik begrüßt. Ich bin auch völlig damit einverstanden, daß wir denjenigen, die aus unterschiedlichsten Gründen in den letzten Wochen die DDR gen BRD verlassen haben, die Möglichkeit der Rückkehr einräumen. Nicht einverstanden bin ich jedoch mit der heute erteilten Zusage, daß diese Bürger bei Rückkehr unbürokratisch materiell und finanziell unterstützt werden sollen. Unbürokratisch – ja! Aber die zu gewährende Unterstützung sollte so gewährt

werden, daß diese Bürger nach Rückkehr nicht besser gestellt werden, als sie vor ihrem Verlassen der DDR dastanden.

Mir sind noch deutlich die uns beleidigenden und diffamierenden »Erklärungen« vieler ehemaliger DDR-Bürger in Erinnerung, die sie sehr bereitwillig nach ihrem Eintreffen in der »Freiheit« vor westlichen Kameras und Mikrophonen abgaben. [...] Während wir uns hier den Problemen gestellt haben, sind diese ausgerissen, weil sie ein bequemes Leben wollten.

Jetzt schaffen wir Bedingungen, um den Vorzügen des Sozialismus weiter zur Entfaltung zu verhelfen, und wenn wir dann soweit sind, sollen wir diese Bürger zu den von Euch beschriebenen Bedingungen wieder aufnehmen? [...]

Ich bin der Auffassung, daß Ihr Euer Angebot vom 22. 10. 89 sehr schnell und deutlich modifizieren solltet.

Mit freundlichem Gruß
Ekkehard Kaul

Diese *Wende* hab' ich sehr begrüßt. Ich hab' mir auch einiges versprochen von dieser neuen Führung, die ja dann eigentlich tatsächlich die alte Führung war. Aber ich glaube, der Druck war insgesamt zu groß und die Beweglichkeit der neuen Parteiführung zu gering, um diesen angedeuteten Weg erfolgreich zu gehen. Wir waren nicht in der Lage, das, was wir eigentlich wirklich wollten, in einer auch für die Bevölkerung erträglichen Zeit umzusetzen. Es mußte schnell was entschieden, es mußte schnell was verändert werden, aber das ging nicht, dazu waren wir alle – da schließe ich mich mit ein – noch zu sehr mit dem verflochten, was wir heute das »Alte Denken« nennen.

Aus: Brief an Egon Krenz, 20. Oktober 1989:
Lieber Genosse Krenz!
Mit großer Genugtuung haben wir davon Kenntnis genommen, daß das Zentralkomitee unserer Partei Dich zum Generalsekretär gewählt hat. [...] Mit Deiner Wahl wurde einem Genossen die maßgebliche Verantwortung für die Führung unserer Partei und unseres Staates übertragen, der selbst ein Kind unserer sozialistischen Gesellschaft, mit ihr gewachsen und gereift ist und die neue Generation repräsentiert. Dennoch sind die Umstände, die zu Deiner Wahl führten, kein Grund zum Feiern. Du hast in Deiner Rede am 18. 10. 89 kritisch die Ursachen skizziert. Daraus wird deutlich, daß Du ein äußerst schweres Erbe angetreten hast. Der Vertrauensschwund der Bevölkerung, auch einer Vielzahl von Mitgliedern unserer Partei in die Parteiführung, ist erheblich. Die Zahl der Kritiker und »Ratgeber« wird mit Sicherheit auch in nächster Zeit nicht kleiner, und die Probleme, mit denen wir zu kämpfen haben, werden nicht geringer.

Die Erklärung des Politbüros vom 11. 10. 89 sowie Deine Rede vom 18. 10. 89 haben uns neuen Mut gegeben. Doch den Worten müssen nunmehr Taten folgen. Da ist jeder Einzelne von uns in der Pflicht.

Wir wünschen Dir in Deiner verantwortungsvollen Funktion Ausdauer, Um- und Weitsicht, ein

starkes und progressiv-kritisches Kollektiv und uns
allen Erfolg.

Mit besten Grüßen
Ekkehard Kaul

Der 9. November mit der Maueröffnung kam für mich
wie für alle völlig überraschend, und ich habe gesehen,
weil ich ja nun unmittelbar im Grenzbereich wohne – ich
kucke auf die Heinestraße –, daß da eine Menschen-
menge, eine Bewegung war, als wenn die Menschen zur
Demonstration laufen. Und ich hab' gedacht: So hätten
sie früher zur Arbeit laufen müssen, dann würde es uns
heute nicht so gehen. Daß sie *dahin* liefen, das war ganz
schlimm. Ich habe 14 Tage gebraucht, ehe ich selbst da
rübergehen konnte. Man kann sich dem ja nicht ver-
schließen, und eine gewisse Neugier ist auch da. Ich war
ja vorher niemals in der Bundesrepublik oder in Westberlin, habe zwar in unmittelbarer Nachbarschaft gelebt,
aber das war für mich unerreichbares Ausland. Und nun
auf einmal das da ... Und wenn man rüberging, kriegte
man 100 DM. Es hat sich so viel in mir dagegen gewehrt,
und ich hab' mir auch das Geld nicht beim ersten Mal
geholt, weil wir – meine Frau und ich – hingegangen
sind mit – doch: irgendwie mit Angst. Ich kann gar nicht
beschreiben, wovor ich eigentlich Angst hatte, aber das
war vielleicht schon das Gefühl der Einvernahme. Man
ist uns dort freundlich entgegengekommen, ich habe bis
heute auch kaum jemand in Westberlin kennengelernt,
der nicht ein freundliches Gespräch mit mir geführt hätte, der mir unfreundlich entgegengetreten wäre. Aber das
ist eine ganz andere Welt, und das ist immer noch nicht
meine Welt, obwohl seitdem schon so viel Zeit vergangen ist. Auch im Denken ist das so. Man sieht zwar

nichts mehr von der ehemaligen Grenze, von der Mauer, das ist alles weg, aber die Mauer in den Gedanken, die ist noch da. Vielleicht gibt sich das irgendwann einmal.

Aus: Brief an Neues Deutschland, 21. 11. 1989:
Mit großer Sorge verfolge ich, daß viele von denjenigen, die einst in Leipzig und anderswo zum demokratischen Aufbruch und zur Wende riefen, sich heute mehr und mehr zum Fürsprecher der Anarchie machen – auch wenn sie das vorerst nicht so kraß ausdrücken. Doch wie anders ist es zu verstehen, wenn am Montagabend vor über 200 000 Menschen in Leipzig in bewußter Verkennung der Realitäten zu einem einheitlichen Deutschland aufgerufen und die Behauptung wiederholt wird, Egon Krenz habe am 9. 10. 89 für Leipzig einen Schießbefehl gegeben. Diese Rufe von Leipzig haben absolut nichts mehr mit dem Ziel der demokratischen Erneuerung zu tun. Sie sind einzuordnen mit dem jüngst ergangenen Sabotageaufruf. Es scheint heute das Ziel vieler Sprecher zu sein, Anarchie und Chaos in der DDR zu erreichen statt Besonnenheit und Ruhe.

Wenn man die ungehemmte Reisewelle, die auch an Wochentagen viele vom Arbeits- oder Ausbildungsplatz wegzieht, die Art und Weise der Positionsbestimmungen unserer Medien, den zunehmenden Verfall unserer bisher auch von anderen als ein Vorzug des Sozialismus in der DDR bezeichneten zwischenmenschlichen Beziehungen sieht, wird, so glaube ich, nicht nur mir Angst um den Fortbestand der DDR.

Wir Bürger der DDR sollten uns sehr schnell unserer selbst besinnen und nicht so lange warten, bis sich die Euphorie gelegt hat und wir auf einen nicht reparablen Scherbenhaufen blicken. [...]

Ekkehard Kaul

Ich will nicht sagen, ich würde was dafür geben, daß man die Geschichte zurückdreht, das wäre übertrieben, das wäre Quatsch, die Entwicklung ist logisch, das mußte so kommen, und das haben wir ja auch gelernt, daß man die Geschichte nicht zurückdrehen kann. Trotzdem muß ich sagen, manchmal – Sie kennen doch den Witz, in dem Mielke in Beelitz anruft und zu Honecker sagt: Erich, kannst wieder rauskommen, die Übung ist beendet –, manchmal träume ich auch, die Übung wäre beendet, es wäre alles nur ein Scherz gewesen. Aber es ist leider bittere Wahrheit. Wenn ich mir vorstelle, daß wir möglicherweise zum Jahresende 1991 40% Arbeitslose in der ehemaligen DDR haben... Das ist doch schlimm. Oder wie man versucht, Leute bloß aufgrund ihrer reinen Tätigkeit in einer bestimmten Institution oder der Mitgliedschaft in einer bestimmten Partei auszugrenzen aus der Gesellschaft, ohne zu prüfen, was haben die denn ganz konkret gemacht, haben sie sich auch nach unserem neuen Rechtsverständnis schuldig gemacht gegenüber der Gesellschaft? Da reicht es aus, daß ein Kraftfahrer fürs MfS gefahren ist, der darf kein Postbote, kein Heizer mehr sein, was soll man denn mit diesen Leuten machen? Man schafft doch damit ein Potential, das der Entwicklung dieses Deutschlands überhaupt nicht dienlich sein kann. Wenn man bedenkt, daß das MfS in Berlin 85 000 Mitarbeiter hatte, die ja fast alle das gleiche Schicksal haben, nunmehr nämlich arbeitslos, existenzlos sind. Wenn die sich organisieren, und dann kommen die Polizisten noch dazu, die Parteiarbeiter und andere aus dem ehemaligen Staatsapparat. Was die für eine Macht darstellen könnten.

Geändert hat sich mit dem Ende der DDR – auf alle Fälle –, und das gilt durchgängig für das, was mich so bewegt: Ich habe meine Gläubigkeit abgelegt. Aber ich vertraue auf den Menschen – das hat sich nicht geändert. Ich bin davon überzeugt, daß jeder Mensch vom Grunde her erst mal was Gutes will. Aber das, was ich früher bedingungslos in dieser Art auch meiner Parteiführung zugebilligt habe, das hat sich erledigt. Insofern habe ich ständig Zweifel an der Richtigkeit irgendwelcher Entscheidungen, ob sie mich nun betreffen oder auch nicht, aber ich nehme das nicht alles so hin, als müsse das so sein.

Ich habe noch nie in meinem Leben etwas gegen meine Überzeugung getan. Bewußt und dauerhaft. Und die Tätigkeit als Staatsanwalt habe ich acht Jahre ausgeübt, und die habe ich bewußt ausgeübt, und auch in einem Alter, in dem man ganz bewußt handelt (als ich da anfing, war ich 36 Jahre alt). Ich hätte das einfach nicht machen können, dauerhaft wider meine Überzeugung handeln. Und wenn ich nicht der Auffassung gewesen wäre, daß das, was ich da mache, richtig und notwendig ist, hätte ich das nicht gemacht. Ich hätte es nicht gemacht.

Wenn ich wieder Staatsanwalt werden würde – ich spekuliere jetzt mal so, obwohl ich weiß, daß das nicht sein wird –, würde ich versuchen, diese neue Lebensart, die ich mir jetzt so anerziehe, natürlich auch in dieser Tätigkeit mit zu praktizieren, also ich würde nicht alles bedingungslos hinnehmen, mich mit den Dingen auseinandersetzen, und wenn ich Zweifel hätte, Bedenken zu bestimmten Dingen, so wie ich sie früher in meiner staatsanwaltschaftlichen Tätigkeit hin und wieder hatte, diese Bedenken nunmehr konsequent durchsetzen, wobei dann die Konsequenz darin bestehen würde – und das muß ich erst mal so pauschal sagen –, daß ich sagen würde: Also diesen konkreten Fall lehne ich ab zu bearbeiten, oder: Diese Entscheidung trage ich nicht mit. Es würde kaum dazu führen – und das kann ich sagen, egal was ich später machen werde –, die Tätigkeit insgesamt niederzulegen, weil mir eine Einzelentscheidung widerstrebt. Dazu bin ich, glaube ich, nicht der Mensch. Ich will nicht sagen, daß ich da mein Fähnlein nach dem Winde hänge, aber so ein bißchen, na ja, Lebenswille ist ja da, und wer hängt sich unbedingt gern die Schlinge um den Hals. Also muß man versuchen, auch in diesem Leben Kompromisse zu finden, und ich betrachte das als einen vertretbaren Kompromiß. Vielleicht sehen Sie das anders.

Ich würde mich dagegen wehren, wenn mir jemand sagen würde, er habe das alles nicht gewußt. Wer hier staatstragend tätig war, der kannte die Grundzüge unseres Systems. Der kannte nicht alle Einzelheiten. Zum Beispiel beim MfS. Auch ich nicht, obwohl ich dort eine Zeitlang ein- und ausgegangen bin. Ich hab' Ihnen ja erzählt, wie erschüttert ich war, als ich mitgekriegt habe, daß ich bei einem Verhör selber abgehört wurde. Das hat mich im nachhinein umgehauen. Aber vom Grunde her wußte ich, wie es lief. Ich fand es nicht immer schön, aber ich fand es notwendig. Es ging sogar so weit, daß ich innerlich akzeptiert habe, daß die Herren, als sie mich überprüft haben, auch in meiner Wohnung waren. Ich hab' niemals Anzeichen dafür gefunden, aber ich hab' es nicht ausgeschlossen, daß sie da waren: Wie wohnt er denn, wie lebt er denn, was hat er denn für Bücher? Man muß sich ja ein Bild machen über den Menschen. Na und - da waren sie eben drin. Hab' nichts zu verbergen. So mache ich das heute eigentlich auch. Ich habe auch heute nichts zu verbergen. Und wer von mir wissen will, wes Geistes Kind ich bin, dem sag' ich das. Das ist nicht immer gut, das hab' ich unterdessen auch schon mitgekriegt. Aber ich kann mich nicht so absolut verändern, bloß weil die Situation das nun erfordert. Das wird ein Prozeß werden, der mir sehr schwerfallen wird. Ich weiß auch nicht, ob ich bestehe.

Ich habe, was die Wirkung des Buches angeht, so meine Zweifel, aber ich unterstütze das Projekt, weil es für mich... Ich betrachte das selbst für mich als einen Teil Schuldabbau oder Wiedergutmachung, vielleicht. Es kostet mich ganz schön Überwindung, ich muß Ihnen das ganz ehrlich sagen, aber es hilft mir ein bißchen auf die Beine, weil man sonst kaum Möglichkeiten hat, wiedergutzumachen. Und wenn es heute aus einzelnen meiner Bemerkungen klingt, als wäre ich mir im einzelnen meiner Schuld nicht bewußt, dann stimmt das erst mal, aber ich hab' Anteil an dem, was in der DDR geschehen ist, also auch an dem, was Schlechtes geschehen ist. Auch daran hab' ich Anteil. Und ich muß sehen, daß ich möglichst viel dazu tue, um, na ja, wiedergutzumachen.

(aufgezeichnet am 12. Februar 1991)

Kontrapunkt 1
Teil 2

Wesentliches Ermittlungsergebnis

[...] Der Beschuldigte Otto Sette kaufte im Herbst 1959 ein Fernsehgerät Marke »Staßfurt«. Von diesem Zeitpunkt bis zu seiner Inhaftierung hat er zum größten Teil die Sendungen des westberliner bzw. westzonalen Fernsehfunks empfangen. In der Folgezeit lud er sowie der Beschuldigte Martin Sette Bürger aus Golzow und auch aus der Umgebung ein bzw. ermöglichte diesen das Abhören des westlichen Fernsehfunks. In Anwesenheit dieser Bürger wurde das Fernsehgerät eingestellt und bei Sendungen des Fernsehfunks der DDR auf Sendungen des westlichen Fernsehfunks umgeschaltet. Bei den Sendungen des westlichen Fernsehfunks handelt es sich um ausgesprochene Hetzsendungen gegen die DDR und die anderen Staaten des sozialistischen Weltsystems. Insbesondere wurden die Sendungen »Abendschau, Tagesschau u.a.« angestellt und angesehen. Diese Sendungen richteten sich gegen die gesellschaftspolitischen, wirtschaftlichen und kulturellen Verhältnisse in unserem Arbeiter-und-Bauernstaat sowie den Ländern des Sozialismus. In diesen Hetzsendungen wurde die DDR als »Ostzone« bezeichnet, die Regierungsmitglieder als »Diktatoren« genannt und unsere Gesellschaftsordnung als »Ulbricht-Regime« charakterisiert. Des weiteren wurde dahingehend gehetzt, daß in der DDR eine Hungersnot ausbrechen wird und in den sozialistischen Staaten gäbe es keine Freiheit. Die

Beschuldigten stellten den Westfernsehfunk auch in den Tagen nach dem 13. 8. 1961 ein, wo insbesondere gegen die Maßnahmen unseres Arbeiter-und-Bauernstaates zum Schutze unserer Republik gehetzt wurde. Die Beschuldigten wußten, daß sie durch die Schaffung von Möglichkeiten zum Abhören der Hetzsendungen des westlichen Fernsehfunks die Hetze der Feinde unseres Arbeiter-und-Bauernstaates verbreiten und somit den Klassengegner bei seinen ideologischen Aufweichbestrebungen der sozialistischen Gesellschaftsordnung in der DDR unterstützt haben. Unter Führung der Partei der Arbeiterklasse und der Regierung unseres Staats hat sich die sozialistische Gesellschaftsordnung in unserer Republik stürmisch weiterentwickelt und gefestigt. Diese Entwicklung widerspricht den aggressiven Plänen des westdeutschen Imperialismus und Militarismus. Deshalb versuchen sie durch Schürung des Kalten Krieges und eine systematische feindliche Tätigkeit den Aufbau des Sozialismus zu hemmen. [...]

Eine besondere Gesellschaftsgefährlichkeit ihrer Verbrechen kommt darin zum Ausdruck, daß sie Bürgern in der Zeit nach dem 13. 8. 61 die Möglichkeit gaben, die forcierte Hetze des Klassengegners durch den Westfernsehfunk zu hören. Deshalb wird es in der anzuberaumenden Hauptverhandlung darauf ankommen, den Beschuldigten verständlich zu machen, daß sie auf das Gröblichste die Interessen der werktätigen Bevölkerung unseres Staates verletzt haben und als Feinde unserer Republik handelten. Es wird beantragt:

1. Das Hauptverfahren zu eröffnen

2. Den Termin zur Hauptverhandlung vor dem I. Strafsenat des Bezirksgerichts Frankfurt (O) anzuberaumen.
3. Den Haftbefehl aus den Gründen des Erlasses aufrechtzuerhalten.

I.A.
Klühsendorf
Staatsanwalt

Ich habe zu lange gebraucht, um meine Angst vor dem System zu überwinden

Marlis Hübner, geb. 1955, war von 1980 bis 1989 Assistentin für Strafrecht an der Martin-Luther-Universität Halle bzw. an der Humboldt-Universität Berlin, 1989 Ausreise in die Bundesrepublik, ist jetzt Referendarin in einem Ort bei Lübeck

Was ich alles werden wollte...! Jedenfalls nicht Jurist. Vielleicht Tierarzt: Ich bin auf dem Dorf groß geworden, fühlte mich auf dem Lande wohl und glaubte schon, das wäre der richtige Beruf für mich. Meine Eltern waren jedoch dagegen. Also lernte ich nach dem Abschluß der 10. Klasse einen »ordentlichen« Beruf: Wirtschaftskaufmann. Nebenbei ging ich zur Abendschule und legte dann 1975 die Reifeprüfung ab. Nun stand mir eigentlich alles offen. Ich aber hatte nicht den Mut, mich für einen Studienplatz der Veterinärmedizin zu bewerben. Im Betrieb arbeitete ich in regelmäßigen Abständen mit dem Justitiar zusammen. Das fand ich ganz interessant. Mit diesen Vorstellungen von juristischer Arbeit entschied ich mich für ein Jurastudium.

Komischerweise wollte ich nicht Richter oder Staatsanwalt werden, Justitiar – das reichte mir. Studiert habe ich Wirtschaftsrecht an der Martin-Luther-Universität in Halle. Zur Studienzeit gibt es nicht viel zu sagen: Wir waren gehorsame Schüler! Sosehr mich die Vorlesungen in Marxismus/Leninismus, Staats- und Rechtstheorie usw. auch langweilten, ich hatte mich längst ausgeblendet. Ich las sämtliche greifbaren Werke von Hemingway oder ging einfach nicht zu den Lehrveranstaltungen. Hauptsache, man arbeitete vor den Prüfungen und fiel sonst nicht negativ auf. Ich konnte mich nie so recht mit dem Studium identifizieren, habe auch mehrfach überlegt, ob ich einfach alles hinschmeiße. Aber da waren Freunde und die angenehmen Seiten des Studiums, also blieb ich.

Nach dem Studium arbeitete ich in einem Möbelbetrieb als Justitiar. Das war so ein Betrieb mit Produktionsanlagen wie im vorigen Jahrhundert, viel Handarbeit und regelmäßigen Plankorrekturen. Ich war oft frustriert. Mit rechtlichen Mitteln konnte man wenig ausrichten. Das Wirtschaftsrecht war zur Feuerwehr verkommen und überall, wohin ich zum Einsatz geschickt wurde, lag schon alles in Schutt und Asche.

Nach einem Jahr war ich heilfroh, als ich an der Universität eine *planmäßige Aspirantur* (genauso hieß das!) angeboten bekam. Endlich hatte ich meinen Platz gefunden. Ich promovierte über Fragen der Verantwortung und Verantwortlichkeit von Betriebsärzten. (Die genaue Formulierung des Themas würde noch heute die Germanisten aufschreien lassen.) Daneben hielt ich Seminare in Strafrecht, verknüpft mit ein wenig Kriminologie und Strafprozeßrecht. Sonderlich kritisch habe ich das zu dem Zeitpunkt nicht betrachtet. Meine wissenschaftliche Arbeit war nicht der Nabel der Welt, aber ich meinte schon, daß sie wichtig sei. Als ich dann allmählich merkte, daß das alles wirklich niemanden interessierte, war ich desillusioniert.

Da mußte man schon Idealist sein, um weiterzuarbeiten. Das war auch die Zeit, als die ersten Freunde und

Kollegen meines Mannes die DDR verließen. Dann der ganze Umweltdreck in Halle, der Verfall der Stadt... Ich hab' das bewußt wahrgenommen.

Torso

Die Liebe gestillt,
die Sehnsucht gekillt,
die Meinung diszipliniert,
selbst den Haß schon im Griff

auf dem sinkenden Schiff.
(28. 7. 87)

Und in dieser Zeit (1986) trat ich in die SED ein. Ich kann das heute keinem erklären. Ich weiß nur, daß ich in meiner Begründung so was geschrieben hatte wie: *Meine Kollegen sind mir Vorbild* und *Ich unterstütze die Friedenspolitik der DDR.*

Mein Mann hatte mich immer wieder vor diesem Schritt gewarnt, mich sogar beschimpft. Sein Reden half nicht. Ich wollte mit 30 Jahren endlich eine unbefristete Stelle haben. Anfangs glaubte ich, über die Partei an Informationen zu gelangen, die für Forschung und Lehre wichtig seien. Alles sollte ganz anders kommen. Erst bekam ich einen Parteiauftrag: Ich wurde Vorsitzende der *Gesellschaft für Deutsch-Sowjetische Freundschaft* an der Sektion. Das war so eine Funktion, wo alle nur froh waren, wenn man keine Aktivitäten entfaltete. Dann mußte ich eine Erklärung unterschreiben, wonach sämtliche Westkontakte abgebrochen bzw., wenn sie weiter bestanden, gemeldet werden sollten. Wir haben das mit uns machen lassen! Ich habe mich nur geweigert, diese

Erklärung auch für meinen Mann abzugeben. Das wurde akzeptiert.

Die Parteiversammlungen waren vor allem langweilig. An Diskussionen, die diesen Namen verdienen, kann ich mich nicht erinnern. Alles lief nach einem Ritus ab – erst ein Referat in Auswertung der x-ten Tagung des ZK der SED, dann sprachen die Professoren nach Rang, danach die Dozenten usw. Anstatt den Mund aufzutun, schrieb ich Gedichte und kurze Kabarettszenen. Andere Kollegen spielten »Schiffe versenken« oder übten sich im Wurzelziehen. Es gab auch viele eifrige Genossen und die, die immer ganz traurig waren, weil die jungen Genossen kein Parteiabzeichen trugen. An der Sektion drehte sich alles im Kreise. Es gab Tage, an denen ich nur noch weg wollte.

Am Ende der Diskussion

Der Vorhang fällt
und noch einmal erscheint
der Kasper.
Aber wir klatschen nicht mehr.
Die Kinder sind erwachsen geworden.
(10. 10. 88)

Dann habe ich gekündigt, weil wir beabsichtigten, einen Ausreiseantrag zu stellen. Ich glaube, die Kollegen wußten, was los war. Sie redeten mir zu, ich solle doch bleiben usw. Als ich die Kündigung wieder zurücknahm, war mein Mann außer sich. Es folgten wüste Beschimpfungen auf die Partei, die Kommunisten: alles Verbrecher wie die Nazis, es geht nur um die Macht ... Ich wollte das einfach nicht wahrhaben, faßte es eher als persönliche Beleidigungen auf. Unsere Ehe war auf dem Nullpunkt angelangt.

Im Dezember 1987 zogen wir nach Berlin. Ich bewarb mich um eine Assistentenstelle im Bereich Strafrecht der Humboldt-Universität. Die »kadermäßige« Überprüfung dauerte Wochen. Keiner wollte oder konnte mir sagen, wann die Entscheidung fallen würde. Da ich keine Erfahrungen in der Justizpraxis hatte, suchte ich mir eine Arbeit an einem Stadtbezirksgericht. Ohne Kaderunterlagen und nur für eine begrenzte Zeit – eine Auswahl hatte ich nicht, also arbeitete ich als Protokollantin. Eine »Frau Dr.« als Protokollantin, alle dachten erst mal, ich hätte irgendwas angestellt.

Meine Aufgabe war es, in den Verhandlungen den wesentlichen Inhalt mitzuschreiben, und anschließend diktierte der Richter die Entscheidung in die Maschine. Anfänglich war ich mit dem technischen Kram vollauf beschäftigt. Nach und nach ergab sich die Gelegenheit, mit dem Richter über die Urteile zu sprechen. Manchmal fragte er mich, wie ich entscheiden würde.

Größte Bedenken hegte ich gegen die sogenannten Maßnahmen zur Wiedereingliederung (nach §§ 47, 48 StGB), die die Strafentlassenen einer ständigen Kontrolle und Bevormundung aussetzten, wodurch sie gezwungen wurden, eine andere Arbeit an einem anderen Ort aufzunehmen, unabhängig vom Wohnsitz der Familie. Letzteres widersprach völkerrechtlichen Vereinbarungen, die die DDR akzeptiert hatte. Oder die Verurteilungen nach § 238 StGB (Verletzung gerichtlicher Maßnahmen). Wo war in dem Tatbestand das kriminelle Unrecht?

Ich konnte nicht mehr tun, als meine Bedenken äußern. Aber was für einen Sinn hatte das? Die »Täter«

waren längst bestraft: 14/15jährige in Handschellen vorgeführt, Debile wegen Republikflucht verurteilt ... Manchmal mögen die Richter über ihre Urteile nachgedacht haben. Immer war zwischen uns eine Mauer: Sie hatten ihre Anweisungen und Richtlinien, sie wollten in Ruhe ihrer Arbeit nachgehen. Der eine oder andere dachte auch an die Karriere. Man hat mir teilweise ganz unverblümt gesagt: Ihr an der Uni lebt doch im Wolkenkuckucksheim – ihr dürft kritisieren, wir müssen die Arbeit machen.

In dieser Zeit wurde mir klar, daß ich nicht als Richter arbeiten konnte. Ich wollte es auch nicht. Und trotzdem Studenten für diesen Beruf ausbilden? Darüber habe ich lange nachgedacht. Mit Kollegen zu sprechen war nahezu unmöglich. Außer zu zwei Freundinnen, zufällig Juristinnen, hatte ich zu niemandem Vertrauen. Sicher diskutierten wir gerade zu meiner Zeit an der Humboldt-Universität brisante Themen, aber immer anonym. Nie hat jemand gesagt: *Ich* habe die oder die Probleme. *Man* hatte Fragen, und die persönlichen Empfindungen gehörten nicht in die Öffentlichkeit.

Die acht Wochen an dem Stadtbezirksgericht hatten mich tief bewegt. Ich ging mit der Einstellung an die Universität, die erlebte Justizpraxis mit den Studenten zu besprechen, einfach zu schildern, welche Menschen dort wegen § 213 StGB (Ungesetzlicher Grenzübertritt) vor Gericht standen. (Wahre Statistiken waren nicht verfügbar!) Mein Lieblingsthema, das wußten die Studenten, waren die sogenannten Asozialen. Es brauchte nicht viel strafrechtliches Können, um den § 249 StGB* völlig zu

---

* Beeinträchtigung der öffentlichen Ordnung und Sicherheit durch asoziales Verhalten

zerpflücken. Manche Studenten haben mich im Seminar gefragt, was das soll, sie müßten die Paragraphen doch anwenden. Ich hatte mittlerweile meine Meinung: Ich zeige euch, was alles nicht geht, was gegen völkerrechtliche Normen verstößt oder was ihr bedenken müßt, wenn ihr den Richterberuf ausübt.

Es gab Seminargruppen, die diese Art der Vermittlung von Strafrecht ablehnten, weil sie der Auffassung waren, sie müßten das geltende Recht beherrschen lernen und deshalb nur wissen, wie es auszulegen sei. Auf diese Leute habe ich nicht eingeredet. Das Gespräch mit den Studenten brachte sowieso nur etwas, wenn beide Seiten dialogbereit waren. Es gab Gruppen, wo das der Fall war und die Arbeit Freude bereitete. In Vorbereitung auf eine Konferenz über das Strafverfahrensrecht zum Beispiel hatte ich Thesen ausgearbeitet, nach einer Einführung an die Studenten weitergereicht und sie gebeten, darüber nachzudenken. Zu einem späteren Zeitpunkt haben wir die Frage diskutiert, wie Gesetzgebung transparent zu gestalten ist. In solchen Momenten habe ich echte Solidarität empfangen. Sie haben sich später erkundigt, wie die Rede auf der Konferenz ankam. Irgendwie hatten wir den gemeinsamen Glauben, auf diese Art und Weise etwas zu verändern.

Natürlich habe ich nicht öffentlich gesagt, daß ich das praktizierte Gesetzgebungsverfahren ablehne. So was stand zwischen den Zeilen, das wußte jeder, der mir zuhörte. Die Atmosphäre, die bei meiner Rede auf der Konferenz herrschte, werde ich nie vergessen. Im Raum waren ca. 50 Leute, die eine Hälfte aus der Wissenschaft, die andere: Praktiker vom Ministerium der Justiz, von der Juristischen Hochschule (Stasi-Schule!), vom Ministerium des Innern und andere. Mir schlug eisige Kälte entgegen – und dann Applaus. Ich war wie befreit. Endlich hatte ich diese alles bestimmende, lähmende Angst überwunden. Ich hatte lange, wie ich heute weiß – zu lange gebraucht, um meine Angst vor dem System zu überwinden... Und sie kam immer wieder. Ich hatte eine Freundin, die mich stützte. Wie viele Leute hatten das schon.

Auf der Rückfahrt von der Konferenz fuhr ich im Zug mit einem Professor aus Berlin. Fast sieben Stunden lang hat er mir über seine Assistenzzeit bei Hilde Benjamin erzählt: wie sie alle benutzt hat, wie er sich immer hat bestimmen lassen, wie Kollegen, die nicht mitgemacht haben, verfolgt wurden. Er ließ seinen ganzen Frust raus, redete mir aber zu, ich solle weiterarbeiten.

Halbzeit

Die Grenzen sind erreicht,
die du dir nicht gesetzt.

Die Zeit ist davongelaufen,
wer hat sie nur gehetzt?

Die Karten sind ausgespielt,
die man dir zugeteilt.

Die alten Rollen sind verteilt,
und du blickst gelangweilt in den Tag.
(27. 7. 87)

Viele meiner Kollegen lebten in der Hoffnung, in dieser, unserer DDR etwas verändern zu können. Selbst wenn wir uns oft als Pausenclowns oder Hofnarren sahen, so hatte diese Rolle doch ihre positiven Seiten. Daß andere Leute für Äußerungen, die wir in Vorlesungen oder Seminaren taten, ins Gefängnis kamen, ist eine schmerzliche Wahrheit. Ich habe das damals irgendwie verdrängt. Ich habe gemeint, alle müßten sich endlich wehren und aufstehen. Nur – die vielen kleinen Schritte, die dieser Weg abverlangte, der lange Atem, das konnte mir gestohlen bleiben. Dann dieses Mißtrauen gegen jeden, vor allem, wenn's ein Kollege war. Immer die Frage: Ist der auch bei der Stasi? Wirklich sicher war man nur vor sich selbst.

Im August 1989 kam mein Mann von einem Besuch in Westdeutschland nicht zurück. Ich stand im Regen! Zwei Kinder, die Konzeption für die Habilitation verteidigt, eine Wohnung im Ghetto von Hohenschönhausen und wieder Angst. Anfangs war ich wie gelähmt. Mein Gott, wie oft hatten wir unsere unterschiedlichen Positionen diskutiert. Die Stimmung war zwar seit den ersten Ausreisewellen immer düsterer geworden, aber wir hatten doch uns, unsere Freunde, unsere Ideen. Wir würden es doch irgendwann und irgendwie beeinflussen können??? Aber einfach abhauen?

In meiner größten Not hab ich mich an Literatur festgehalten. Komisch, mir gab es Kraft. Zum Beispiel Käthe Kollwitz – wie sie immer wieder den Nazis getrotzt hatte und in Berlin blieb. Mein Mann hatte mir cool mitgeteilt: Du bist nicht Käthe Kollwitz. Zu dieser Schlußfolgerung war ich selbst fähig. Trotzdem: bleiben. An Schriftstellern orientieren! Volker Braun, Christa Wolf, Christoph Hein – das war mir wichtig. Zum Glück konnten sich ab Sommer 1989 die »Sicherheitskräfte« kaum noch auf eine einzelne Person konzentrieren. Schließlich schien die halbe Bevölkerung die DDR zu verlassen. Ich wollte bleiben. Irgendwie würde ich es schon schaffen. Ich habe noch nie solche Hilfe und Solidarität gespürt wie in diesem Herbst. Und das Gefühl, daß ich gebraucht wurde, werde ich wohl nicht wieder erfahren... Wie viele Studenten baten um Rat, weil sie aus der Partei austreten oder ihr Studium aufgeben wollten... Mir war gar nicht bewußt gewesen, wie sehr sie neue Orientierungen suchten und Personen, die dafür standen. Die Fixierung auf neue Wahrheiten und neue Leitfiguren schien mir absurd und eine Last, die ich nicht imstande war zu tragen. Ich wollte nicht. Sie sollten endlich anfangen, selbst zu denken, und nicht nach neuen Götzen suchen. Ich habe in diesen Wochen bis zur Erschöpfung gearbeitet. Endlich bekam alles einen Sinn.

Dann die Ereignisse am 7./8. 10. 1989 in Berlin. Ein Kollege besorgte mir die Protokolle, die Beteiligte über ihre Inhaftierung gefertigt hatten. Welcher Jurist konnte jetzt noch zu dem Staat, zu dieser Partei stehen und einfach zur Tagesordnung übergehen? Gerade zu der Zeit hatte ein Dozent aus unserem Bereich Vorlesungen über Kapitel 8 StGB (Straftaten gegen die staatliche Ordnung) zu halten. Ich hab' ihn gefragt, was er zu den Ereignissen sagen will. Nichts. Er hatte soviel Schiß, sich mit seinem Wissen von gestern vor die Studenten zu stellen, daß er mir fast leid tat. Seine Partei hatte ihn enttäuscht, und er enttäuschte seine Zuhörer.

Einige sollen nichts gewußt haben...

Sie waren so lange auf der Suche
nach dem rechten Maß
bis sie nichts mehr ausdrückten,

sie nichts mehr berührte und
die Stimme die Gedanken besiegt hatte.

Einige sollen nicht mitgemacht haben...

Sie waren so lange auf der Suche
nach Ausgewogenheit
bis sie nichts mehr bewirkten,
sie ziellos wankten und
der letzte Zweifel besiegt war.

Einige sollen es nicht verkraftet haben...

Sie erfüllten so lange
ihre Pflicht
bis nichts mehr zu retten war,
die Gene beschnitten und
die Träume zu Floskeln verkamen

Einige sollen es nicht bemerkt haben...
(13. 7. 89)

Vielleicht ein oder zwei Wochen später sprach zur Bereichssitzung ein Richter vom Stadtgericht, Karl Z., über das Funktionieren der Justiz am 7./8. 10. in Berlin. Danach wußte ich, daß es in unserer Justiz Nazis gab. Er referierte Ablaufpläne, um das Hand-in-Hand-Arbeiten von Polizei, Stasi, Staatsanwaltschaft und Gerichten zu zeigen. Es fehlte nur der Abtransport nach Buchenwald oder Auschwitz... Eine einzige Staatsanwältin soll sich geweigert haben mitzumachen! Als er die Sitzung verließ, entbrannte ein Sturm der Entrüstung. Gerade wir jungen Kollegen waren empört. Ich empfand es als völlig unangebracht, daß die älteren versuchten, uns zu beruhigen. Es wurde noch festgelegt, wer zur Auswertung der Ereignisse an einer größeren Beratung im Stadtgericht teilnehmen durfte. Ich sollte Abstand nehmen, mich momentan zurückhalten, schließlich war mein Ehemann ein Krimineller. Und immer wieder die obligatorische Nachfrage, ob ich mich denn endlich von ihm getrennt habe. Schließlich hätte er nicht nur unser Land verraten...

Wichtig war für mich auch der Tag nach der Maueröffnung. Es muß ein Freitag gewesen sein. Wir hatten uns zu elf Uhr zur Bereichssitzung verabredet, weil unser »Memorandum an die Volkskammer« auf der Tagesordnung stand. Wir jüngeren Kollegen hätten vieles ergänzen oder schärfer formulieren wollen, was sich letztlich nicht durchsetzen ließ. Noch nie war im Bereich enger zusammengearbeitet worden, und zugleich schienen alle auseinanderzudriften. Überall waren die Menschen in Aufregung, was werden würde. Alles bewegte sich in Richtung Brandenburger Tor: Ein Volk war auf dem Weg in den Westen.

Am Nachmittag hätte ich Seminar gehabt. Vier oder fünf Studenten schauten kurz rein, sie wollten mir nur Bescheid sagen: Die anderen sind in Westberlin. Es wird heute nichts. Ich war bestürzt. Empfand es als Verrat und entsetzlich primitiv. Warum? Ich war verzweifelt. Jetzt hatten wir doch Zeit. Jeder könnte nach getaner Arbeit oder im Urlaub in den goldenen Westen fahren. Warum ließen sie alles stehen und liegen, liefen der Colabüchse hinterher? Das hatte dieser Staat erreicht!

Im Nachbareingang unseres Wohnblocks lebten Bürger, die bei der Polizei oder Armee arbeiteten. Am 1. Mai oder an anderen Feiertagen hatten sie alle Balkone,

10 oder 12, abwechselnd mit DDR-Fahnen und mit Arbeiterfahnen geschmückt. Nebenbei wurde intensiv auf die Nachbarn geachtet... Wie hätte es anders sein können! Gerade sie gingen am Sonnabendmorgen im Kollektiv nach Westberlin. Ich stand fassungslos auf dem Balkon.

Was würde das für Folgen haben? Wen interessierte denn noch unser Memorandum? Alles schien vergänglich! Kaum hatten wir uns zu neuen Thesen durchgerungen, da waren sie längst von der Gegenwart überholt. Welche Chance hatte ich noch?

Die Kinder drängten. Sie wollten endlich Westberlin sehen. Die ganze Klasse war angeblich schon dort, nur sie nicht. Mein Sohn hatte Geburtstag. Alle Kinder sagten ab, weil etwas dazwischengekommen war. Ich versuchte, mir über meine Rolle in dieser Gesellschaft und über meine Zukunft klarzuwerden. Was sollte nur werden? Eine schlechte Märtyrerin wollte ich nicht abgeben. Im November stellte ich einen Ausreiseantrag. Es war vorbei. Alles glitt mir aus den Händen. Ich hatte keine Kraft mehr, obwohl Freunde mir beistanden. Ich schämte mich, vor allem vor den Studenten. Jetzt war ich die Verräterin: Ausreise in den Westen – aus niederen privaten Gründen. Der Ausreiseantrag wurde sofort genehmigt.

Heimweh?

Wir zogen aus,
die Freiheit zu genießen
und wußten nicht,
daß wir alles hinter uns lassen würden:
das Dorf, unsere Jugend und die Vergangenheit.

Wir fanden uns wieder
im Trott des Lebens
und fühlten klar,
daß wir die Verlierer sein würden:
mit unseren Träumen und Hoffnungen.

Wir kehrten zurück,
die Heimat zu suchen
und spürten doch,
daß uns keiner vermißt hatte:
wir mit unseren Idealen und Erinnerungen.
(13. 7. 89)

Kurz vor Weihnachten saß ich *drüben* beim Arbeitsamt: »Aha, Ostjuristin, keine Ahnung von unserem
Recht, politisch belastet. Wissen Sie, hier gibt es schon
genug arbeitslose Juristen. Sie werden wirklich nicht
gebraucht. Wir können Ihnen weder helfen noch irgendwelche Hoffnungen machen.«

Einiges hatte ich erwartet, aber so abqualifiziert zu
werden, das war das Letzte. Das ganze hätte ein trister
Propagandafilm der SED sein können. Die Wirklichkeit
war schwerer zu ertragen. Ich war in eine unbekannte
Welt eingetreten. Die Sprache schien dieselbe zu sein,
aber ich war sprachlos.

Die Verbannung an den Kochtopf bedrückte mich.
Seit ich die Schulzeit beendet hatte, habe ich immer
gearbeitet, selbst als die Kinder klein waren. Manchmal
hätte ich gern mehr Zeit für sie gehabt. Doch berufstätig
zu sein war für mich selbstverständlich gewesen. In der
schönen Einöde Schleswig-Holsteins fiel mir die Decke
auf den Kopf. Ein Auto hatte ich nicht. Der kulturelle
Höhepunkt des Dorfes war der Briefkasten. Nach ein

paar Wochen kam ich das erste Mal in eine größere Stadt, nach Bremen. Mein Mann hatte mich zu einer Weiterbildungsveranstaltung mitgenommen. Ich habe den Stadtrundgang fast nicht verkraftet. Die ganze Stadt, die Geschäfte... Alles war sauber, ordentlich, bunt wie im Bilderbuch, eine schöne Glitzerwelt. Am Abend dann nette Tischgespräche. Das sollte mir zukünftig des öfteren passieren: »Was macht denn Ihre Gattin? Wie geht es Ihrer Gattin?« Dritte Person Singular, und ich sitze daneben! Ich mußte mich zwangsläufig wie ein Elefant im Porzellanladen benehmen. Das wollte ich nicht ertragen.

An die neu-deutschen Umgangsformen, ich meine z.B. dieses unverbindliche *Hallo* – bloß nicht die Hand geben –, mag ich mich zwar nicht gewöhnen, aber das sind wohl eher Nebensächlichkeiten. Tiefer berührt mich die Pauschalverurteilung der Ostjuristen. Ich will niemanden freisprechen oder mich rechtfertigen. Irgendwo tragen wir alle eine Mitschuld an der Perversität des Systems. Wo aber konkret die Verantwortung des einzelnen lag und welche Verantwortlichkeit, einschließlich Schuld daraus erwächst, läßt sich nur individuell feststellen. Bleibt die Hoffnung, daß wir nach einem solchen Klärungsprozeß aufeinander zugehen können.

Manchmal, wenn mich heute die Vorwürfe meiner Mitreferendare treffen, verliere ich die Zuversicht. Sie können und wollen unsere Vergangenheit nicht verstehen. Die gesellschaftlichen Verhältnisse in der DDR haben uns geprägt, bewußt und unbewußt, in positiver und negativer Hinsicht. Ich stehe zu dieser Vergangenheit, es sind die Wurzeln meiner Entwicklung, die ich nicht achtlos in den Mülleimer der Geschichte werfe.

Spuren

Kaltes Herz auf rotem Tuch
Hast noch immer nicht genug
Ist der Atem dir genommen und
Der letzte Tropfen grad entronnen
Zuckst du bis zum bittren Ende:

Das Tuch leuchtender denn je
Getränkt mit deinem Blut.
(13. 7. 89)

Neulich schilderte mir hier im Westen unbefangen ein Kollege, wie spielend leicht es ihm fallen würde, sich bei einem Bewerbungsgespräch zu verstellen, um je nach gefragter Meinung zu reagieren. Anpassung sei erste Bürgerpflicht! Diese kleine menschliche Schwäche, mancher wird es Stärke nennen, kam mir sehr bekannt vor.

Er hatte Glück. Er ist nicht im Osten geboren. Er klagt an. Er wird über unsere Vergangenheit richten.

Viele Juristen im Westen Deutschlands profitieren heute von der Wende, ohne an den vollzogenen gesellschaftlichen Veränderungen irgendeinen Anteil gehabt zu haben. Heilige Kühe werden auch hier nicht geschlachtet. Juristen fehlt wohl häufiger als anderen Berufsgruppen die Distanz zu dem, was man tut oder lieber läßt.

Staat und Recht der DDR sind mit viel Beifall untergegangen, das gleiche Schicksal ereilt nun die Helfer, Mittäter, Anstifter, Zuschauer und Feiglinge...

Ich kann mich lebhaft daran erinnern, daß ich mal einer Seminargruppe an der Uni, sie war besonders aufgeschlossen, anbot, über die Unabhängigkeit des Richters zu diskutieren. Keine Reaktion. Ich zeigte Verständnis und gab zu erkennen, daß es bei einer so grundsätzlichen Problematik nicht angehe, einfach in den Tag hineinzuschwatzen, sondern einer fundierten Vorbereitung bedürfe. Also bot ich an, Thesen auszuarbeiten. Diesmal Ablehnung. Zwei Studentinnen signalisierten mir auf dem Nachhauseweg, daß sie mich nicht für so naiv gehalten hätten, über Dinge diskutieren zu wollen, die es in praxi nicht gibt.

Wir haben nie über die Unabhängigkeit des Richters diskutiert. Ich frage mich heute, was habe ich falsch gemacht? Habe ich die Studenten sinnvoll beeinflußt, sind sie gerüstet für das, was sie jetzt erwartet? Werden sie den Maßstäben gerecht, die ich mitunter als schmerzlich empfinde? Ich weiß es nicht.

(von ihr selbst aufgeschrieben, Oktober 1991)

Kontrapunkt 1
Teil 3

IM NAMEN DES VOLKES
Strafsache
gegen
1. den Landwirt Otto *Sette,*
   geboren am 4. Oktober 1901 in Zorndorf, Kreis Königsberg
   wohnhaft in Golzow, Ausbau 39
2. den Lehrling Martin *Sette,*
   geboren am 5. Dezember 1941 in Zorndorf, Kreis Königsberg
   wohnhaft in Golzow, Ausbau 39,
beide Angeklagten in dieser Sache seit dem 19. August 1961 in Untersuchungshaft
wegen staatsgefährdender Propaganda und Hetze.

Der I. Strafsenat des Bezirksgerichts Frankfurt (O) hat in seiner Sitzung vom 22. August 1961, an der teilgenommen haben:
Richter Frau *Pruss*
als Vorsitzende
Arbeiterin *Lindemann*
Angestellter *Lange*
als Schöffen
Staatsanwalt *Sehnke*
als Vertreter des Bezirksstaatsanwaltes
Justizangestellte *Wellnitz*
als Schriftführerin
für *Recht* erkannt:
Die Angeklagten werden wegen staatsgefährdender

Hetze und Propaganda (§ 19, Abs. 1, Ziffer 1 und 2 StEG) fortgesetzt handelnd verurteilt:

1. Der Angeklagte Otto *Sette* zu
   zwei Jahren und drei Monaten Gefängnis
2. der Angeklagte Martin *Sette* zu
   einem Jahr und zwei Monaten Gefängnis.

Der dem Angeklagten Otto Sette gehörende Fernsehapparat, Marke »Staßfurt«, wird eingezogen.

Die Untersuchungshaft wird den Angeklagten angerechnet.

Die Auslagen des Verfahrens haben die Angeklagten zu tragen. [...]

Ich hab' das viel zu rosarot und himmelblau gesehen

N. N., geb. 1955, war von 1980 bis 1986 Richterin am Kreisgericht, danach von 1986 bis 1990 Wissenschaftliche Mitarbeiterin im Justizministerium der DDR, ist jetzt tätig im Öffentlichen Dienst

Zum Jurastudium habe ich mich eigentlich ziemlich spät entschlossen, erst in der 11. Klasse. Das ist im Grunde eine ganz pragmatische Frage gewesen. Erstens wollte ich keinen technischen oder naturwissenschaftlichen Beruf erlernen. Zweitens wollte ich studieren. Ich habe mich mit verschiedenen Dingen beschäftigt: Geschichte, Staatsbürgerkunde oder ein Sprachstudium. Letztlich bin ich dann bei der Juristerei gelandet. Mir hat diese Berufsrichtung gefallen, bißchen Idealismus war sicherlich mit dabei: Ich bin ziemlich idealistisch erzogen worden, was den Sozialismus angeht und dessen Einpassung in die DDR. Und ich empfand es als eine gute Sache, hier als Richter tätig zu sein. Staatsanwalt wollte ich nie werden. Das lag wohl daran, daß man da so bißchen vorgeschädigt ist durchs Fernsehen oder durch Literatur, und ich wollte auch nie Rechtsanwalt werden, weil ich mir gesagt habe, da muß ich den Leuten, denen ich helfen will, Geld aus der Tasche ziehen. Das waren meine damals noch recht kindlichen Einstellungen dazu. Außerdem wäre es mir immer so vorgekommen, als müßte ich einen Handstand vor mir selbst machen, um Schurken rauszuhauen, so primitiv habe ich halt damals noch gedacht. Und Richter empfand ich als einen richtigen Beruf.

Ich habe mich also zum Jurastudium beworben, bin angenommen und später auch als Richter »gelenkt« worden. Ich bin Richter geworden aus dem Gefühl heraus, der Gerechtigkeit zum Siege zu verhelfen. Dieses allgemeine Gerechtigkeitsempfinden ist sicher sehr stark ausgeprägt bei mir, und es ist auch eine wichtige Sache, aber für mich bildete das eine Einheit mit meiner politischen Gesamthaltung. Das war für mich durchaus und sehr gut vereinbar. Gerechtigkeit hieß für mich, einerseits für die Menschen, andererseits aber auch für den Staat einzutreten.

Als junge Absolventin, die mit diesen Idealen an ein Drei-Mann-Kreisgericht mit seinem normalen Alltag kommt, hab' ich schon bald feststellen müssen: O Gott, Ideale bestätigen sich nicht immer. Aber »mühsam hochhalten« mußte man sie auch nicht. Probleme gab's dann eher, wenn es um Bewährungsverurteilungen ging, und man wollte etwas für diese Verurteilten tun, und da fielen einem mit der Zeit schon recht harte Hemmnisse auf, weil man da sehr wenig bewegen konnte als Richter. Das ist etwas, was mir besonders stark aufgefallen ist, daß wir immer dachten, als Richter hätten wir eine relativ große Bedeutung, und für die staatlichen Organe war das gar nicht so. Sicher mußten gerichtliche Entscheidungen beachtet werden, aber ansonsten mußten wir ganz schön kämpfen, wenn wir etwas durchsetzen wollten. Wobei die Aufgaben, die wir uns selbst gestellt hatten, weiter gingen als die, die ein Richter eigentlich hat. In der jetzigen Zeit spricht ein Richter halt Recht, und damit hat sich die Sache. Wir haben uns im wesentlichen auch noch danach um die Leute gekümmert. So habe ich es zumindest bei mir im Kreisgericht gelernt. Das war ein sehr gutes *Kollektiv.* – Sagt man das heute noch?

In der ersten Zeit bin ich sehr darin bestärkt worden, daß meine Berufswahl die richtige war. Da hatte ich keine Konflikte.

Ich lasse jetzt mal das politische Strafrecht insoweit beiseite, als es durch die speziellen Senate der Bezirksgerichte angewandt wurde. Damit hatte ich nichts zu tun, ich weiß auch nicht, wie ich dort entschieden hätte. Wobei ich der Meinung bin, ich hätte sicher auch solche Entscheidungen getroffen, wenn es hätte sein müssen. Damit will ich eigentlich sagen, daß ich so furchtbar große Probleme mit einzelnen Bestimmungen des Strafgesetzbuches nicht hatte. Das hört sich aus heutiger Sicht sicher ziemlich schlimm an, aber es war so. Für mich war jemand, der ungesetzlich die Grenze der DDR passieren wollte, ein Straftäter. Problematisch wurde es für mich zum Teil, wenn ich gesehen hab', wie weit unten die Handlung schon als Straftat angesetzt wurde. Wenn also drei, vier Jugendliche in ihrem Heimatort – lassen wir ihn hundert Kilometer von der Grenze entfernt sein – sich in Bewegung setzten, um zur Grenze zu kommen, so war das schon ein Versuch im schweren Fall. Damit hatte ich schon eher Schwierigkeiten, aber ich habe bis zum Ende meiner rechtsprechenden Tätigkeit eigentlich nicht daran gezweifelt, daß dieser Tatbestand des ungesetzlichen Grenzübertritts berechtigt ist. Und auch nicht bezweifelt, daß er notwendig ist. Wobei ich sagen muß: Die Menschenrechtskonventionen, die hatten wir mal an der Universität durchgenommen, und das war es dann auch schon. Und auch danach hab' ich mir nicht die Mühe gemacht, konkret zu fragen: Wie ist das denn in anderen Ländern geregelt? So daß ich da also überhaupt keine Vergleichsmöglichkeiten hatte. Aber ich kann mich damit nicht rausreden, ich hab' ja selbst nicht danach gesucht. Vielleicht ist das aus heutiger Sicht eine riesige Portion Gedankenlosigkeit und Vertrauensseligkeit, vielleicht muß man das auch anders bewerten, andere würden vielleicht sagen, es ist eine Art Hörigkeit gewesen, diesem Staat gegenüber. So sehe ich das nicht.

Mit dem § 214 bekam ich dann Probleme, als ich mitbekam – da war ich schon aus der Rechtsprechung raus –, daß da Leute verurteilt wurden, weil sie Fähnchen an den Autos hatten oder Kerzen ins Fenster stellten. Das waren Sachen, die mich dazu brachten, mal über bestimmte Dinge nachzudenken, welche Berechtigung solche strafrechtlichen Regelungen denn haben. Ich habe für mich gedacht, wozu haben wir denn solche Bestimmungen, vielleicht schaffen wir die mal ab. Aber ich wäre nie auf die Idee gekommen, von mir aus etwas zu unternehmen. Ich hätte auch nicht deshalb angenommen, daß die DDR ein Unrechtsstaat ist. Ich hab' mich wirklich mit Leib und Seele in meine Arbeit eingebracht, und ich habe gedacht, ich tue etwas für die DDR und helfe auch den Menschen damit. Das hört sich sehr tragend an, aber ich kann es nicht anders sagen. Ich finde es nämlich fürchterlich, wenn jetzt viele Leute erzählen, sie sind 40 Jahre unterdrückt worden. Das war ja nicht so. Ich glaube, bei den meisten war es jedenfalls nicht so.

Ich gehörte auch keinesfalls zu denen, die sich unterdrückt oder gegängelt gefühlt haben. Wir haben sogar als Richter immer, wenn es zu solchen Versuchen kam, durch die SED-Kreisleitung auf bestimmte Entscheidungen Einfluß zu nehmen, sehr wohl gesagt, das hat euch nichts anzugehen, da könnt ihr euch nicht einmischen, das sind laufende Strafverfahren, und da sind wir unabhängig in der Rechtsprechung. Da hatten wir durchaus eine Unabhängigkeit. Man hat allerdings akzeptiert, daß es dann auf Bezirksebene anders gekommen ist, aber darauf haben wir keinen Einfluß gehabt.

Probleme hatte ich, als der *Sputnik* verboten worden war, weil ja dann immer dahintersteht: Vertrieb verbotener Literatur könnte unter Umständen Strafverfolgung nach sich ziehen. Ich hätte nicht gewußt, was ich da zum Beispiel gemacht hätte, weil ich über das *Sputnik*-Verbot sehr erbost war.

Ich muß das auch hier wieder einräumen: Ich bin, was die DDR betrifft, wirklich sehr, sehr gutgläubig gewesen, und ich hab' mich mit diesem Land identifiziert, als etwas Gutem.

Ich gehöre zu den Menschen, die vielleicht immer eine relativ gerade Entwicklung hatten, für mich war immer klar, wie es langlaufen würde.

Gesetz über die Verfassung der Gerichte
der Deutschen Demokratischen Republik
– Gerichtsverfassungsgesetz –
vom 27. September 1974 (Auszug)

§ 5
Wählbarkeit und Unabhängigkeit der Richter
und Schöffen
(1) Die Richter und Schöffen werden gewählt.
(2) Die Richter und Schöffen sind in ihrer Rechtsprechung unabhängig. Sie sind nur an die Verfassung, die Gesetze und die anderen Rechtsvorschriften der Deutschen Demokratischen Republik gebunden.

(3) Die Schöffen üben die richterliche Funktion mit den gleichen Rechten und Pflichten eines Richters aus.

[...]

3. Kapitel
Richter und Schöffen
§ 44
Voraussetzungen der Wahl

(1) Richter und Schöffe kann nur sein, wer dem Volk und seinem sozialistischen Staat treu ergeben ist und über ein hohes Maß an Wissen und Lebenserfahrung, an menschlicher Reife und Charakterfestigkeit verfügt.

[...]

§ 45
Grundpflichten der Richter und Schöffen

Die Richter und Schöffen sind verpflichtet, in ihrer Rechtsprechung die sozialistische Gesetzlichkeit zu verwirklichen und sich aktiv für die Erfüllung der Aufgaben des Gerichts einzusetzen, das sozialistische Recht zu erläutern, eng mit den Werktätigen zusammenzuarbeiten und das Vertrauensverhältnis zu ihnen ständig zu festigen, aktiv am gesellschaftlichen Leben teilzunehmen und die Staatsdisziplin zu wahren.

Zu einem herrschenden Kreis habe ich mich eigentlich nie gezählt, weil dafür erstens meine Stellung in der Justiz viel zu niedrig war, und zweitens meine Arbeit einfach Freude gemacht hat. Ich habe auch jetzt nicht versucht, mich in dem Sinne auf die neue Situation einzustellen, daß ich ein bestimmtes Zweckverhalten an den Tag lege, damit mich andere weder als das eine noch als das andere bezeichnen. Es gibt Dinge, über die ich nachgedacht habe und wo ich sagen kann, ich hab' da in mir jetzt eine Änderung erreicht, und zwar solche Grundfragen wie *Was heißt Sozialismus?* und *Ist das wirklich noch eine Idee, die vertretbar ist, oder nicht?* Über solche Dinge denke ich schon nach, die man uns – wie soll ich sagen – eingehämmert hat, wo man dann schon selber gesagt hat, das hört sich phrasenhaft an.

Aber ich glaube, ich habe mich nicht gewendet... Ich glaube nicht, daß ich ein stalinistischer Typ war, jetzt wird man ja immer damit bombardiert. Und ich habe mich auch nicht so geändert, daß ich alles, was jetzt ist, ganz toll finde, im Gegenteil, ich versuche mir vieles mit Skepsis anzusehen und anzuhören.

Ich habe ja nie erkannt – außer nachher, als es offensichtlich war –, daß dieses System sich gar nicht halten kann. Insofern bin ich natürlich ziemlich vorsichtig geworden, auch mit politischen Aktivitäten. Politisch betätige ich mich jetzt überhaupt nicht mehr, wobei sich das auch vorher in Grenzen gehalten hat, weil man durch die richterliche Tätigkeit ziemlich in Anspruch genommen war. Ich habe also damit im Augenblick keine Probleme, wobei das auch daran liegen mag, daß ich Arbeit habe und froh bin darüber. Das überschattet wahrscheinlich einiges. Ich versuche mich einfach einzuleben.

Ich habe damals bei der Rehabilitierungsgesetzgebung mitgearbeitet. Die Strafurteile, die ich in diesem Zusammenhang zu lesen bekam, haben mich ungeheuer schokkiert. Wirklich echt schockiert. Und ich hatte lange Zeit zu tun, damit fertigzuwerden, daß solches Unrecht in diesem konkreten schmalen Bereich der Rechtsprechung wirklich üblich war und nicht bloß die kleine Ausnahme. Manchmal ertappe ich mich dabei, daß ich innerlich immer noch nicht so richtig bereit bin, zu akzeptieren, daß es so war. Ich rede jetzt vor allem von Fällen aus den fünfziger Jahren und dem Anfang der sechziger Jahre, die ja sehr einschneidend waren, wo diese Unrechtsdinge eine bestimmte Strecke der Politik unseres ... dieses Staates nicht nur unterstrichen, sondern ausgemacht haben.

Aber das hat nicht dazu geführt, daß ich mich selbst in meiner Rechtsprechung überhaupt in Frage gestellt hätte, weil ich sagen muß: Wenn man mir jetzt konkrete Verfahren nennen und ich mir die Urteile noch mal ansehen würde, könnte ich sicherlich auch zu der Frage kommen: Mein Gott, warum habe ich diese Strafe ausgesprochen? Oder: Wieso habe ich überhaupt verurteilt? Das kann ich jetzt schlecht sagen, weil mir dazu kein Beispiel einfällt. Aber ich schließe es nicht aus. Ich habe diese Strafverfahren gemacht, und damit lag ich im damals richtigen Trend der Rechtsprechung.

Das liegt wohl daran, daß ich das Strafgesetzbuch als solches nicht angezweifelt habe. Ich hatte eigentlich – wenn ich von meiner eigenen Arbeit und der meiner Kollegen ausgehe – den Eindruck, daß wir zwar das Gesetz durchzusetzen hatten, aber immer unter dem Gesichtspunkt der Gerechtigkeit, und Gerechtigkeit, auch wenn sie sozialistische Gerechtigkeit hieß, bedeutete für uns, gerecht zu sein gegenüber den Menschen, und da war es für mich schwer zu begreifen, daß es viele Entscheidungen gab, die meinen Idealvorstellungen widersprachen.

Deshalb war es für mich sozusagen ein großes Glück, bei der Rehabilitierungsgesetzgebung mitmachen zu dürfen. Gerichtliche Entscheidungen, die nicht dem Recht entsprechen oder wirkliches Unrecht sind, müssen aufgehoben und beseitigt werden, damit diesen Menschen so weit wie möglich – man kann das ja eigentlich nie wirklich wiedergutmachen – Gerechtigkeit widerfährt.

Zum Beispiel bei den »Wirtschaftsstraftaten« in den fünfziger Jahren – bloß eine Scheibe Speck gestohlen und gleich enteignet, bloß damit man das Volkseigentum als Grundlage der sozialistischen Produktionsverhältnisse zustandekriegt, sag' ich jetzt mal etwas zugespitzt. Das sind schon ganz erschreckende Dinge gewesen. Und manchmal frage ich mich: Wieso hat dieser Staat das denn gemacht, warum wurden Menschen, die nicht genauso dachten, denn so geknebelt und so? Und durften nicht darüber reden. Ich dachte, daß wir Manns genug wären, uns mit diesen anderen Auffassungen auseinanderzusetzen. Dieser Meinung war ich natürlich wieder in Verkennung der Situation und des Machtmechanismus' in diesem System. Wobei man natürlich andererseits auch mitgekriegt hat, wie z.B. das Politbüro über bestimmte Gesetzgebungsvorhaben entschieden hat...

Als das mit den Botschaftsbesetzungen und den Demonstrationen zunahm, und man auch Parolen hörte, daß irgendwo in der DDR die Konterrevolution vorbereitet wird, hat einem das erst mal schon große Bauchschmerzen verursacht, weil man nicht wußte, wo gehen denn die Demonstrationen hin und wie würde man auf sie reagieren. Die Forderungen fand ich ja in der ersten Zeit im wesentlichen recht gut und auch ordentlich und notwendig. Im Prinzip habe ich dann in der Phase, in der sich das Politbüro gegenseitig absetzte, als Genossin Genugtuung empfunden, weil man ja schon seit langem gesehen hat, daß diese alten Männer da oben nicht mehr das Schiff dahin lenkten, wo wir es hinhaben wollten, auch als einfache Mitglieder der Partei. Vor allem die große Kundgebung am 4. November war für mich ein absoluter Höhepunkt. In den Forderungen, die dort erhoben wurden, fand man sich eher wieder als in der Politik der Parteiführung. Das war eine Wende, wo ich gesagt habe: Jetzt geht's ein Stück weiter. Dann kam die andere Wende, als man nach der »Einheit Deutschlands« schrie. Und damit hatte ich meine sehr großen Probleme, weil die DDR wirklich meine ausgesprochene Heimat ist. Ich bin hier aufgewachsen, ich habe dieses Land, so wie ich es mir vorgestellt habe, geliebt. Daß es mit der Wirklichkeit der Politik anders war, änderte erst mal nichts daran, daß man ein gewisses Heimatgefühl hatte. Und ich habe mit dem Begriff *Deutschland* immer meine Schwierigkeiten gehabt. Dieses Großmannsdenken, daß die Deutschen in der Geschichte gezeigt haben, machte mir schon Angst vor einem vereinten Deutschland. Und die düstere Entwicklung, wie sie dann gekommen ist, war ja, wenn auch nicht in diesem Ausmaß, vorauszusehen. Ich hoffe nur, daß dieses große Deutschland ein wirklich demokratisches Land wird, irgendwann einmal.

Ich muß sagen, ich habe eine ziemlich dicke Mauer in mir gehabt, hab' ich vielleicht teilweise immer noch, was DDR und Bundesrepublik betrifft. Und die zu durchlöchern, das dauert sicher eine Weile. Aber ich bin sehr froh, daß ich Arbeit und damit auch einen gesicherten Verdienst habe.

In der DDR bestand für den Richter schon die Notwendigkeit, im Zusammenhang mit der Arbeit auch mit der Politik des Staates übereinzustimmen, zumindest in den Grundzügen. Ich habe mich aber jetzt mit mir selbst darauf geeinigt, daß ich vor allem Jurist sein möchte. Was man zum Teil trennen kann von persönlichen Auffassungen und Meinungen. So etwas wie politische Heimat gibt's für mich zur Zeit hier nicht. Vielleicht ist es eine ganz notwendige Sache, daß man das auch weiß. Ich bin ja noch einige Zeit in der PDS gewesen. Die Wende war meine Sturm-und-Drang-Zeit, als ich noch an alles Gute der Welt glaubte. Aber das war auch nichts. Bin also nachher ausgetreten. Ich kann mich politisch zur Zeit an keiner Partei groß orientieren. Es ist aber für mich sehr wichtig, mich mit der Geschichte der DDR auseinanderzusetzen. Ich habe das nämlich viel zu rosarot und himmelblau gesehen.

Unabhängig davon, welche politischen Veränderungen die Vereinigung gebracht hat, hätte ich mir auch in der DDR die Frage stellen müssen: Kann ich denn weiter Richter sein nach der Wende? Ob man Richter sein kann in der Bundesrepublik, wenn man es auch in der DDR war? Wenn man auch vorher, in der DDR, Unabhängigkeit ernst genommen hat, glaube ich schon, daß man es kann. Außerdem glaube ich, daß man als Richter in der Bundesrepublik eine größere Autonomie hat. Weil es ja die Gewaltenteilung gibt. Es gibt also viele Dinge, die dafür sprechen.

(aufgezeichnet am 15. Mai 1991)

Kontrapunkt 1
Teil 4

Gründe

[...] Dabei trifft den 59jährigen Angeklagten Otto Sette die Hauptschuld. Er mußte aus der Erfahrung des letzten Weltkrieges dafür sorgen, daß sein Sohn und insbesondere die anderen jungen Menschen dafür kämpfen, daß die deutschen Militaristen und Revanchisten nicht ein drittes Mal die Welt in einen neuen Abgrund stürzen. Anstatt dessen ließ er es zu, daß diese Menschen mehr und mehr in Verwirrung, die bis zur Feindseligkeit geht, gerieten. Der Angeklagte Otto Sette war auch damit einverstanden, daß in seiner Abwesenheit sein Sohn Martin Sette den Fernsehapparat bediente und anderen Bürgern die Hetzsendungen zugänglich machte. Allgemein gab man sich in der Familie mit den negativen Diskussionen während und nach solchen Sendungen zufrieden. Der Angeklagte Martin Sette ging dann zu einem Zeitpunkt, als durch die Regierung der DDR erfolgreiche Maßnahmen den begonnenen Angriffen der faschistischen Ultras entgegengesetzt wurden, dazu über, die Hetznachrichten am 14. August 1961 nach außen zu tragen, indem er den Zeugen Jesse in der Gaststätte im Jargon der westlichen Hetztiraden beeinflußte.

Beide Angeklagten haben durch ihr Verhalten den Tatbestand der staatsgefährdenden Hetze und Propaganda erfüllt und sich gem. § 19, Abs. 1, Ziff. 1 und 2 StEG strafrechtlich zu verantworten. Ihre Handlungen stehen im Fortsetzungszusammenhang, da sie das gleiche Objekt, nämlich die ideologischen Grundlagen der DDR angegriffen haben. [...]

Ihr Ziel war es, die westlichen Kriegstreiber in ihrem Kalten Krieg zu unterstützen und die Autorität der DDR zu untergraben.

Für den Angeklagten Otto Sette kann es keinen Strafmilderungsgrund geben, weil sein Verhalten auf das äußerste verwerflich ist. Seine Krankheit mag wohl bestimmend dafür gewesen sein, daß er in der LPG keiner Arbeit nachging, aber er konnte sich, wenn er die Vollversammlungen der LPG besucht hätte, dort durchaus Aufschluß über die Zusammenhänge der gesellschaftlichen Entwicklung, was bei ihm dringend notwendig ist, erwerben. Es ist auch kein Grund der Entschuldigung für die Tat des Angeklagen Martin Sette, daß er gesellschaftlich noch unaufgeklärt war. Die FDJ aus der Gemeinde ist an ihn herangetreten, hat ihn sogar zu einer Mitgliederversammlung eingeladen. Er enthielt sich jedoch jeglicher Stellungnahme. Es kann auch für ihn nicht strafmildernd sein, daß seine Freunde, die ihn besuchten, bereits durch anderweitiges Abhören von Hetzsendern gegen die DDR eingestellt waren. Es ist vielmehr eine Bestätigung der Erfahrungen im Leben, daß sich schwankende Elemente zu bestimmten Zeiten zusammenfinden. Zum Schutze der Deutschen Demokratischen Republik und zum Schutze der Bürger in Golzow vor dieser ideologischen Diversion, die in der Wohnung der Angeklagten ausgestrahlt und empfangen wurden, sind die ausgesprochenen Strafen für beide Angeklagten notwendig. [...]

Die ganze Welt ist nicht mehr meineWelt: Es ist alles irgendwie futsch

N.N., geb. 1952, von Beruf Werkzeugmacher, war von 1985 bis 1990 in der Hauptabteilung Observation beim Ministerium für Staatssicherheit, 1990/91 arbeitete er in einer Reha-Werkstatt, er ist jetzt Taxifahrer

Also um es gleich klarzustellen – ein Job war sie nicht, diese Arbeit bei der Hauptabteilung VIII (Observation). Job ist etwas, was ich mache, um damit Geld zu verdienen, wo ich keine innere Bindung dazu habe. Die operative Beobachtung war aber für mich eine Arbeit und irgendwo eine Aufgabe.

Man ist bei der Armee – da hab' ich als Geheimfunker gearbeitet – auf mich zugekommen und hat mich gefragt – und ich hab' auf die Nuance nicht geachtet –, ob ich bereit bin, *mit* dem MfS zusammenzuarbeiten. Also nicht *im* MfS zu arbeiten. Ich hab' mir Bedenkzeit ausgebeten, und nach drei Monaten hab' ich dann zugegriffen, auch so aus der Neugierde heraus, zu sehen, was dieses Geheimnisvolle denn darstellt. Es war irgendwie verlockend, und wenn sie schon auf einen zukommen ... (Der eigentliche Aufhänger aber war: Ich wollte studieren und Lehrer werden – Mathe und Physik –, und beim Stimmtest wurde mir gesagt – mit *der* Stimme nicht. Für mich war ja damals die Welt bestens in Ordnung, für mich lief fast alles nach Plan, es lief ganz toll, die erste Schlappe war, daß ich den Beruf nicht kriegen konnte, das war die erste Niederlage in meinem Leben.) Meine Mutter und mein Stiefvater haben mir – sagen wir mal so – nicht zugeredet. Sie haben es mir überlassen, haben aber auch gesagt, daß sie es nicht schlecht fänden, wenn ich es nicht mache. Aber da war diese kindliche Trotzreaktion. Und als die dann kamen, dachte ich, okay, vielleicht brauchen sie einen Funker, dann brauchst du diese Scheißuniform nicht mehr zu tragen und kannst trotzdem die Arbeit weitermachen, die dir Spaß gemacht hat. Man hat mir nicht gesagt, was ich machen soll, das ist ja nicht üblich bei denen, bevor nicht alles hundertprozentig eingeklickt war, und ich habe dann auch irgendwann aufgegeben, diese Frage zu stellen. Das einzige, was ich rausgekriegt habe, war, daß es kein Schreibtischjob sein wird.

Tja, und dann Entlassung aus der Armee, ich habe angerufen, wir haben uns verabredet in Karlshorst am S-Bahnhof und fuhren dann in so eine alte Villa (das ist übertrieben, es war eher ein baufälliges Einfamilienhaus), und dort offenbarte mir mein zukünftiger Referatsleiter, daß man mich als inoffiziellen Mitarbeiter einstellt. Nicht als IM in irgendeinem Betrieb, sondern direkt in einem MfS-Kollektiv, wo nur inoffizielle Mitarbeiter arbeiten. Das kennt kaum einer. Ich hab' also eine Verpflichtung unterschrieben zur Zusammenarbeit mit dem MfS. Diesen Punkt hatte ich damals immer noch nicht ganz geschnallt, deshalb hab' ich nach ein paar Tagen einen gefragt: Habt ihr keine Dienstausweise hier? Da fielen die fast um vor Lachen: Wo du hier arbeitest, hast du weder einen Arbeitsvertrag noch sonst irgend etwas in der Hand, um dich auf der Straße irgendwie auszuweisen. Aber das war zu verkraften. Damals hat's mich nicht gestört. Es war spannend, interessant, da hat mich das nicht gejuckt.

Dann kamen so die ersten Beobachtungen, ich dachte, okay, es hat sicher irgendwo seinen Sinn, Spione, Schmuggler, auch Kirchenvertreter aus anderen Ländern. Das war dann immer als Schutzobservation deklariert, sicher um irgendwelche Leute fernzuhalten. Ich weiß es nicht, es hat uns ja kaum einer was gesagt, wir haben im Prinzip nichts erfahren, haben nur unser Beobachtungsobjekt bekommen, und damit hatte es sich. Keine Hintergrundinformationen.

Meine erste Beobachtung, das war ein Bischof, der wollte nach Dresden fahren und hatte mächtiges Tohuwabohu um sich, vielleicht war das auch gewollt, ich weiß es nicht.

Wir haben den Paragraphen des Strafgesetzbuches gekriegt, nach dem der Mensch bearbeitet wurde, den man zu observieren hatte, z.B. 103* oder 213, und alles solche Dinger, und dann nur Informationen über das Äußere. Direkt zur Person wenig, mögliche Kontaktpersonen mit Adressen, das war's dann meistens schon, mehr wurde auch auf Nachfragen nicht rausgerückt. Ich habe manchmal zu meinem Gruppenleiter gesagt, meine Arbeit kommt mir vor wie Beschäftigungstherapie, ich sehe den Sinn nicht. Du hast manchmal vierzehn Stunden gearbeitet und echt nicht gewußt, was der Scheiß sollte. Ich habe bis jetzt nicht begriffen, ob das so 'ne Art Probezeit war, aber es waren Leute dabei, die waren schon fünfzehn Jahre solch ein IM. Es war so eine Art Legende vorbereitet, die hatte man sich entweder selber zu machen, oder man hat sie bekommen. Ich sollte an-

---

* § 103: Diversion

geblich im Spezialhochbau als Werkzeugmacher arbeiten. Aber wenn ich mir meine Hände ansehe... So gesehen fand ich das komisch: Man hat die Leute sich selber überlassen. Es war denen egal, wie wir unseren Kopf aus der Schlinge ziehen.

Um ein Beispiel zu erzählen: Es gab ja immer Leute, die in die Bonner Botschaft, Hannoversche Straße, gegangen sind, und das Ding war ja von allen Seiten eingekreist, man ging keinen Schritt unbeobachtet. Und wenn einer von denen, die wir zu observieren hatten, da reinrammelte, mußtest du logischerweise hin. Einmal an der Botschaft vorbei, einen Kringel wolltest du nicht machen, also wieder zurück, das hat schon gereicht. Schon hatten mich drei Mann gegriffen. Das heißt, ein Polizist in Uniform stand vor mir, und zwei Mann standen hinter mir. Ich hab' irgendwas erzählt: Ich wart' auf einen Kumpel. Logischerweise hat das keiner für bare Münze genommen, die dachten wahrscheinlich, ich will auch in die Botschaft reinspringen. Und sinnigerweise piepte in diesem Moment auch mein Funkgerät los, was die total fertigmachte, und ich hab' dann bloß reingequakt: Horst, du mußt mir jetzt helfen. (Horst war der, mit dem ich zusammen gefahren bin.) Es dauerte auch keine Minute, da kam der angesaust, die drei standen günstig, der Weg zur Straße war frei, Horst schmiß schon die Tür auf, und ich rein und weg.

Ich wußte lange nicht, was ich davon halten sollte, ich hab' vieles nicht begriffen; ich dachte manchmal echt, man will testen, wie blöd wir uns anstellen. Mir kam das manchmal so vor, als wenn man uns vergessen hätte. Wir existierten auf dem Papier, aber es hat sich keiner dafür interessiert. Wir waren halt billige Arbeitskräfte. Man hat uns wesentlich weniger bezahlt als hauptamtlichen Mitarbeitern. Die Frage *Warum denn* stellte sich eigentlich bei jeder Beobachtung, denn uns war klar, daß nicht alles stimmt, was man uns sagt. Ich hab's ja selber erlebt, daß man uns, ich will nicht sagen falsche, aber absichtlich unvollständige Informationen gegeben hat, um uns nicht aufzuregen.

Die Arbeit wurde rein technisch gesehen, das Geistige war völlig abgeschaltet: Ihr habt zu gucken, und damit hat sich's. Und mehr haben wir ja auch nicht gemacht. Wir haben nur das niedergeschrieben, was wir gesehen haben.

Wir waren ein Dienstleistungsorgan, ein Teil im Getriebe, wo man dann an bestimmten Punkten nicht mehr gefragt hat, denn es war einfach unheimlich viel Vertrauen dabei. Es war das pure, grenzenlose Vertrauen, daß alles seine Richtigkeit hat. Anders kann ich's nicht erklären, und anders hat sich's mir auch nicht dargestellt. (Das ist ja der Grund, weshalb mir jetzt meine Welt völlig zusammengebrochen ist – weil ich nicht wußte und mir nicht vorstellen konnte, was ich jetzt alles erfahren habe, was so alles passiert ist.)

Zu den Leuten, mit denen ich direkt zusammengearbeitet habe, habe ich auch jetzt noch Vertrauen, das hat sich nicht abgebaut: Ich weiß genau, daß die mich nie belogen haben. Als damals durch die Medien geisterte, daß Leute Akten vernichten, da hat z.B. unser Abteilungsleiter gesagt, das machen wir nicht mit, da stellen wir uns dagegen. Und als die Anweisung kam, zu vernichten, hat unsere Abteilung sich entschlossen, alles in die Waffenkammer einzuschließen, und das haben wir auch gemacht.

Gesetz über die Bildung
eines Ministeriums für Staatssicherheit
vom 8. Februar 1950

§ 1
Die bisher dem Ministerium des Innern unterstellte Hauptverwaltung zum Schutze der Volkswirtschaft wird zu einem selbständigen Ministerium für Staatssicherheit umgebildet. Das Gesetz vom 7. Oktober 1949 über die Provisorische Regierung der Deutschen Demokratischen Republik (GBl. S. 2) wird entsprechend geändert.

§ 2
Dieses Gesetz tritt mit seiner Verkündung in Kraft.

Berlin, den 8. Februar 1950

Das vorstehende, vom Präsidenten der Provisorischen Volkskammer unter dem 10. Februar 1950 ausgefertigte Gesetz wird hiermit verkündet.

Berlin, den 18. Februar 1950

Der Präsident
der Deutschen Demokratischen Republik
W. Pieck

[Dieses Gesetz war die einzige gesetzliche Grundlage zur Tätigkeit des Ministeriums für Staatssicherheit, G.F.]

Wir waren eine eigene Parteigruppe, ja sogar eine eigene Grundorganisation, denn wir durften keinen Kontakt zu offiziellen Mitarbeitern haben, auch die durften uns nicht kennen. (Es gab in unserem IM-Kollektiv auch Leute, die nicht in der SED waren. Eine krasse Minderheit, aber es gab sie.) Unseren Referatsleiter mußten wir dann immer zu unseren Versammlungen einladen, das gehörte sich so. Meist war er auch dabei. Schön waren aber die Versammlungen, wo er nicht dabei war. Da war dann echt ein ungezwungenes Reden. Ich muß sagen, die Leute, die dort gearbeitet haben, die waren schon überkritisch. Es waren viele an einem solchen Punkt, wo sie alles Scheiße fanden. Die hat echt alles angekotzt. (Aus heutiger Sicht würde ich sagen, es war ein gutes Kollektiv, damals fand ich es total bescheuert. Ich hab' mich da nicht wohl gefühlt. Ich hab' zu wenigen Menschen Kontakt gefunden, um zu verstehen oder verstanden zu werden.) Und gerade die Leute, die vielleicht schon fünfzehn Jahre in diesem IM-Kollektiv gearbeitet haben, waren dermaßen frustriert, die kannten das ja alles schon über ein Jahrzehnt. Die haben auch, obwohl das ja eigentlich verboten war, Kontakt zu offiziellen Mitarbeitern gehabt, die wußten also genau, was Phase war und wie sie eigentlich beschissen und betrogen wurden, von ihren eigenen Leuten, die sie als tolle Genossen gesehen haben. Ich hab' manchmal gestaunt, wie die das ausgehalten haben. Aber man hat's zu schnell beiseite gedrängt, man hat's nicht tiefgründig aufgearbeitet, man hat zwar vieles kritisiert, leicht kritisiert, aber in der Parteiversammlung war dann alles wieder in Ordnung. Schlimm fand ich, daß man nur im engeren Kreis sich so richtig rausgelassen hat. Sobald der Kreis größer wurde, war's vorbei. Das ging dann erst los, als man gemerkt hat, daß die Massen aufrühren.

1988 wurden alle IM-Kollektive aufgelöst. Vorher hatte man sie schnell noch in HIM umbenannt – Hauptamtliche Inoffizielle Mitarbeiter. Die Bezahlung änderte sich, und die Arbeit war weniger anstrengend. Und der Ausweis, den wir dann bekamen... Ich hab's gehört und ich glaub's auch, daß viele mit dem Ding echt ihren Max gemacht haben. Ich hab' ihn nie benutzt, außer um ihn am Eingang vorzuzeigen. Es war ein Freibrief irgendwo. Für viele war es das Höchste, diesen Ausweis zu besitzen.

Unsere Arbeit war ja als politisch-operative Arbeit deklariert, das heißt, Politik spielte immer mit, egal, was wir gemacht haben. Bei allem, was wir gemacht haben, mußten wir aufpassen, daß wir nicht irgendwo ins politische Fettnäpfchen, daß wir nicht jemand auf den Schlips treten.

Ich hab ja den *politischen Untergrund* beschattet. Vermittelt hat man uns sehr wenig zu den Leuten und ihrem Stellenwert. Da hab' ich nur ein paar Namen gehört: Bärbel Bohley, Werner Fischer und was weiß ich, also die gängigen Namen, die man auch der Presse entnehmen konnte. Mehr haben wir nicht erfahren. Es hieß halt, das hat uns nicht zu interessieren, und wir sollten die Finger davon lassen. Ich hab' mich damit auch nicht so sehr beschäftigt. Ich hab' mich nur immer gewundert, wenn der Horst gesagt hat: Also ich verstehe die nicht, wie die vor so ein paar Leuten Angst haben können. Der Stellenwert dieser Leute stieg dann, als ich offizieller Mitarbeiter wurde und sich das zum Oktober 1989 immer mehr verstärkte, daß wir solche Leute beobachten mußten.

Ich habe diese Leute aus dem politischen Untergrund nicht verstanden. Ich hab' nicht begriffen, warum sie das machen. Für mich war die Welt im großen und ganzen in Ordnung, ich hab' mein Ziel gehabt, ich wußte, was ich wollte. Ich hab' mein Feindbild gehabt, sehr ausgeprägt:

Ich war mal soweit, daß ich alles gehaßt habe, was über die Grenze kam. *Haß* ist vielleicht zu groß ausgedrückt, ich habe auch hämisch und zynisch über die aus dem Untergrund gelacht, wobei ich ehrlich zugebe, ich begreife sie heute noch nicht. Ich fand's damals irgendwo richtig, als es losging mit den Runden Tischen, daß man miteinander redet, erst mal. Und jetzt, wo wir reden wollen, fährt man uns übern Mund.

Wenn ich mich an offizielle Verlautbarungen der Bürgerbewegungen halte, dann sind die ganz schön bitter für mich. Ich habe diese Galionsfigur, diese Ingrid Köppe, so in mich aufgenommen; die Frau stößt mich vom Äußeren nicht ab, aber ich muß sagen, wenn ich ihr begegnen würde, ich würde ihr meine ganze Wut entgegenbrüllen. Ich habe das ja damals alles verfolgen können, den Runden Tisch, ich war ja, weil das MfS in Auflösung begriffen war, faktisch arbeitslos und hab' zu Hause gehockt. Angefangen hat's mit Mielkes *Ich liebe euch doch alle,* wonach ich mich hab' vollaufen lassen. Und dann habe ich mir all die Runden Tische reingezogen und hab' immer mehr Aggression gegen die Leute von den Bürgerbewegungen verspürt. Ich hätte mit ihnen bis aufs Messer diskutieren können, weil ich damals auch ideologisch ziemlich fest war – ich habe meine klaren Vorstellungen gehabt, ich wußte, was ist, ich wußte, was wird, und da hab' ich keinen rangelassen, es stand für mich fest, das muß so sein. Ist vielleicht gut, daß ich so was nicht gemacht hab', denn ich hätte mich noch mehr verhärtet und wäre für Argumente nicht zugänglich gewesen.

Es wurde ja alles negiert, und ich habe mich logischerweise persönlich angegriffen gefühlt, weil ich ja mit meiner Arbeit als erster auf der Tagesordnung stand. Wir waren von Anfang an die Prügelknaben der Nation. Sicherlich teilweise berechtigt, aber ganz einsehen kann ich's heute noch nicht. Ich habe bis Mitte letzten Jahres alles abgeblockt, um einfach mit mir ins reine zu kommen, und diese ganzen Sachen nur nebenbei aufgenommen. Hatte ja auch 'ne neue Arbeit, und die hat mich voll eingefangen. Und da war ich schon über den Punkt hinweg, wo ich's hätte versuchen können, die Leute wie Köppe oder Bohley zu verstehen. Ich pack's jetzt nicht mehr.

Ich kann mir viel Mühe geben, vielleicht begreife ich auch Einzelschicksale, was weiß ich, aber letztlich entzieht sich das alles meinem Verständnis, weil ich nach meinem revolutionären Weltbild, das ich immer noch irgendwo in mir habe, davon ausgegangen bin, daß so eine Sache wie der Sozialismus immer auch einer Verteidigung bedarf, und ich hab's absolut nicht verstanden, wie sich der Staat das hat aus der Hand nehmen lassen, und wie die aus dem Untergrund sich haben mißbrauchen lassen. Es kam mir vor wie ein Szenarium, das von außen in die DDR reingetragen wurde. Für mich hat sich das so dargestellt, weil ich wußte, daß diese Leute unheimlich viel Westkontakte hatten. Es kamen ja Leute mit Diplomatenfahrzeugen an, die sind dann einen halben Kilometer vor der Zionskirche ausgestiegen und dann schnurstracks in die Umweltbibliothek oder zur Bohley gegangen, und da dachte ich mir, wenn das nicht doch irgendwo gesteuert ist.

Manchmal habe ich mir gesagt, das sind eben Leute, die anders zu leben versuchen und andere Auffassungen haben, aber meistens dachte ich doch, die wollen uns alles kaputtmachen. Das war der große Rahmen, mit dem alles gegeben war. Das hat sich dann bei mir so weit

112

personifiziert, daß ich echt dachte, die wollen mir an die Wäsche, alles kaputtmachen, was ich habe. Eigentlich hätte man sich ja sagen müssen: dieses winzige Häuflein. Aber dieses winzige Häuflein ist ja dann dermaßen explodiert, als die Flüchtlingswelle losging über Ungarn.

Ich glaube, daß da die wenigsten aus politischen Gründen gegangen sind. Sie waren halt dabei. Ich hab' mit einem gesprochen, der dabei war, als sie die Normannenstraße gestürmt »gekriegt« haben – da hat ja einer von drinnen aufgemacht –, und für den war's das Größte: Er war dabei. Und als er dann über die Grenze gerannt ist: Er war dabei. Und ich hab' trotzdem gedacht: o.k., wenn sich 100 irren, aber 100 000? Da muß sich doch mächtig viel Frust auf einmal entladen haben.

Ich hab' mir damals den Spaß gemacht, das Material der jeweils letzten Tagung mit der davor zu vergleichen. Es kamen immer die gleichen Sätze. Höchstens noch 'n bißchen umgestellt. Man kam sich vor wie in einem schlechten Film. Und wo man genau wußte, daß in der Dritten Welt alles kaputtgeht – jedesmal stand zu den Befreiungsbewegungen der Satz drin: weitere Erfolge, weitere Erfolge, weitere Erfolge.

Der Zusammenbruch kam dermaßen schnell und dermaßen schockierend für mich. Ich kann mir das nur so erklären, daß auch viele Leute bei uns im MfS die Schnauze echt voll hatten, deshalb tut's mir leid, daß man viele solcher Leute jetzt wie Scheiße behandelt. Ich habe vielleicht das seltene Glück, daß es bei mir nicht so ist. Man wirft uns vor, jahrelang den Dialog nicht gesucht zu haben, und jetzt geht man nicht auf die Leute zu, die sich abgekapselt haben und Angst davor haben. (Wenn ich natürlich ein paar Dienstgrade mehr gehabt hätte, hätte ich's mir auch überlegt. Wenn ich irgendwo mal eine Entscheidung gefällt hätte, da wäre ich bestimmt auch vorsichtiger. Aber ich hab' halt geredet, weil ich mir nichts vorzuwerfen habe. Zumindest bilde ich mir ein, daß ich mir nichts vorzuwerfen habe.)

Viele – ich auch – haben echt auf die Partei gebaut, haben gehofft, daß da was kommt. Aber es passierte nichts. Zu lange. Und als es dann passierte, setzte sich die politische Tradition fort, die schon vorher da war. Es gab eben bloß paar Gegenstimmen, und im Parlament gab's paar Zwischenrufer. Das kam mir so falsch vor, denn das waren die gleichen, die vorher schweigend stillgesessen und mitgekritzelt haben. Aber ich habe keine Beziehung mehr zu dieser Partei. Bin dort ausgetreten. Ich habe ja im MfS im Auftrage dieser Partei gearbeitet, es hieß ja *Schild und Schwert der Partei,* und diese Partei hat mich fallengelassen wie einen heißen Apfel, man wollte nichts mehr zu tun haben mit solchen Leuten. Bin gebrandmarkt. Man nennt sich jetzt PDS, aber es ist eine Partei weder mit kommunistischem noch mit bürgerlichem Programm, es ist nichts. Und wenn man keine politische Heimat mehr hat, kann man nur noch abschalten.

Aber Abschalten geht ja auch nicht – da wird man verrückt. Und früher oder später drehe ich auch durch. Ich kann in diesem Land nicht leben, ich komme mit der Gesellschaft nicht klar. Das ist nicht meine Welt. Die ganze Welt ist nicht mehr meine Welt: Es ist alles irgendwie futsch.

Dem du nachgerannt bist in der vollsten Überzeugung, es ist richtig, das ist alles weg. Aber wo willst du hin. Ich denke manchmal, es muß doch in dieser Scheißwelt einen Flecken geben, wo noch keiner war und wo auch keiner hinkommt. Vergiß es. Es ist alles irgendwo aufgeteilt. Ich finde einfach für meine politische Überzeugung, die ich hatte und auch noch habe, keine Plattform. Ich weiß nicht, wohin. Viele Leute, die links denken, akzeptieren mich nicht. Weil ich halt für dieses MfS gearbeitet habe. Eine Zeitlang wollte ich mal in den Freidenkerverband, aber ich hab's dann gelassen. Ich denke so wenig wie möglich nach, denn dann kommt alles wieder hoch, und ich schaff' das nicht. Ich mach' meine Arbeit in einer geschützten Werkstatt für Behinderte, aber zu meinem Leidwesen gilt das als Öffentlicher Dienst, und ich warte nun auf meine Entlassung, denn ich bin ja nicht tragbar.

Ich will ja keinen Job, um Geld zu verdienen, sondern ich will eine Arbeit, die mir Spaß macht. Aber beim Arbeitsamt zähle ich als schwer vermittelbar. Einen Verbrecher will keiner einstellen. Tja, damit muß man leben. Ich habe aber davor Angst, daß man zu viele Leute so in die Enge treibt, daß es dann zu extremen Reaktionen kommt, wenn sie keinen anderen Ausweg mehr sehen. Und es sind halt sehr viele, es sind 100 000, die hauptamtlich beschäftigt waren, und ich weiß, daß davon viele sehr gut ausgebildet waren, auch auf militärischem Gebiet. Ich weiß nicht, was an Waffen irgendwo verschwunden ist. Das ist der Punkt, vor dem ich Horror habe, daß einige von meinen ehemaligen Kollegen durchdrehen und echt Macke spielen.

Bis Ende '89 haben wir gedacht: Es wird viel geredet, aber nichts gemacht. Es wird ein neuer Geheimdienst aufgebaut, jedes Land braucht einen Geheimdienst. Wir haben uns nichts vorzuwerfen. Es wird schon irgendwie weitergehen. Ab Januar 1990 konnte ich dann nicht mehr; ich habe die Kontakte abgebrochen. Ich möchte auch nicht darüber reden, warum, das ist meine persönliche Sache. Ich wußte, daß sie sich noch irgendwo treffen und quatschen. Und wenn wir uns mal zufällig getroffen haben, wurde über das Politische nicht geredet, das war irgendwie abgehakt. Es hat uns allen irgendwo weh getan, und so haben wir nicht darüber geredet.

Wenn ich daran denke, daß meine Arbeit – wie Sie sagen – dazu gedient hat, die Schwelle für unkontrolliertes und abweichendes politisches Verhalten so hoch wie möglich zu halten, dann geht's mir schon beschissen. Nachdem das jetzt alles so hochkommt, was ich gar nicht glauben konnte und wollte, muß ich sagen, ich fühl' mich schon mißbraucht und in den Arsch getreten. Mißbraucht für eine Sache, die nicht gut war, die nicht okay war. Irgendwo kommt natürlich immer noch der Gedanke: So ganz falsch kann's einfach nicht gewesen sein. Ich kann das nicht einfach in die Ecke stellen: Du hast dein Ding gemacht, es war nicht richtig und damit hat sich's. Bei so viel Mist und allem, was passiert ist – es waren bestimmt auch viele Sachen dabei, die notwendig waren, die jeder Staat irgendwo macht, unabhängig davon, ob das nun rechtens ist. Ich hab' immer danach gelebt: diese kleine DDR, von allen Seiten angegriffen, jeder versucht, sie übern Zaun zu ziehen und das immer massiver. Ich bin jetzt an dem Punkt, wo ich darüber reden kann, aber fertig bin ich damit noch lange nicht.

(aufgezeichnet am 6. Juni 1991)

Kontrapunkt 2

Heinz Steudel – Drei Semester in Gera und Waldheim

Im Herbst 1956 war ich Student der Physik im vierten Studienjahr an der Friedrich-Schiller-Universität Jena. Die politischen Unruhen dieses Jahres waren unter uns Studenten spürbar. Vor allem verfolgten wir die Ereignisse in Ungarn mit großer Aufmerksamkeit. Ich erinnere mich, wie eine sehr ruhige und zurückhaltende Kommilitonin zu mir sagte: »Ich hätte Lust, auf die Barrikaden zu steigen.«

Am 5. November verabschiedeten die Studenten der Mathematik auf einer Fachschaftsversammlung einen Brief an den Dekan der math.-naturw. Fakultät, in dem darum gebeten wurde, von gesellschaftswissenschaftlichen Prüfungen abzusehen, weil »eine große Anzahl von Studenten in diesen Prüfungen eine indirekte Beeinträchtigung ihrer Gewissensfreiheit« sähe. Eine daraufhin vom Prorektor für Studentenangelegenheiten und dem Professor für Philosophie einberufene und geleitete Versammlung, die dazu gedacht war, die Studenten zur Räson zu bringen, gestaltete sich in dem übervollen Hörsaal zu einer eindrucksvollen Demonstration im Sinne des zur Diskussion stehenden Briefes.

Im selben Monat war der von Mathematikern und Physikern gemeinsam veranstaltete »Physikerball« fällig. Wie jedes Jahr übernahmen die Studenten des 4. Studienjahres die Organisation. Zur Tradition gehörte insbesondere die Erstellung eines Kabarettprogramms, in dem es, wie in den Vorjahren

praktiziert, die eine oder andere politische Spitze zu
wagen galt. Unser Programm ging am 29. Novem-
ber vor mehr als 1000 Zuschauern über die Bühne.
In einer Szene tritt ein Jäger mit Hund auf. Der
Hund (gespielt von einem Studenten) hängt an ei-
ner Leine und trägt einen Maulkorb. Gegenüber
einem Wanderer spielt sich der Jäger als leiden-
schaftlicher Beschützer aller Hundeseelen auf, der
Leine und Maulkorb strikt ablehne. Dem verwun-
derten Wanderer erklärt er, daß es sich im vor-
liegenden Fall nicht um eine Hundeleine, sondern
um »der Freundschaft Band« handele und daß der
Maulkorb in Wirklichkeit ein »Wespenschutznetz«
sei. [...]

Der Wanderer: Ich seh', o Herr, / Ihr seid ein ech-
ter Beschützer aller Hundeseelen. / Alle künftigen
Hundegeschlechter / werden von Euren Taten er-
zählen. (Vorhang.) (Szenenwechsel.) Auf der Büh-
ne steht ein mürbes Sauerkrautfaß als Wahlurne.
Erst kommt ein Student »wählen«. Dann wirft ein
Roboter mit der Aufschrift »Ich vertrete Wahlbezirk
13« einen Packen Wahlzettel in die Urne. Schließ-
lich kommt ein Blinder mit einem – diesmal echten –
Hund. Der Hund nimmt den angebotenen Stimm-
zettel ins Maul und wirft ihn in das Faß.

Der Erfolg des Abends war berauschend und un-
beschreiblich. Die Nachricht von dem unerhörten
Ereignis verbreitete sich in den nächsten Tagen
über die ganze Republik. Das Merkwürdigste aber
war, daß das Programm zuvor in einer Generalpro-
be der FDJ- und Parteileitung vorgespielt und ge-
nehmigt worden war. Freilich hatten wir kritische
Stellen etwas überspielt und das verräterische Wort

»der Freundschaft Band« durch *»der Treue Band«* ersetzt, und die Wahlszene hatten wir ganz weggelassen – weil wir ja zur Generalprobe den Hund nicht zur Verfügung hatten.

Eine Woche lang geschah nichts, was man als eine Gegenreaktion hätte interpretieren können. Dann gab es einen alarmierenden Angriff an der Parteiwandzeitung. An der juristischen Fakultät wurde in einer inszenierten Unterschriftenaktion die Bestrafung der Veranstalter des Physikerballs gefordert. Unsere Reaktion: *»Was die können, können wir schon lange.«* Nach zwei, drei Tagen lag ein Berg von Unterschriften für uns auf dem Schreibtisch des Rektors. Dem mutigen Eintreten unserer Professoren Steenbeck, Brödel, Heber und dem besonnenen Verhalten von Rektor Hämel hatten wir es zu verdanken, daß die Angelegenheit ohne gewaltsames Eingreifen der Sicherheitsorgane und ohne Exmatrikulation beigelegt wurde, allerdings – wie sich später herausstellen sollte – nicht für immer.

IM NAMEN DES VOLKES
In der Strafsache
gegen [...]
3. den Studenten Heinz *Steudel,*
   geb. am 31. 8. 1935 in Langenwetzendorf,
   wohnhaft in Jena, Dornburger Str. 89,
   z. Zt. in U-Haft in Gera; [...]
wegen staatsgefährdender Hetze
hat der I. Strafsenat des Bezirksgerichts Gera in der Hauptverhandlung vom 8.–13. Oktober 1958, an der teilgenommen haben:

Bezirksgerichtsdirektor *Schmieder*
als Vorsitzender
Hausfrau *Lina Sittig,* Gera
Hausfrau *Klara Wunder,* Gera
als Schöffen
Staatsanwalt *Schöber*
als Vertreter des Bezirksstaatsanwaltes
Justizangestellte *Philipp*
als Protokollführer,
für *Recht* erkannt:
Wegen fortgesetzter, z. Teil gemeinschaftlich begangener schweren staatsgefährdenden Hetze gegen die Arbeiter- und Bauernmacht der Deutschen Demokratischen Republik sowie Hetze gegen die Völker der Sowjetunion – Verbrechen nach § 19 Abs. 1 Ziff. 1 und 2 Abs. 3 StEG werden verurteilt [...]
2. Angeklagter Heinz Steudel zu einer Zuchthausstrafe von 1 Jahr und 6 Monaten. [...]

Gründe:
Die Ereignisse, die sich im Jahre 1956 in Ungarn zugetragen haben, haben alle friedliebenden Menschen tief berührt. [...] Durch eine gewissenlose Hetze westlicher Sender, wie »Freies Europa«, »Rias« und andere, sowie durch den Verrat von Imre Nagy war es der Reaktion gelungen, Teile der werktätigen Bevölkerung Ungarns gegen die Volksmacht aufzuwiegeln und irrezuführen. Mit der Unterstützung westlicher Staaten drangen 60 000 bewaffnete Faschisten in Ungarn ein, um die Volksdemokratie zu stürzen. Auf Ersuchen der ungarischen Regierung und im Einklang mit dem Warschauer

Vertrag sowie der im Friedensvertrag mit Ungarn niedergelegten Verpflichtung, das Wiederaufleben des Faschismus in Ungarn zu verhindern, haben die sowjetischen Truppen ohne eigene Opfer zu scheuen, im Bunde mit dem patriotischen und fortschrittlichen ungarischen Kräften den blutigen Putschversuch der Faschisten zurückgeschlagen. Das Geheul der Enttäuschung der Aggressoren war nicht zu überhören. [...] und die Feinde unserer Arbeiter-und-Bauernmacht glaubten, ihre Stunde sei gekommen. So auch die Angeklagten, Studenten und Lehrer der Friedrich-Schiller-Universität Jena. [...]

Der Angeklagte Steudel zeichnete sich ebenfalls durch eine staatsfeindliche Einstellung aus, in seinen Mußestunden bereitete es ihm offensichtlich Vergnügen, Hetzgedichte gegen unseren Arbeiter-und-Bauernstaat, gegen die Partei der Arbeiterklasse und das gesamte sozialistische Lager zu verfassen. Er lieferte den Stoff zum oben erwähnten Physikerball. In der Ungarn-Szene brachte er seinen Haß gegen die Sowjetunion und seine Sympathie für die ungarischen Faschisten zum Ausdruck. Das höchste Machtorgan unseres Staates, die Volkskammer, bezeichnete er als Nebelkammer, das Bündnis der Arbeiter und Bauern, die führende Rolle der Arbeiterklasse und ihre Funktionäre, sowie die sozialistische Presse diffamierte er in einer kaum zu übertreffenden Weise. Seine staatsfeindliche Begabung zeigte er aber nicht nur auf schriftstellerischem Gebiet, auch als Darsteller war diese festzustellen. Davon konnten sich die Teilnehmer des Physikerballes überzeugen. [...] Anstatt mit ihrer ganzen Person für den Sieg des Neuen, einer sozialistischen Gesellschaftsordnung einzutreten, fielen die Angeklagten mit ihrem staatsfeindlichen Verhalten der übergroßen Mehrheit der fortschrittlichen und friedliebenden Bevölkerung der DDR in den Rücken und verbündeten sich mit den erbittertsten Feinden des gesamten Weltfriedenslagers. [...]

Nachtrag
Meine Zimmerwirtin Käte T. aus Jena berichtete in einem Brief an den Bayerischen Rundfunk über die Umstände meiner Verhaftung. Der Brief – es mögen auch mehrere gewesen sein – wurde von wachsamen Augen abgefangen. Die Frau wurde zu einer zweieinhalbjährigen Zuchthausstrafe verurteilt wegen Spionage. Bald nach ihrer Entlassung aus dem Zuchthaus Stollberg ist sie an den gesundheitlichen Folgen der Haft gestorben.

Heinz Steudel

Hätte die Richterin was falsch gemacht, hätte sie danach Karnickeldiebstähle verhandelt

N.N., geb. 1946, war von 1967–1969 in der Hauptabteilung Personenschutz beim Ministerium für Staatssicherheit (MfS), 1970 in der Hauptabteilung Kader/Schulung, von 1970 bis 1974 Studium der Kriminalistik, von 1975 bis 1989 beim MfS in der Hauptabteilung Untersuchung, 1990/91 war er Zollmitarbeiter, jetzt ist er arbeitslos

Zur Staatssicherheit bin ich einzig und allein dadurch gekommen, weil ich in einem fortschrittlichen Elternhaus großgeworden bin, man könnte sogar sagen: überfortschrittlich.

Während meiner Lehre als Betonbauer wurde ich von meinem Lehrmeister angesprochen, in die SED einzutreten. Bis dahin hatte ich mich immer dagegen gesträubt, weil ich mir gesagt habe: Wenn ich nicht Mitglied bin, kann ich viel besser für den Sozialismus eintreten. Irgendwie hat man mich aber dann doch gewonnen, ich wurde Kandidat noch während der Lehre, aufgenommen allerdings erst in der Staatssicherheit. Als mein Vater mich gefragt hat, ob ich nicht zur Staatssicherheit gehen will, hab' ich gesagt, eigentlich nicht. Ich wollte dann bald aus dem Elternhaus raus; das hing damit zusammen, daß ich in Berlin eine Freundin kennengelernt hatte, und da dachte ich, du gehst nach Berlin, zum Wachregiment. Meine Eltern waren massiv dagegen, die wollten, daß ich am Ort bleibe, als eine Art Aktentaschensoldat, aber ich wollte auf eigenen Beinen stehen. Im Wachregiment kamen dann Leute und sagten so sinngemäß: Schließen Sie Ihre Grundausbildung ordentlich ab, dann übernehmen wir Sie, und Sie können sich die Truppe aussuchen, in die Sie wollen. Ich hatte keine Ahnung. Aber ich dachte, du darfst die nicht enttäuschen, die nehmen nur die Besten. Ich war stellvertretender Gruppenführer, und wir waren beim Bettenbau immer die besten. Also ich immer wie verrückt vorneweg. Ich dachte, die kannst du nicht enttäuschen, die wollen dir eine Perspektive bieten.

Vielleicht muß ich noch sagen: Ich war schon während meiner Lehre als Betonbauer dabei, mich für ein Studium an der Ingenieurschule für Bauwesen zu bewerben, ja, ich hatte sogar die Aufnahmeprüfung dort bestanden. Als dann die Armee kam, wurde mir von der Schule in Leipzig signalisiert: Ihr Studienplatz ist freigehalten, Sie müssen uns nur sagen, wann Sie kommen. Es hätte also sein können, daß ich noch diese Kurve gekriegt hätte. Aber es lockte eben, als die kamen und sagten: *studieren,* und zwar nicht an einer Ingenieurschule, sondern an der Hochschule. Jura oder Kriminalistik. Das war natürlich alles erst mal nur Kanonendonner, denn es war nichts weiter, als daß sie uns dann geholt haben in die Hauptabteilung Personenschutz. Das waren die, die neben Honecker liefen oder auch im Auto saßen und die Objekte bewachten, draußen in Wandlitz.

Nun habe ich mich vorher im Wachregiment auch mit unseren Unteroffizieren darüber unterhalten und gesagt, daß die nur die Besten nehmen, und bekam zur Antwort: Die nehmen jeden. Ich: Quatsch, das kann nicht wahr sein. Doch, haben sie gesagt: Postenstehen ist Postenstehen, das ist nichts anderes, als was ihr hier im Wachregiment auch macht, bloß ihr steht außerhalb der Mauer und die stehen innerhalb. Es ist nur eine Frage des Vertrauens, wer darf das drin machen. Ich wieder: Wir werden studieren! Und die: Du wirst dich noch wundern. Ich dachte: Nee, nee, das sind welche, die nicht wollen, die immer querschießen, die werden es nur so erzählen, wie sie es empfinden. – Die drei Monate Grundausbildung waren vorbei, wir wurden übernommen. Und das war tatsächlich nur Postenschieben. Mehr war es nicht. Und von studieren war nicht mehr die Rede. Da konnte ich froh sein, daß ich unterdessen eine andere Freundin hatte, die dann gesagt hat: Du mußt doch blöde sein, du hast Abitur, und dann stellst du dich dorthin. Ich dachte schon: Mensch, das ist nicht die Richtige für dich, die hat ja Flausen im Kopf, die versteht das Politische nicht. Ich also: Das muß ja auch gemacht werden. Sie wieder: Warum mußt denn du das machen, was sind denn dort sonst für Leute? Ich: Das darf ich nicht sagen. Nun muß man aber wissen, daß Abitur dort eine ausgesprochene Seltenheit war. Es waren dort Leute mit, ich will nicht sagen, Klippschulenabschluß, das wäre ein bißchen herabwürdigend. Aber es waren eben Leute aus irgendwelchen Berufen, die gesagt haben: Ja, kann ich machen, einen Ausweis kann ich erkennen. Das Niveau in der Truppe war erschreckend. Das fing damit an, daß den ganzen Tag über Kreuzworträtseln rumgehangen wurde. Aber das schlimmste Verbrechen war natürlich, wenn man sich über das Niveau ausgelassen hat, das konnte auch zu Komplikationen in der Parteiversammlung führen. Dann hieß es: *hochnäsig* und *nicht wissen, wo man hingehört*. Und dann wieder meine Freundin: Die haben dir doch versprochen, daß du studieren kannst, da mußt du mal fragen. Ich also ganz vorsichtig angeklopft, und da hieß es: Hör mal, du bist jetzt Genosse geworden, und wo dich die Partei hinstellt... Macht es dir keinen Spaß dort? (Das war beim ZK.) Ich meine, es war schon hochinteressant, dort mal hineingerochen zu haben, wo der Pulsschlag herkam. Klar hat's Spaß gemacht. Und es war genau das, was mein Vater immer wollte. Unmittelbar an den führenden Genossen dran. (Meine Schwester war 1961 in Erfurt in einem Fanfarenzug auf der IGA, und Walter Ulbricht hatte denen allen die Hand gegeben, und das Foto, wo er meiner Schwester die Hand drückt, hatte mein Vater mir gegeben und gesagt: Wenn du ihn mal siehst, holst du dir seine Unterschrift. Ich hab' nie jemanden gefragt.)

Irgendwann muß ich denen dann so auf den Senkel gegangen sein mit dem Studium, daß endlich die Frage stand, na gut, was machen wir mit ihm. Erst hieß es: Jura! Na gut, dachte ich, wirst du eben Jurist. Nee, nee, hieß es dann: Kriminalistik. Na gut, dachte ich, wirst du eben Kriminalist. Es ging paarmal hin und her. Am Ende war's dann doch Kriminalistik. Es war mir letztlich egal, Hauptsache, ich war aus der Truppe raus.

Ins Studium fielen dann die Weltfestspiele 1973, da wurden wir eingesetzt in den Ordnungsgruppen der FDJ. Das war natürlich interessant. Man fühlte sich auch an der Humboldt-Uni gar nicht so als Staatssicherheitsmann. Die meisten wußten zwar, daß bei diesem militärischen Haufen die Leute nicht nur vom Ministerium des Inneren und vom Zoll, sondern auch von der Staatssicherheit kamen. Aber die vier Jahre fühlte man sich ein bißchen anders. Die Haare länger, so hätte man sich gar nicht in die Dienststelle getraut. Man hat auch keinen Ferienplatz in Anspruch genommen, obwohl man den hätte in Anspruch nehmen können. Aber wer wäre als

Student – bißchen frei in der Bekleidung und im Haar-schnitt – in ein Ferienheim der Staatssicherheit gefah-ren? Wir haben zusammen irgendwo gecampt.

Wir waren dann im Praktikum bei der Polizei, das war nicht schlecht, da hatte man einen besseren Einblick, was die so machen, mit welchen Dingen die sich herum-schlagen. Letztlich gab das für mich auch den Ausschlag: Ich geh' in die *Untersuchung*. Aber diese Frage ent-schied sich nicht durch meinen Wunsch, sondern durch die Forderung, wo brauchen die dich. Da gab's ja alle möglichen Abteilungen: *Spionage, Wirtschaftskrimina-lität, Menschenhandel,* und schließlich den *politischen Untergrund.* Aber ich konnte mir nichts aussuchen. Je-der Abteilungsleiter war interessiert, Leute zu kriegen, und da ging er ganz nüchtern vor: Hat er eine Wohnung? Ist er verheiratet? Haben wir mit dem Probleme, weil er Junggeselle ist? (Es dauert bis seine Freundin bestätigt ist.) Hat er kleine Kinder? (Oh, das Theater mit dem Kindergartenplatz.) Also ich konnte nicht sagen: *Men-schenhandel* – interessiert mich. Ich sollte in die Abtei-lung für politischen Untergrund. Hab' dann doch gesagt, ich würde gern die Sachen mit Menschenhandel machen. Da hieß es: Machen wir ja auch. 1974 hatten die für den politischen Untergrund ja noch nicht viel zu tun, da gab's höchstens mal einen kleinen Dissidenten, auf den sich dann alle gestürzt haben.

Ich wollte eigentlich nicht in erster Linie Vernehmer werden, das kam erst durch das Praktikum, als ich mir gesagt habe, das einzige, wo du deine Fähigkeiten ein-setzen kannst, was du wirklich kannst, ist die Bekämp-fung von Straftaten, was immer das damals für mich war. Daß Straftaten auch dazu avancierten, jeden, der was gegen den Sozialismus hatte, zum Straftäter zu machen, ist eine ganz andere Sache. Das hab' ich damals noch nicht übersehen.

Aus der Anklageschrift gegen Gilbert *Radulovic* [heute: *Furian*]:

Generalstaatsanwalt   Berlin, den 20. 8. 1985
von Berlin
Hauptstadt der DDR
211 – 132 – 85

Stadtbezirksgericht   *Haftsache!*
Berlin-Lichtenberg
– Strafkammer –

ANKLAGESCHRIFT

Den Verkehrskaufmann
   Radulovic, geb. Kloß, Gilbert
   geboren am 3. 1. 1945 in Görlitz
   PKZ: 030145 4 2242 5
   wh.: 1058 Berlin, Husemannstr. 10
   geschieden, 1 Kind
   Staatsbürger der DDR
   nicht vorbestraft
   seit dem 27. 3. 1985 in Untersuchungshaft
   in der UHA Berlin-Lichtenberg
Verteidiger: RA Lothar *de Maizière*
klage ich an,
ungesetzliche Verbindungsaufnahme begangen zu haben.

Im Zeitraum von Oktober bis November 1984 stellte der Beschuldigte Aufzeichnungen mit den Interessen der DDR zum Schaden gereichenden Nachrichten zum Zwecke der Verbreitung im Ausland her, indem er eine 20 Blatt A4 umfassende Schrift mit dem Titel »Erinnerung an eine Jugendbewegung: Punk« verfaßte.

In dieser Schrift, die der Beschuldigte in ca. 100 Exemplaren vervielfältigte, davon 1 Exemplar ins Ausland verbringen ließ und weitere 8 Exemplare einer Person zur illegalen Ausfuhr nach der BRD übergab, stellte der Beschuldigte unter anderem solche Auffassungen dar, wonach sich der sozialistische Staat in der DDR als »bürokratisches Prinzip« darstelle, sich die Funktionäre »nur durch Falschheit an der Macht« halten, »keine Meinungsfreiheit und Demokratie« herrsche und Angehörige des Staatsapparates »das Volk wie sonst was beklauen« würden.

Verbrechen gemäß § 219 (2) 1 StGB [...]

1. *Beweisgegenstände:*
– 9 vervielfältigte Exemplare der 20 Blatt A4 umfassenden Schrift »Erinnerung an eine Jugendbewegung: Punk«, die auf der Grundlage des VP-Gesetzes und zollrechtlicher Bestimmungen bereits rechtskräftig eingezogen wurden,
– 44 vervielfältigte Exemplare der bezeichneten Schrift sowie 1 Originalexemplar,
– 8 im Rahmen der Zollkontrolle der *Borrmann*, Ingeborg, sichergestellte A4-Kuverts mit den Anschriften des in der BRD, Berlin (West) und Frankreich wohnhaften und als Empfänger der Schrift vorgesehenen Personenkreises,

- 2 Taschenkalender 1984 und 1985 mit Eintragungen zur Herstellung und Verbreitung der vom Beschuldigten gefertigten Schrift,
- 119 Fotografien und 43 Negative, die mit der Herstellung der Schriften im Zusammenhang stehen,
- 37 Blatt A4 umfassender maschinengeschriebener und handschriftlicher Text, der der Herstellung der Schrift »Erinnerung an eine Jugendbewegung: Punk« diente, sowie 2 Blatt Blaupapier,
- 59 Blatt Xerografien, bei denen es sich um Teile des vervielfältigten Textes der bezeichneten Schrift handelt,
- 1 Zettel mit der Aufforderung an den Empfänger der Schrift, einen Unkostenbeitrag in Höhe von 5,– Mark zu leisten,
- 4 Briefe und 3 Postkarten des BRD-Bürgers *Schweinebraden* bzw. des französischen Staatsbürgers *Desnos* an den Beschuldigten,
- 1 Briefkarte und 2 Briefe der Westberlinerin Maria *Barth* an den Beschuldigten,
- 3 von den DDR-Bürgern *Thate, Meyer* und *Brandenburg* an den Beschuldigten gerichtete Postkarten, in deren Text Bezug auf die Herstellung der Schrift, deren beabsichtigte Verbreitung im Ausland bzw. deren Erhalt genommen wird,
- 1 Antwortbrief des Beschuldigten an den unter vorgenannter Position bezeichneten Bürger *Thate,*
- 1 Schreibmaschine vom Typ »Rheinmetall« Maschinen-Nr. 178225,

- 1 Kopie einer Veröffentlichung im Westberliner »Tip-Magazin« Nr. 15/82 unter dem Thema »Die Punker vom Prenzlauer Berg«,
- 54 Blatt maschinengeschriebene und handschriftliche Aufzeichnungen zur Charakterisierung der Persönlichkeit und der politischen Haltung des Beschuldigten.

Ich hab' den Gegenstand, mit dem ich mich zu befassen hatte, erst gespürt, als ich in der Truppe drin war. Und es war damals eine Ehre, einen Straftäter zu haben, der wirklich politisch motiviert war. Alles andere war ja nur § 213, illegaler Grenzübertritt. Das wurde unter dem Aspekt behandelt: Damit du die Vernehmerei praktisch lernst. Die Abteilung hätte nicht allein davon existieren können, daß politische Straftäter da waren. So viele waren es ja in den siebziger Jahren beim besten Willen nicht. Erst mal war ja die Überwachung so, daß sich kaum einer mit einem Transparent herausgetraut hätte. Oder sagen wir mal so: Die Bevölkerung war noch nicht soweit, auch mal etwas zu sagen. Das ist erst in den achtziger Jahren dann langsam losgegangen. In den Siebzigern hat man das alles abgedreht, ohne daß man einen dafür eingesperrt hat. Das wurde dann später anders, als die Leute auch mal aufgestanden sind und gesagt haben: Also nein, so geht das nicht.

Mit einer Art Job hatte das meinerseits nichts zu tun. Ich habe mir gesagt: Wenn die Partei mich braucht... Wo die mich hinstellt... Das war es: bestimmte Dinge rauskriegen, um damit die Politik der Partei zu unterstützen. Offensiv. Gegen den Feind. Die Politik der Partei zu unterstützen hieß auch, was man letztlich mit Ihnen und Ihresgleichen gemacht hat. Die Strategie war: Wir müssen sichern, daß die Partei in Ruhe arbeiten kann. Und da können wir solche Querelen von politisch Andersdenkenden nicht gebrauchen. Das müssen wir bekämpfen, das müssen wir im Keim ersticken. Es darf uns nicht passieren (das war immer der Tenor), daß sie offene Ohren bei der Arbeiterklasse finden. Es wurde immer gesagt: Sie sind im Prinzip isoliert, sie sind in sich selber zerstritten, die Arbeiterklasse hat von ihnen noch keine Notiz genommen, und so muß es bleiben.

Wenn man gegen diese Strategie gemuckt und gezuckt hätte – ich hab' freilich solche Überlegungen nicht angestellt –, wären militärische Dinge zum Tragen gekommen: Befehlsverweigerung. Wenn ich also gesagt hätte, der Radulovic, das ist ein guter Mensch, und was ihr mit dem macht, ist schlecht... Aber nein, so war's ja nicht. Im Gegenteil: Ich hab' gesagt, das ist ja ein starkes Stück, unsere Jugendpolitik so zur Sau zu machen. Und ich habe auch daran geglaubt. Es kann natürlich sein, daß man sich zu wenig Gedanken gemacht hat, zu wenig damit auseinandergesetzt hat: Ist es denn wirklich so, oder: Kann denn eine Gesellschaft nicht auch mit Außenseitern leben, auch nach außen hin? Solche Gedanken habe ich mir nicht gemacht. Ich habe immer nur gedacht: Wenn das im Ausland gelesen wird, ist unsere schöne DDR in den Dreck gezogen. Anders wäre ich gar nicht motiviert gewesen, so etwas in einer strafrechtlichen Form zu bearbeiten.

Wenn ich die Leute in meinem Umkreis betrachte, so glaube ich kaum, daß es welche gab, die das nur als Job gemacht haben. Das wäre auf die Dauer auch herausgekommen. Es sind ja auch viele weggegangen aus diesen Abteilungen, die Fluktuation war nicht gering, aber die sind nicht deshalb gegangen, weil sie nicht dahinterstanden, sondern da gab's persönliche Schwächen: Das kann eben nicht jeder: jemanden ausfragen und das aufschreiben. Ich habe also nicht gejobt, sondern ernsthaft daran geglaubt, daß das richtig ist, was ich mache.

Aus der Broschüre: *Erinnerung an eine Jugend-bewegung – Punk. Interviews mit Punks aus Ostberlin:*
Stichwort: Gründe (1)
Erst mal 'ne Art Protest

F Bei mir gibt's drei hauptsächliche Gründe, ick meine, könnte fast uff jeden zutreffen. Erst mal 'ne Art Protest, Ablehnung gegen den Staat, wie er zur Zeit existiert.

G Det janze bürokratische Prinzip, wat hier so vorherrscht, und die janze falsche Ausnutzung der Macht von einigen, in bestimmten Positionen stehenden Leuten. Da sieht man mal, daß man im Prinzip doch 'n kleenet Arschloch is, man kann sich drehn und wenden, wie man will, und wenn man nich so nach der Pfeife tanzt, dann wird man irgendwie fertiggemacht, dann setzen sie dich um, und du machst irgendwelche Dreckarbeit, so wat geht ooch, die können det eben machen, die haben eben die Macht in dem Punkt, und gegen sowat wolln wir eben mit in erster Linie ufftreten, das ganze Prinzip, wie hier die Macht gehandhabt wird von einigen Leuten.

F Wie sich det überhaupt am Leben erhält hier, det is ja total falsch, und wird immer davon gesprochen, zum Beispiel an Feiertagen, die Bürger bekundeten wieder das feste Vertrauen oder sowat, aber daß in uns jemand Vertrauen hat, det sieht man absolut nich. Und ick find' det absoluten Unsinn, daß wir immer das Vertrauen bekunden, und die bekunden det nich, und det erhält sich allet nur durch so 'ne Falschheit an der Macht: da werden praktisch Leute rangezüchtet, die dem Staat absolut ergeben sind.

D   Die PUNKS hier, die zeigen damit, okay, uns gefällt überhaupt die ganze Art hier nich, wie wir hier leben müssen, also nich vom Lebensstandard her, sondern geistig gesehen und so.

> Überall wohin's dich führt
> Wird dein Ausweis kontrolliert
> Sagst du einen falschen Ton
> Was dann geschieht: du weißt es schon
> Ganz egal wohin man schaut
> Kameras sind aufgebaut
> Begleiten dich auf Schritt und Tritt
> Die Sicherheit geht mit dir mit
>
> Du sagst deine Meinung vielleicht ganz offen
> Was wird passieren? Du kannst nur hoffen
> Muß man durch die Blume sprechen
> Um sich nicht den Hals zu brechen?
> Irgendwann da muß was geschehn
> Denn wer will länger tatenlos stehn
> Bist du denn geboren worden
> Um dich allem unterzuordnen?
>
> Ist das nicht ein großer Staat
> Wo jeder seine Freiheit hat

Wenn Sie mich fragen, ob ich ein besonderes Ethos des Vernehmers gegenüber dem Vernommenen praktiziert habe... Ethos, damit kann man mein Verhalten in den Vernehmungen nicht erklären. Sie müssen wissen, wenn Sie jemanden als Straftäter überführen sollen, oder zumindest das Untersuchungsergebnis so aufbereiten, daß es der Staatsanwalt zur Anklage bringen kann, dann muß objektiv und subjektiv alles stimmen. Objektiv war bei Ihnen alles klar, die Broschüre war gefertigt, an der Grenze wurde sie beschlagnahmt, und nun ging's ja darum, rauszukriegen, daß Sie das alles gemacht haben, um der DDR einen Schaden zuzufügen. Und das war uns schwer möglich. Sie haben gesagt: Ich wollte zeigen, so was wie die Punks gibt's auch, ich will nicht die Jubelnden an der Tribüne zeigen. Aber damit Sie Straftäter werden, mußte man Ihnen echt beweisen, daß mitgespielt haben könnte: Sie nehmen es in Kauf, daß irgend jemand denkt, in der DDR sei nicht alles in Ordnung. Sie können das – so hörte ich es aus Ihrer Frage – schon verstehen als irgendwo hinterhältig, so nach dem Motto: Dich kriegen wir auch noch. Das war schon das Ziel, ich will das nicht bestreiten. Daß es mehr oder weniger erreicht wurde, ich will das mal so sagen, daß die subjektive Seite über drei Ecken bewiesen wurde (sonst wären Sie nicht verurteilt worden) zeigt, daß diese Art von Vernehmung effizient war. Ich will mich jetzt nicht hinstellen und sagen, ich hab' gewonnen, ich will nur sagen, daß ich versucht habe, durch Schlüsse deutlich zu machen, der hat doch irgendwo den Gedanken gehabt... Und wenn's nicht unmittelbar vorsätzlich ist, daß es doch letztlich so aussieht, als ob es gewollt war.

Beginn: *15.15 Uhr*   Ende: *17.00 Uhr*

VERNEHMUNGSPROTOKOLL
des Beschuldigten

Familienname: *Radulovic*   Vorname: *Gilbert*
Geburtsname: *Kloß*
geb. am: *3. Januar 1945*   in: *Görlitz*

[...]

Frage: Ihnen wird mitgeteilt, daß gegen Sie wegen
des dringenden Tatverdachtes der ungesetzlichen
Verbindungsaufnahme gemäß § 219 Absatz 2 Ziffer
1 StGB ein Ermittlungsverfahren eingeleitet wurde.
[...] Sie werden nunmehr aufgefordert, zu der gegen
Sie erhobenen Beschuldigung Stellung zu nehmen!

Antwort: Ich habe Einblick in die gesetzlichen Bestimmungen nehmen können und erkenne, daß sich
die erhobene Beschuldigung auf die von mir Ende
1984 vorgenommene Herstellung einer Broschüre
über Punks in der DDR bezieht. Diese Broschüre in
einem Umfang von 20 Blatt A4 war vervielfältigt
worden und unter anderem vorgesehen für eine
Verbreitung an Personen in Frankreich, der BRD
und in Westberlin. Meines Erachtens ist der Inhalt
dieser Aufzeichnungen nicht geeignet, den Interessen der DDR zu schaden, wie es im Tatbestand des
§ 219 Absatz 2 Ziffer 1 StGB ausgeführt ist.

[...]

Frage: Nehmen Sie zu den Gründen der Herstellung und der Verbreitung der genannten Aufzeichnungen Stellung!

Antwort: Ich habe bereits zum Ausdruck gebracht, daß die Broschüre für meine Bekannten und Freunde im In- und Ausland bestimmt war. Sie war im Prinzip als Äquivalent gedacht für einen Kalender, den ich ansonsten in den Vorjahren immer selbst gefertigt und verschickt hatte. Ich ging ganz einfach davon aus, daß auch meine Freunde im Ausland an dieser Thematik, also den Punks in der DDR, interessiert sind.

Frage: Äußern Sie sich nochmals zu Ihrer Kenntnis der Geeignetheit dieser Aufzeichnungen, den Interessen der DDR bei einer Verbreitung im Ausland zu schaden!

Antwort: Wie eingangs von mir bereits gesagt, sehe ich eine solche Geeignetheit meiner Broschüre, den Interessen der DDR zu schaden, nicht. Meiner Ansicht nach ist diese Geeignetheit weder aus der Gesamtaussage des Textes noch aus einzelnen gegen den Staat oder die Sicherheitsorgane gerichteten Darlegungen der interviewten Punks abzuleiten.

Frage: Ihre Aussage, keine Kenntnis von der Geeignetheit Ihrer Aufzeichnungen zur Schädigung der Interessen der DDR zu haben, steht im Widerspruch zu Ihrer in der heutigen Befragung geschilderten Vorgehensweise, die genannten Unterlagen nicht auf dem Postweg ins Ausland zu versenden, sondern durch Ihre Mutter im Reisegepäck versteckt in die BRD ausführen zu lassen. Klären Sie diesen Widerspruch!

Antwort: Ich vermutete, daß die Broschüre aufgrund einiger gegen den Staat gerichteten Textstellen nicht weiterbefördert, sondern bei Feststellung vom Postverkehr ausgeschlossen wird. Ich sehe das jedoch nicht als eine Kenntnis der Geeignetheit zur Interessenschädigung der DDR an.

Frage: Inhalt und Aussage der von Ihnen gefertigten Schrift »Erinnerung an eine Jugendbewegung: Punk« stehen ebenfalls im Widerspruch zu Ihrer Behauptung, wonach es sich bei diesen Unterlagen nicht um solche handeln würde, die bei einer Verbreitung im Ausland geeignet sind, den Interessen der DDR zu schaden. Äußern Sie sich dazu!

Antwort: Ich gehe, wie gesagt, zwar davon aus, daß einzelne Äußerungen der Punks einen gegen die DDR gerichteten Charakter haben. Im Gesamtzusammenhang spielen diese Passagen meiner Ansicht nach jedoch keine dominierende Rolle, so daß ich dabei bleibe, eine Kenntnis der Geeignetheit der gesamten Schriften zur Schädigung der Interessen der DDR zu verneinen.

Frage: Was haben Sie unternommen, nachdem Ihnen bekannt wurde, daß die Ihrer Mutter übergebenen zur Ausfuhr bestimmten Schriften sichergestellt wurden?

Antwort: Nachdem ich von der Sicherstellung der Schriften bei meiner Mutter erfuhr, habe ich noch im Januar 1985 alle sich auf diese Broschüre beziehenden Aufzeichnungen sowie alles Fotomaterial vernichtet.

Frage: Klären Sie diesen Widerspruch zwischen dieser Vorgehensweise und Ihrer mehrfach geäußerten Behauptung, keine Kenntnis von der Geeignetheit der Schrift zur Schädigung der Interessen der DDR zu haben!

Antwort: Ich habe die genannten Unterlagen deshalb vernichtet, weil ich den Punks versprochen hatte, daß sie durch mich, also durch die Interviews und die Fotoaufnahmen, keine Scherereien bekommen. Dieses Versprechen sah ich nun gefährdet. Etwas anderes ist dazu nicht zu sagen.

Ich habe das Vernehmungsprotokoll gelesen. Meine darin wiedergegebenen Antworten entsprechen vollinhaltlich den von mir gemachten Aussagen.

N.N. *(Unterschrift)*
Major Gilbert Radulovic

Zwischendurch wurde bei den Vernehmungen auch mal Tee oder Kaffee getrunken oder geplaudert. Sicher. Aber das hat nichts damit zu tun, daß ich den Beschuldigten so lange einlulle, bis er mir aus Freundlichkeit was zugibt – das hat auch keiner gemacht. Da hätte ich noch so viel Kaffee ausgeben können... Als ich meine ersten Vernehmungen machte, also als ich relativ neu war, und mich mal mit einem Beschuldigten ganz locker unterhalten habe, um ein bißchen Atmosphäre herzustellen, damit man auch vernünftig über die Dinge sprechen kann, und ein Vorgesetzter hereinkam, da hab' ich sofort umgeschwenkt und scharfe Fragen gestellt, weil ich Angst hatte, das könnte nicht gut aussehen. So nach dem Motto: Du sollst den zu einem Geständnis zwingen und nicht mit dem reden. Für mich gehörte dieses Menschliche immer dazu. Die Leute, die in den Zellen gesessen haben, die waren froh, wenn sie ins Vernehmerzimmer kamen, da gab's mal Tageslicht, und auf der Seite, wo ich saß, war den ganzen Tag Sonne, und das hat man nutzen können, um eine Atmosphäre herzustellen. Hätten wir die Vernehmungen in den Zellen gemacht, wäre noch weniger herausgekommen. Aber keiner der Beschuldigten hat das überbewertet, mancher hat gedacht: Der will mir eine Falle stellen, er will mich einlullen, und dann schlägt er drauf. Das gab's auch, daß einer alles als Taktik der Stasi-Leute empfunden hat. Selbst die geputzten Fenster, damit die Sonne reinkommt, haben manche als Taktik der Stasi gesehen, um einen irgendwie weichzukriegen.

[G.F.: Sie haben außerhalb des Ermittlungsverfahrens Dinge beschlagnahmt, an denen ich mit allen Fasern meines Herzens gehangen habe. Damit haben Sie die Grenzen dessen überschritten, was Ihnen Ihre normale Arbeit auferlegte. Hier sind Sie übereifrig gewesen.]

Übereifrig ist nicht falsch, aber ich will das erklären. Eindeutig ist erst mal: Es sind viele Dinge mitgenommen worden in der Wohnungsdurchsuchung, die zwar nichts mit der Straftat zu tun hatten, die dem Sozialismus aber auch nicht so paßten, sagen wir's mal so. So was konnten wir doch nicht zurückgeben, damit hätten wir einen Freibrief dafür gegeben, daß das jemand haben darf. Andere Dinge konnte man – das war dann der Trick – als Beweismittel zur Person beschlagnahmen, um zu charakterisieren, was der so liest und was der so zu Hause hat. Oder wir haben über das VP-Gesetz, wonach das eine Störung der öffentlichen Ordnung ist, versucht, alles, was irgendwo eine Häßlichkeit rausgucken läßt, wegzukriegen. Und das wurde nicht durch das Gericht entschieden, sondern das mußte vorher passieren. Dieses Übereifrige gab's aber nicht in dem Sinne: Nun will ich zeigen, wie gut ich bin, Herr Vorgesetzter, sondern es war einfach die Notwendigkeit, zu entscheiden, was damit passiert. Entweder der Streit ging so lange mit dem Beschuldigten hin und her, bis der die Nase voll hatte und sagte: Dann schmeißen Sie den Kram eben weg, oder er schluckte den Haken nicht, dann mußten wir eben eine andere Lösung finden.

Berlin, 28. Mai 1985

Ministerium für Staatssicherheit
Hauptabteilung Untersuchung

Beginn der Vernehmung: *8.00 Uhr/13.30 Uhr*
Ende der Vernehmung: *13.00 Uhr/15.30 Uhr*

VERNEHMUNGSPROTOKOLL
des Beschuldigten

Familienname: *Radulovic*   Vorname: *Gilbert*
geb. am: *3. Januar 1945*   in: *Görlitz*

[...]

Frage: Sie sagten im Verlaufe Ihrer am 27. 3. 1985 geführten Erstvernehmung aus, keine Kenntnis davon gehabt zu haben, daß Ihre Schrift »Erinnerung an eine Jugendbewegung: Punk« im Falle ihrer Verbreitung im Ausland geeignet ist, den Interessen der DDR zu schaden. Welche Haltung nehmen Sie gegenwärtig dazu ein, ob die in diesen Aufzeichnungen enthaltenen Nachrichten eine derartige Geeignetheit aufweisen?

Antwort: Ich möchte zunächst darauf hinweisen, daß mir nochmals das Strafgesetzbuch vorgelegt wurde, um mir den Tatbestand des § 219 Absatz 2 Ziffer 1 zu vergegenwärtigen. Was die mir gestellte Frage nach der Geeignetheit zur Interessenschädigung betrifft, so sehe ich, was meine Broschüre angeht, momentan nur einen Ansatzpunkt. Nämlich den, daß ich im Titel der Broschüre die Vokabel »Jugendbewegung« verwendet [habe] und somit dem Leser im Ausland ein größerer Umfang des

Punk in der DDR suggeriert werden kann, als er wirklich vorhanden ist. Eine solche Darstellung kann natürlich geeignet sein, den Interessen der DDR zu schaden. Ich möchte, was das Problem Interessenschädigung angeht, noch folgendes sagen. Mir ist konkret nicht bekannt, wo für den Staat die Schwelle der Schädigung seiner Interessen erreicht wird. Ich will damit zum Ausdruck bringen, daß ich aus bestimmten Erfahrungen heraus weiß, daß staatliche Reaktionen weit früher ansetzen, als es zu einer Interessenschädigung kommt. Damit soll deutlich werden, daß es für mich schwer ist, einzuschätzen, wo bei meiner Broschüre die Schwelle der Interessenschädigung beginnt. Sicherlich ist es so, daß aus dem Zusammenhang der Broschüre herausgelöste Passagen im Einzelfall im obengenannten Sinne, also interessenschädigend, gewertet werden können. Ich stehe jedoch auf dem Standpunkt, die Broschüre als Ganzes zu betrachten, wodurch bestimmte zum Teil die gesellschaftlichen Verhältnisse in der DDR ablehnende Äußerungen einiger Punks durch die Haltung, die von der von mir interviewten und in der Broschüre mit Buchstabe D bezeichneten weiblichen Personen eingenommen wird, kompensiert werden.

[...]

Frage: Im gleichen Zusammenhang wird, auf die Entwicklung Jugendlicher in der DDR bezogen, behauptet, daß »man sich drehen und wenden (könne), wie man will, ... wenn man nicht so nach der Pfeife tanzt, dann wird man irgendwie fertiggemacht, dann setzen sie dich um und du machst irgendwelche Dreckarbeit«. Erläuternd wird hinzugefügt, daß mit der Entscheidung Punk in erster Linie gegen »das ganze Prinzip, wie hier die Macht gehandhabt wird von einigen Leuten« aufgetreten werden soll. Inwieweit ist diese die sozialistischen Verhältnisse derartig charakterisierende Darstellung geeignet, den Interessen der DDR im Ausland zu schaden?

Antwort: Wenn die angeführte Passage, daß man im Betrieb fertiggemacht wird, wenn man nicht nach der Pfeife der Vorgesetzten tanzt, einzig vorliegender Text wäre, dann stimme ich dem zu, daß diese Darstellung der Verhältnisse geeignet wäre, den Interessen der DDR zu schaden. Es ist jedoch, wie ich meine, so, daß diese Äußerung Bernd *Lade's* aufgehoben wird durch Darstellungen, die von anderen interviewten Personen gegeben wurden.

[...]

Frage: Inwieweit sind derartige Darstellungen der gesellschaftlichen Verhältnisse in der DDR, wie sie in den zitierten Texten zum Ausdruck kommen, bei einer Verbreitung im Ausland geeignet, den Interessen der DDR zu schaden?

Antwort: Wenngleich es aus meiner Sicht so ist, daß sich der Text nur auf die Punks bezieht, will ich nicht sagen, daß es der Leser im Ausland auch zwangsläufig so sehen muß wie ich. Als verallgemeinerte auf die Verhältnisse in der DDR schlechthin bezogene Einschätzung kann er es jedoch nur verstehen, wenn er den Liedtext aus dem Zusammenhang herauslöst und nicht daran denkt, daß dieser Text Bestandteil einer Punk-Schrift ist.

[...]

Frage: Ihre Aussage, wonach bei der unmittelbaren

Herstellung Ihrer Schrift Überlegungen zum Adressatenkreis keine Rolle gespielt hätten, sind unglaubhaft. Die Verwendung der Bezeichnung »Ostberlin« in der Einleitung zu Ihrer Schrift auf Seite 1 läßt den Schluß zu, daß Sie den Text Ihrer Schrift konzeptionell auf Adressaten im Ausland ausgerichtet haben.* Äußern Sie sich dazu!

Antwort: Durch die Verwendung der Bezeichnung »Ostberlin« mag ein solcher Eindruck entstehen, als hätte ich den Text von vornherein für einen ausländischen Personenkreis geschrieben. Es war tatsächlich jedoch nicht so, daß das bei der unmittelbaren Herstellung eine Rolle spielte. Die Bezeichnung Ostberlin entspricht durchaus meinem Sprachgebrauch, zumal ich eine Reihe von Bekannten habe, die entweder schon in den Westen übergesiedelt oder Antragsteller zur Übersiedlung sind und deren Sprachgebrauch das ebenfalls ist. Außerdem spielt bei der Begriffswahl eine Rolle, daß ich schließlich eine Unterscheidung zwischen den Punks hier und denen in Westberlin treffen mußte. Der Begriff Hauptstadt der DDR war mir dafür zu lang und auch nicht mein Sprachgebrauch. Diese Aussage, daß ich mir vor der Herstellung der Schrift im klaren darüber war, sie auch im Ausland zu verbreiten, bleibt davon unberührt.

Ich habe das Vernehmungsprotokoll gelesen. Meine darin wiedergegebenen Antworten entsprechen vollinhaltlich den von mir gemachten Aussagen.

N.N.	*(Unterschrift)*
Major	Gilbert Radulovic

---

* Von 100 gefertigten Exemplaren wurden 90 in der DDR verteilt.

[G.F.: Als ich mir damals habe das Polizeigesetz zeigen lassen und nach dem Lesen meinte, Sie mußten ja erst einmal die »Gefährdung der öffentlichen Ordnung« nachweisen – das Zeug, das Sie beschlagnahmt haben, hatte ja in meinem Schreibtisch gelegen –, da haben Sie nicht wie sonst moderat geantwortet, sondern mich nur grimmig angesehen...]

Da ist möglicherweise – ich kann das jetzt nicht mehr nachvollziehen – eine Äußerung von mir gegenüber meinem Vorgesetzten vorausgegangen: Mein Gott, geben wir ihm das Zeug doch zurück, wen tötet denn das, und daß der Vorgesetzte gesagt hat, bist du denn blöde oder was, bist du politisch ganz blind? Du mußt mal wieder vernehmen und dich nicht nur mit dem unterhalten. (Denn die Vorgesetzten merkten ja auch am Verhalten, wie man mit dem Beschuldigten steht, ob man verbissen zum Mittagessen ging oder ob man ganz locker war.) Es kann also eine Situation gewesen sein, daß mein Chef gesagt hat: Also das wird alles eingezogen. Mach das mit dem – wie, ist dein Problem.

Das Material ging dann in die Asservate oder wurde irgendwann ausgesondert, das hat man natürlich nicht aufgehoben in der Erwartung, daß irgendwann der Herbst 1989 kommt und wir das alles zurückgeben werden. Es kann also durchaus sein, daß z.B. Ihre Schreibmaschine »verwertet« wurde, in dem Sinne, daß sie entweder auf irgendeinem Schreibtisch bei der Stasi stand, was ich allerdings nicht glaube, denn es war ja ein ganz altes Ding, oder man hat einen Liebhaber gefunden, und jetzt klimpert ein Kind draufrum. Ich vermag den Weg nicht zu beurteilen, es kann auch sein, daß sie verkauft wurde...

Ihre Frage betreffend, was meine Anwesenheit beim

Prozeß angeht – ich glaube, Ihre Vermutung, das sei geschehen, damit die Richterin auch tut, was wir von ihr erwarten, trifft nicht zu. Die Richterin hätte gar keine andere Chance gehabt. Ich muß das mal so deutlich sagen. Wir wollen ganz ehrlich reden: Ich glaube, kein Ermittlungsverfahren, das bis zur Anklage gekommen ist, Ihre Sache beispielsweise, hätte vor Gericht krachengehen können. Dazu gab's ja gerade das so schön abgestimmte Vorgehen, damit hier keine Pannen passieren konnten.

Also was vor Gericht gegangen ist, das hat man auch durchgezogen. Ich habe nie gehört, daß vor Ge-richt was anderes rausgekommen wäre. Also die Richterin mußte man nicht beeindrucken, die Schöffen schon gar nicht. Der Aspekt, daß der Angeklagte durch die Anwesenheit des Vernehmers dazu angehalten werden sollte, bei seinen bisherigen Aussagen zu bleiben, kann nicht ganz ausgeschlossen werden...

Es mag bei Ihnen nicht so gewesen sein, aber es gab Leute, von denen man wußte, daß sie immer wackelten. Es gab sogar welche, die brauchten die Anwesenheit des Vernehmers als ein Medium, ob sie alles richtig machen. Ich war bei einem Verfahren in Halle, da hatte der Angeklagte zum Schluß eine Erklärung abzugeben, und der drehte sich immer zu mir um, ob er weiterreden soll, und ich hab' ihm dann zugenickt. Man ist über die Zeit schon so, ich will nicht sagen, man ist Freund geworden, aber man ist vertraut, und der andere geht davon aus: Der Vernehmer hat einem eigentlich nichts Schlimmes getan, alles steht so im Strafgesetzbuch. Manche fühlten sich sicherer, nicht allein gelassen zu sein, obwohl der Vernehmer von der anderen Seite war. Daß er sich an die Aussage hält – mag was dran sein, aber wer was widerrufen wollte, der hätte sich an meiner Anwesenheit auch nicht gestört.

Es gibt noch einen Aspekt, der liegt darin, daß erst mal jüngere Leute von uns mit in der Verhandlung dabeisaßen, um zu lernen und damit sie sehen, so ein Fall ist das, so läuft das. Es werden ja auch noch seitenweise Protokolle verlesen, woran die sehen können, wie gut der Vernehmer das gemacht hat, wie er den Beschuldigten kleingekriegt hat. Das gehörte mit dazu. Und dann gehörte natürlich auch folgendes dazu – das will ich Ihnen so deutlich sagen, das ist kein Geheimnis: Staatsanwälte hatten erstens wenig Zeit zur Vorbereitung, und es kam auch hin und wieder vor, daß sie bestimmte Dinge, die sie zwar in der Anklageschrift drin hatten, trotzdem nicht erkannt haben, während das Verfahren lief. Nehmen wir die subjektive Seite bei Ihnen. Sie sind jetzt in der Vernehmung durch die Vorsitzende, und sie bestreiten, daß Sie der DDR Schaden zufügen wollten, oder biegen das bißchen ab oder bringen ein paar Punkte, die in der Akte so nicht stehen. Und da besteht die Möglichkeit, daß ich zum Staatsanwalt gehe – der Vernehmer kannte ja nach einem halben Jahr jeden Satz der Akte – und sage: Passen Sie mal auf, achten Sie mal drauf, sehen Sie mal dort nach. Wen verwundert das, wo Staatsanwalt und Gericht angetreten sind, sozialistisches Recht zu sprechen. Wen verwundert, daß es dann solche Konstellationen gibt. Deshalb können Sie den Punkt, daß wir dringesessen haben, damit die Richterin das richtig macht, vergessen. Wenn sie was falsch macht, war das ihre letzte Verhandlung. Zumindest in so einer Sache. Da verhandelt sie dann eben Karnickeldiebstähle.

Und wenn Ihnen ein Richter gesagt hat, die Staatsanwälte aus der Ia waren nicht die fleißigsten: Die mußten das auch nicht sein, weil sie vorzüglich aufbereitetes Material vorgefunden haben, und sie eigentlich den Schlußbericht nur abschreiben mußten, mit anderem Kopfbogen versehen, und schon hatten sie ihre Anklage. Und das ist natürlich auch ein Problem, denn die Staatsanwälte stellen sich jetzt hin und sagen, wir konnten ja nicht anders, wir sind ja die Handlanger von denen gewesen. Aber sie waren eine Institution im gesamten Rechtsprechungsapparat. Sie hätten ja auch sagen können: So klage ich das nicht an, das ist für mich nicht erwiesen. Aber sie konnten sich auf unsere Arbeit verlassen. Das ist ja auch immer gelobt worden, und das war auch so ein bißchen unsere Selbstbefriedigung: Unsere Untersuchungsergebnisse mußten allererste Güte sein. Es mußte alles stimmen. (Nicht mal Druckfehler: Druckfehler im Schlußbericht, das war das allergrößte Verbrechen.) Und das konnten die Staatsanwälte dann übernehmen. Die mußten, wie man so schön sagt, das Fahrrad nicht noch einmal erfinden. Es war eben ein Konzert. Das Gericht war nur derjenige, der's letztlich ausgeführt hat.

Aus der Broschüre:
Stichwort: Politik
So wie jetzt is sowieso arschlos

A Du kannst ja auch deine Meinung hier nicht frei äußern, nur wat...
A Es steht doch in jeder Zeitung dasselbe.
B Allet erfüllt, wir haben's erfüllt, das seh ick ja, wa.
A Also ich finde, Politik, das ist alles das gleiche.
B Und die Bonzen alle, die wolln doch ooch bloß Geld machen. Geld regiert die Welt.

C Also wenn du so rum willst: Sozialismus schon, aber nur anders, so, wir wir uns det vorstellen. So wie jetzt is sowieso arschlos. Kommunismus wird garantiert hier nich kommen, weil se den sowieso nich rinschaffen hier.

AUCH IM OSTEN TRÄGT MAN WESTEN

G Uns nehmen sie mit auf der Straße, die jar nicht kriminell sind irgendwie, aber die, die wirklich Kriminellen, die Typen, wo ick jetzt 'n wahnsinnigen Zappen druff habe, die janzen Oberen und die alle, wie die klaun, die kriegen sie nich mit, die beklauen im Prinzip det Volk wie sonstwat, det überwachen die nich, aber uns überwachen se, für uns verschwenden se ihre Zeit, wat weeß ick, Stasi und so, und wat bringt'n mehr, ob se uns kleene Würstchen beschatten oder ob se mal in den janzen Kombinaten das Wirtschaftsprinzip umkrempeln.

> Auf der Straße Atemnot
> Kinder spieln mit Hundekot
> Tote Tauben, Straßendreck
> Wie kriegen wir den Dreck bloß weg
> Das Bemühn kennt keine Grenzen
> Täglich hält man Konferenzen
> Doch keiner will die Arbeit tun
> Drum tagt man auf der Halde nun

Wenn Sie nach den Rehabilitierungsverfahren fragen, so muß ich sagen, entwertet sehe ich meine Arbeit dadurch nicht. Die erste Regung ist ja, daß man, aus heutiger Sicht betrachtet, besser weiß, was man richtig und was man falsch gemacht hat, oder ob man richtig lag oder nicht. Und natürlich bin ich erst einmal der Auffassung (und dazu stehe ich auch), daß die Dinge, die wir im politischen Strafrecht gemacht haben, total falsch waren, daß es vollkommen idiotisch war, in so einem Fall wie bei Ihrer Broschüre gegen Windmühlenflügel zu kämpfen und so zu tun, als würden dadurch die Grundlagen des Sozialismus erschüttert. Ich will aber auch sagen, die Broschüre war ein Mosaiksteinchen dafür, daß schließlich der Sozialismus erschüttert worden ist. Sie ist eins von den vielen kleinen Dingen gewesen, die zusammengekommen sind, bis es gekracht hat.

Also ich beurteile die Rehabilitierungen nicht nach dem Motto: Jetzt demontieren sie meine schöne Arbeit, aber, ja, schämen – da ist schon irgendwo was dran. Dafür, daß ich mich jetzt schäme, kann sich allerdings keiner was kaufen, der in einer Situation war wie Sie damals. Es ist eine schlimme Situation. Eigentlich spricht man nicht mehr gern darüber. Man würde es doch lieber ganz vergessen. Es war eine Arbeit, die – wie sich herausgestellt hat – genau das Gegenteil von dem bewirkt hat, was ... Hätten sie uns alle eingesetzt, um hinter den wirklichen Straftätern her zu sein, ausschließlich die wirkliche Kriminalität zu bekämpfen (das haben wir ja auch gemacht), das wäre wahrscheinlich besser gewesen, als eine Abteilung mit zig Mann zu unterhalten, die sich nur mit dem politischen Untergrund beschäftigt. Und es war ja letztlich eindeutig: Wir wurden der Situation nicht mehr Herr. Es war ja nur noch ein Rundumschlagen, wo bei allen möglichen Anlässen Leute eingekarrt wurden, verhört, befragt, verwarnt. *Schämen* ist nicht das richtige Wort, das ist eigentlich zu wenig, es klingt so: Ach, ich hatte eine Schuppe in meinem Haar, dafür schäme ich mich.

Daß wir uns hier unterhalten können, hat natürlich mit der Person des Gegenübers zu tun, daß der sich das anhört. Es wird sicher manche geben, die wie Sie gesessen haben und jetzt sagen: Mit dem rede ich kein Wort. Müßte ich auch akzeptieren. Ich will's mal so deutlich sagen, weil ich meine, daß ich ja echt schuld habe, daß ich eben hier Dinge mitgemacht habe, die in die Persönlichkeit desjenigen so scharf eingegriffen haben, daß er einen dauernden Schaden davongetragen hat, daß seine Persönlichkeit beeinträchtigt worden oder das persönliche Fortkommen völlig zu Bruch gegangen ist. Viele sind dadurch völlig von der Bühne weg gewesen. Die vorher in Akademien waren (oder wo auch immer), kluge Köpfe zum Teil, die ihren Weg nicht mehr weitergehen konnten, obwohl sie in ihrer Arbeit ohne Tadel waren. Ich bin auch Leuten begegnet, die durch eine bloße Vorkommnisklärung völlig aus der Bahn geworfen worden sind. Also *schämen* ist, wie gesagt, nicht das richtige Wort, aber daß man Schuld hat, schwerwiegende, ist schon klar.

Ich will mich auch nicht hinter Vorgesetzten verstecken. Wobei die natürlich einen großen Anteil hatten. Wenn man nicht immer motiviert worden wäre... Die ständige Angst, die man hatte, daß noch weiter oben jemand sagt: Hör mal, da ist uns was hochgekommen, ihr habt da was zurückgegeben, sagt mal, seid ihr des Teufels. Diese Angst hatte zur Folge, daß man sich gesagt hat, da machst du es lieber ganz genau und rasierst gleich alles von der Tischfläche weg. Da kann mir keiner was, da kann gar nichts passieren. Also ich fühl' mich schon in der Schuld, und ich sage mir jetzt, ein Glück, daß sie das demontiert haben, daß der eine oder andere jetzt sein Recht der Rehabilitierung bekommt. So viele waren es ja nicht, so dicke war es ja mit dem politischen Untergrund nicht, aber es wird schon einige geben, und ich sage mir, es ist gerecht, daß die jetzt rehabilitiert werden sollen.

Was den Grad meiner Verantwortung angeht, so will ich nicht abstreiten, daß ich nicht ins untere Drittel gehöre, also Koch, Kraftfahrer, Schalterangestellter, sondern daß ich in der *Untersuchung* war, daß ich mit »an der Front« war, das will ich schon zugeben. Aber die Frage – wo hat man die Menschenrechte gröblichst verletzt, wo sind also Dinge aufgetreten, die man bestrafen muß, sehe ich persönlich für mich nicht. Sicher wird es auch Dinge geben, wo man sagen muß: Das war unter der Gürtellinie, aber ich kann von mir behaupten – das soll jetzt nicht so aussehen, als wolle ich den Weißwäscher spielen –, daß es immer meine Maxime war, mit denen, die ich zu vernehmen hatte, so zu verfahren, daß sie wenigstens den Eindruck bekommen, daß es höflich und – humanistisch ist nicht das richtige Wort, aber human zugeht.

Ich kann natürlich nicht abstreiten, daß ich auch Vertreter eines Apparates war, der – wie Sie sagen – dazu gedient hat, unkontrolliertes und abweichendes politisches Verhalten einzudämmen und die Schwelle dafür so hoch wie möglich zu halten. Es ist schon eindeutig, daß wir versucht haben, so etwas zu unterdrücken, und wenn es nur durch Zuführung oder Befragung geschah. Wenn das Menschenrechtsverletzungen sind... Das sind zumindest Eingriffe in die Persönlichkeit des Menschen.

Es sind mir, aber auch anderen, sicher hin und wieder Bedenken gekommen bei der Frage: Was erreichen wir denn nun, wenn wir z.B. an jedem 7. des Monats die

Leute, die zu einer Andacht in der Kirche sind und danach rauskommen, haufenweise auf die Polizeireviere holen. So eine Frage haben wir natürlich offiziell nicht gestellt. Untereinander, ja. Vor allem waren ja unter den Zugeführten immer Leute, die noch nie was mit uns zu tun hatten, die dann erst an den Punkt gekommen sind, zu sagen: Scheißsozialismus. Wie gesagt: Reinwaschen ist nicht, das ist schon klar, aber in der damaligen Situation habe ich das so tiefgründig nicht empfunden. Ich habe es immer empfunden als eine Arbeit, die Rolle der Partei durchzusetzen, alles zu tun, damit keine Störung des öffentlichen Lebens entstehen kann, damit unser schöner Sozialismus sich entwickeln kann. Ich sage das *schön* jetzt auch nicht negativ, sondern das sollte ja mal so werden. Daß es hintenraus immer unschöner wurde, ist eine andere Sache.

Sicher gab's im politischen Untergrund welche, mit denen man hätte zusammengehen können. Aus heutiger Sicht: Pflugbeil oder Thierse. Oder Schorlemmer: Was haben wir alles unternommen, um ihn aus dem Weg zu kriegen. Und wenn man sich durchliest, was er jetzt so sagt... Aber damals haben wir alles danach beurteilt, aus welcher Zeile der Haß gegen den Sozialismus spricht. Wir wurden ja erzogen, alles immer gleich ins Gegenteil zu verkehren. Das beste Beispiel wäre Ihre Domkantorei-Sängerin, die Sozialministerin Hildebrandt. Wenn ich die heute höre, dann sage ich mir, mein Gott, warum haben wir ihr die Chance nicht schon früher gegeben, mit solchen Leuten hätte man vielleicht zusammengehen können, um was anderes aus dem Sozialismus zu machen. Bloß dann wären wir nicht mehr dagewesen. Wenn die das Sagen gekriegt hätten, wäre die Staatssicherheit das erste gewesen, was man aus dem Weg geräumt hätte, hätte räumen müssen, denn sonst wäre es ja gar nicht gegangen, denn so reformieren konnte man den Apparat nicht, daß er plötzlich eine ganz andere Richtung genommen hätte. Dazu gab's noch viel zu viele Vorgesetzte, die noch eingeschworen waren – ich will mich da nicht ausnehmen. Noch dazu, wenn man dann auch Parteifunktionär war.

Im Prinzip herrschte unter den Kollegen eigentlich eine offene Atmosphäre. Bei keinem aber konnte man reinkucken, ob der auch so dahintersteht, wenn's gegen den Untergrund geht. Hinter der Sache standen sie sicherlich alle, das Problem war nur, wenn es an große Aufgaben ging, also sprich: Jetzt holen wir die ganz Großen, daß man ein bißchen das Flattern bekam, also – wer macht das. Das konnten dann nur Referatsleiter sein, die darunter kamen ja dafür meistens nicht in Frage.

Man hat sich natürlich mit Mitarbeitern über politische Dinge nicht so tiefgründig unterhalten. Nicht so sehr aus der Überlegung, dem traue ich nicht, aber viele Dinge hat man eben, schon von der Arbeit her, nicht mit jedem besprochen. Also z.B. alles, was Sie und mich betraf, das hat außer meinem Vorgesetzten keiner erfahren. Im übrigen haben wir ja den persönlichen Umgang nicht so gepflegt, wie das Bauarbeiter machen, wenn sie mit der Arbeit fertig sind und mal in die Schänke gehen. Das war sicher in den fünfziger Jahren stärker ausgeprägt. Aber da ja jeder sein Auto hatte, stiegen wir abends alle ein und fuhren ab. Das hat ja auch allgemein was mit der Entwicklung in der Gesellschaft zu tun. Ich will nicht sagen: *Nische,* aber jeder hatte doch so... Also die großen Kontakte untereinander, die waren nicht da, nur noch bei einigen, die dann abends noch Sport trieben, irgendwo in einer Wohngebietsgemeinschaft Fußball spielten. Es gab sicher diese oder jene, die sich näher kannten oder stärker verbunden waren, die sich auch mal ein paar Dinge gegenseitig erzählt haben. Da mußte man dann aber keine Angst haben, daß der dich anschwärzt. Es gibt sicher in jeder Berufssparte Leute, von denen ich mir sage: Denen erzähle ich bestimmte Dinge nicht. Es gab sicher diese oder jene, wo ich dachte, das muß der nicht wissen. Aber ein generelles Mißtrauen unter den Leuten würde ich nicht bejahen.

Zum Umgang mit der Perestroika will ich noch etwas erzählen: Es war meine Art, neben meiner Aktentasche immer eine Plastetüte für Einkäufe mitzuhaben, und da hatte mir meine Frau aus Moskau eine mitgebracht, auf der der Kreml abgebildet war. Da wurde ich ernsthaft von meinem stellvertretenden Hauptabteilungsleiter angesprochen, so nach dem Motto: Na, na, na, na. Was haben wir denn da. Bißchen so im Spaß, aber wenn man die Leute kennt, weiß man, was sie meinen. Und wie schnell das von oben nach unten abfärbt. Ich war ja dann fast genauso. Hab' empört gedacht: Die teilen jetzt den *Sputnik* im Haus der Sowjetischen Wissenschaft und Kultur aus, das kann ja wohl nicht wahr sein. Da hat man sich, wie das in fast allen Phasen seiner Arbeit der Fall gewesen ist, mit dem identifiziert, was einem suggeriert worden ist. Die Partei sagt, das ist schädlich, also ist das schädlich. Im militärischen Verband ist das noch einfacher. Und was das Schlimme ist, man überträgt das ja dann auch auf die Mitarbeiter, die jüngeren. Bei vielen Dingen kam ich mir dann immer bißchen komisch vor: ob die das einem auch glauben, wenn man etwas durchsetzen wollte, wovon man von einem Tag auf den anderen »überzeugt« worden ist?

Was ich unmittelbar nach der Wende gemacht habe, könnte den Eindruck erwecken: Eigentlich ist er auch ein Wendehals. Ich habe erst Menschen im Ermittlungsverfahren bearbeitet, die mir als Straftäter gegen den Sozialismus vorgesetzt wurden, so wie Sie. Und dann plötzlich wird ein Ermittlungsverfahren gegen Stoph eingeleitet, und da habe ich auch mitgemacht. Normalerweise wird da jeder sagen, also das kann es doch nicht geben. Aber dabei, daß man sich da so reinkniete, spielte wahrscheinlich diese ungeheure Verbitterung eine Rolle, die Verbitterung, daß die ja Verantwortung dafür tragen, daß alles so gekommen ist. Wendehals – es wird manchmal leicht über einen der Stab gebrochen, wobei man sagen muß, daß diejenigen mitunter selber schuld daran haben, weil sie von einem Tag auf den anderen sagen: Jetzt machen wir alles ganz anders. Es ist jemand nur glaubhaft, meine ich, der das mit einer gewissen Zeitverzögerung macht, nach langen Überlegungsphasen. Also mit einem Schlag auf das andere Pferd springen: Nun geh' ich zur Westberliner Polizei, die nehmen mich, da schlage ich gleich wieder drauf – ist fragwürdig. Daß ich mich so reingekniet habe – es konnte ja sein, daß es eine Existenzfrage wird. Wenn man sich hier jetzt richtig einklinkt und richtig durchzieht, Ermittlungen zum guten Ende bringt, wird man vielleicht gehalten.

Aber ich glaube, ein Wendehals in dem Sinne war ich nicht. Ein paar Ideale hab' ich mir schon erhalten. Also ich würde schon meinen, daß der Sozialismus an sich nichts Schlechtes ist. Deswegen bin ich auch dagegen, Marx wegzureißen, Lenin wegzureißen. Dieses Abholzen hat was damit zu tun, daß sie jetzt auf einen Schlag alles vernichten wollen, was in die Richtung weist. Ich bin schon der Auffassung, daß es einen Sozialismus geben kann. Nur: So wie das angefangen hat, ist es wie mit Orwell in der *Farm der Tiere*. Ich sage mir, es gab auch viele gute Sachen, die hätten erhalten werden müssen. Aber es ist ja keiner mehr da, der sie erhalten kann. Es ist auch keine Staatssicherheit mehr da, die sich bei vielem Unberechtigten verteidigen kann, was auch immer jetzt kundgetan wird. Es gibt sicher ein paar Dinge dabei, wo ich mir sage: Jetzt glaub' ich's auch schon. Vorher hab' ich gesagt, um Gottes willen, sind die denn verrückt, aber ich hatte zum Beispiel keine Ahnung, daß Terroristen eingegliedert wurden, und da glaube ich auch fest, daß sie ihnen die Waffen noch hinterhergetragen haben. Hier sind meine Ideale völlig verschwunden, was diesen Apparat angeht. Hinzu kommt, daß die ganz Großen sich nichts ausstehen, nicht nur Honecker, sondern auch andere, die mal in die Schlagzeilen kommen.

Probleme haben die im mittleren Alter, die Frau und Kinder haben und sehen müssen, wie sie wieder auf die Beine kommen. Ich kenne schon ein paar Beispiele, wo Leute sich aufgegeben haben und angefangen haben zu trinken. Wobei ich sagen muß, es hat sicher auch was mit der Persönlichkeit zu tun. Ich sitze ja auch nicht den ganzen Tag zu Hause und denke darüber nach, ob nun bald jemand kommt und sagt: Du, ich habe eine Arbeit für dich. Das ist absoluter Unsinn. Ich hab' sicher in den letzten Monaten mehr investiert, als ich jemals wieder rauskriegen kann, Zeit und Geld und Autofahren, aber ich sage mir, wir müssen uns bewegen, wir müssen irgendwo wieder eine Bande finden. Aber während ich am Anfang, als alles hier den Berg runterging, noch die Idee hatte (und mich auch oft mit meiner Frau darüber unterhalten habe), daß auch der Westen uns braucht, und zwar Leute, die Straftaten aufklären. Daß sie auf uns nicht verzichten können – es war ein Irrtum: Die schmeißen alles raus, selbst aus dem Strafvollzug schmeißen sie alle raus, und wenn sie das mit völlig neuen Leuten machen. Die brauchen uns nicht. Das muß man wissen, und das muß man begreifen, und es ist ein Trugschluß, zu denken, die könnten uns in irgendeiner Weise brauchen. Deshalb ist für mich der Punkt, wo ich sage – diese ganze Arbeit, was Schutz und Sicherheit des Staates angeht, das sollen die dann eben alles alleine machen, dafür geb' ich meine Finger nicht mehr her. Ich will was machen, was nur mich betrifft, was nur für mich und meine Familie wichtig ist.

Eine politische Aktivität kommt für mich momentan überhaupt nicht in Frage. Auch nicht in der PDS. Obwohl ich am Anfang noch drin war. Aber ich muß ganz ehrlich sagen: Die PDS hat mich derart im Stich gelassen. (Daß sie in ihren Reihen noch Leute von uns hat, bedeutet ja nicht, daß sie uns wohlgesonnen ist.) Wo war sie denn, als es hier knallte überall, als keine Chance mehr bestand und wir auf die Straße flogen.

Die MfS-Leute in der PDS sind solche, die sich nicht entscheiden können, was mache ich denn nun, geh' ich raus oder bleib' ich lieber drin – das sind Leute, die sich noch nie selbst entscheiden mußten, denen immer gesagt worden ist, was sie zu tun und zu lassen haben, die auch jetzt nicht in der Lage sind, zu entscheiden: Das ist nicht meine Partei. Wobei allmählich auch die letzten auf die Idee gekommen sein müßten, daß das nur ein Sammelsurium der verschiedensten Strömungen geworden ist. Mit kommunistischer Partei hat das nichts mehr zu tun. Und die Fraktionsvorsitzende im Abgeordnetenhaus, die stellt sich hin und sagt: Wo doch alle Menschen so unter der Stasi gelitten haben, da müßte man doch endlich einen Untersuchungsausschuß gründen... Eine undifferenzierte Wertung aller Stasi-Leute, die nicht gerechtfertigt ist.

(aufgezeichnet am 10. Oktober 1991)

Kontrapunkt 3
Teil 1

Der Staatsanwalt   Potsdam, den 2. Oktober 1952
des Bezirkes
– I 309/52   *Haftsache!*

ANKLAGESCHRIFT

1. der Bauschlosser Wilhelm *Kiefer* [...]
2. der Maschinenschlosser Friedrich *Gronau*
   geb. am 23. April 1920 in Danzig,
   wohnhaft in Golzow/Oderbruch, Winkelstr. 5
   deutsch, verh.,
   nach seinen eigenen Angaben nicht vorbestraft,
   – Strafregisterauszug wird nachgereicht –
   seit dem 13. 6. 1952 in Untersuchungshaft in der
   Haftanstalt
   der Verwaltung Brandenburg in Potsdam.
3. der Maschinenschlosser Georg *Panitz* [...]

werden angeklagt,

als Agenten der Kampfgruppe gegen die Unmenschlichkeit und der unter »UgO« getarnten Agentenzentrale Berlin-Kreuzberg, Wilhelmstr. 10, seit März 1952 in Leegebruch und Hennigsdorf sowie im Stahl- und Walzwerk Hennigsdorf Hetzschriften antidemokratischen und antisowjetischen Inhalts verbreitet zu haben;

des weiteren lieferten sie Spionageangaben über die Wirtschaft der DDR, der Volkspolizei sowie der Sowjetarmee und Stimmungsberichte über die Bevölkerung in der DDR, mit hetzerischem Inhalt; darüber hinaus haben die Angeschuldigten zu 1) und 2) im Mai 1952 geplant, mit Sprengstoff und unter Anwendung von chemischen Säuren die Planerfüllung an ihren Arbeitsplätzen zu sabotieren.

Verbrechen nach Art. 6 der Verfassung, in Verbindung mit Abschn. II Art. III A III der Kontr.-Dir. 38 [...]

Als ich aus der Kriegsgefangenschaft kam, war ich beim Baustab 101/102, der unterstand den sowjetischen Streitkräften. Wir waren kompaniemäßig organisiert, hatten uns freiwillig verpflichtet, alles Leute, die keinen Anhang hatten (ich hatte keinen Vater, keine Mutter, die sind damals mit der Wilhelm Gustloff untergegangen, auch meine erste Frau mit dem Sohn, der hieß Peter). Wir haben bei Kietz-Küstrin die Brücke gebaut mit den geheimen Sprengkammern. Und die Belastbarkeit haben sie dann erprobt – nicht mit Waggons, sondern mit Panzern. Sie sind mit Panzern rübergefahren. Dann in Rüdersdorf – ich war als Schlosser tätig, wurde als Meister eingesetzt – hab' ich mich gefragt, aus welchem Grund hast du jetzt diesen Bunker gebaut. Da waren sogar Laufgräben, Schützengräben, MG-Stellungen und so weiter und so fort. Und das hat mir zu denken gegeben. Und da bemühte ich mich, irgendwie zu erfahren, warum und weshalb und ob hier Krieg vorbereitet wird. Das war 1948. Denn ich wollte den Schwur, den ich mit anderen Kameraden in Kriegsgefangenschaft geschworen hatte, keine Waffe mehr anzufassen, halten. Das hab' ich bis heute getan. Ich war gegen den Krieg. Ich hab' das Elend gesehen in der Gefangenschaft, wo aus einem Lager von 10 000 am Schluß noch zwei übrig waren. Wir haben doch

*Schicksalsschläge genug gehabt, und jede Mutter
hat genug aufzupassen.*

Nachdem ich von der MAS Golzow die Kündi-
gung gekriegt hatte, wegen politischer Unzuver-
lässigkeit, bin ich nach Hennigsdorf gegangen ins
Stahlwerk. Hat mir auch alles gefallen: Die Kame-
radschaft war gut, die ganze betriebliche Atmosphäre war gut. Ich war Reparaturschlosser an den
Siemens-Martin-Öfen. So was Primitives hatte die
Welt noch nicht gesehen. Ich hab' mir aber gesagt,
na ja, Aufbau ist Aufbau. Und dann hat der Russe
uns eine Walzstraße geschenkt. Aber umsonst
schenkt der nie was. Dann sagte mir ein Schmelzer,
hier schmelzen wir besonderen Stahl. Und ich interessierte mich dafür, was das wohl für Stahl sei. (Da
wurde auch Stahl gegossen für die Walzstraße, die
uns der Russe angeblich geschenkt hatte.) Und es
stellte sich raus, daß dort Stahl für Panzer gewalzt
wurde. Ich war ja nicht direkt gegen den Kommunismus (was wir hier hatten, war ja kein Kommunismus; Kommunismus sagt ja ganz was anderes aus),
sondern ich war gegen den Wiederaufbau einer
Militärmacht. Ich hab' mir gesagt, wo kann ich, was
kann ich und wie kann ich... Daß ich eines Tages
dafür büßen muß, das war mir auch klar, bloß daß
es so lange dauern würde... Was ich wirklich gemacht habe? Ich hab' Flugblätter verteilt, wo drauf-
stand Von Moskau bezahlt oder so. Und ich hab' ein
Stück von dem Stahl weggebracht nach Westberlin.*

Friedrich Gronau

---

* MAS: Maschinen-Ausleih-Station

Ich mußte es halt mitmachen.
Es war Gesetz.

Brigitte Grahl, geb. 1950, war von 1976 bis 1990 Richterin bzw. stellv. Direktorin an einem Kreisgericht, ist jetzt juristische Beraterin im Arbeitslosenverband

Ich hab' nichts mehr zu verbergen. Ich hab' eigentlich nie was verborgen. Und jetzt erst recht nicht. Das habe ich mir geschworen: Ich sage, was ich denke, egal, ob ich auf die Nase falle oder nicht, das ist mir dann auch Wurst, aber das mache ich nie wieder, zu denken: So ein Scheiß – aber nach außen hin... Auch auf die Gefahr hin, nicht wieder Richter zu werden.

Ich wäre gern weiter Richter... Aber wahrscheinlich ist es besser so. Vielleicht würde ich's gar nicht mehr können. Im Moment hätte ich die Motivation nicht. Fachlich würde ich es bringen. Ich hab' ja ein ganz Teil Konsultationen mitgemacht. Die im Westen verhandeln auch ähnlich und haben auch ähnliche Probleme wie wir, haben auch ihre Bürger, die sich beschweren, wenn sie verloren haben. So ist das Leben. Und dafür mußt du als Richter den Kopf hinhalten und die Verantwortung übernehmen, und das hab' ich eigentlich immer gemacht, auch bei den politischen Strafsachen... Heute würde ich sagen: Die habe ich überhaupt nicht leiden können. Was soll ich dazu sagen? Ich habe sie gemacht. Und ich wüßte heute auch nicht die Frage zu beantworten, was wäre passiert, wenn ich sie abgelehnt hätte. Aber so weit bin ich nicht gegangen.

Ich habe lieber Familien- und Zivilrecht verhandelt. Und wenn Strafrecht, dann auch nicht in der Ia-Kammer, sondern Verkehrsstrafsachen. Ich hab' zwar kurioserweise keine Fahrerlaubnis, aber die StVO [Straßenverkehrsordnung, G.F.], die hab' ich auch so gebracht. Im Zivil- und Familienrecht war ich mein eigener Herr. Wenn man so will, war ich mein eigenes Ermittlungsorgan. Da habe ich den Leuten die Fragen so gestellt, wie ich meinte, ... daß wir am besten den Sachverhalt klären können, damit man eingrenzen kann und eine Entscheidung daraus machen. Und das hat mich beim Strafrecht so genervt, daß du da so in dieser Richtung drin warst, und ich bin – das wissen auch meine Direktoren – kein Strafrichter, der dort vorn mit ernstem Blick sitzt, sondern einer, der versucht, mit den Leuten ins Gespräch zu kommen. Strafrecht ist ein völlig anderes Verhandeln – du hast deine Akte, bist von dem abhängig, was die Ermittlungsorgane rausgekriegt haben und was der Staatsanwalt in seiner Anklage hat. Insoweit ist ja dein Rahmen eingegrenzt. Und was machst du nun draus, oder auch nicht. Und dann bist du weiter abhängig – du hast eine Protokollantin, und innerhalb von drei Tagen mußt du das Urteil geschrieben haben. Manchmal hapert es an solchen einfachen technischen Sachen. Strafrecht hat mir insgesamt keinen Spaß gemacht. Spaß nun nicht, daß ich meine Freude daran gehabt hätte, Leute zu verurteilen, sondern von der Tätigkeit her, sich damit auseinanderzusetzen, warum, wieso, und das nicht mit den Scheuklappen vorneweg. Im Strafrecht hast du doch eine andere Distanz zu den Bürgern, du verhandelst distanzierter, Fristen hattest du auch noch, ansonsten mußtest du eine Begründung schreiben, warum du das in vier Wochen nicht gepackt hattest. Also es gab vielerlei Schranken im Strafrecht, die mir einfach nicht gepaßt haben.

Trotzdem waren für mich auch der § 213 und der § 214 Gesetz, und die Möglichkeiten, die das Grundgesetz jetzt bietet, daß ein Richter, wenn er meint, daß eine rechtliche Regelung nicht verfassungsgemäß ist, die Prüfung auf Verfassungsmäßigkeit beantragen kann, die gab es nicht. Es war Gesetz. – Ich mußte es halt mitmachen. Mit dieser Haltung zum Strafrecht an sich. Die 213er – ungesetzlicher Grenzübertritt – waren insoweit auch keine besonderen Verfahren, die waren ja nicht generell nur vom MfS ermittelt, sondern auch mal von der VP-Inspektion. Und die Unterscheidung – warum nun plötzlich vom MfS ermittelt und nicht »nur« von der VP-Inspektion oder von der Abteilung K im Stadtbezirk –, diese Unterscheidung war schwer einsichtig. Die kriegtest du als Richter eigentlich gar nicht mit.

Stadtgericht Berlin   Berlin, den 15. 8. 1985
Littenstraße 12–15
1026 Berlin
Direktor

Genossin
Brigitte Grahl
Stellv. Direktor
Stadtbezirksgericht Lichtenberg

Werte Genossin Grahl!
Unter Aufhebung Ihrer Ernennung zum Stellvertreter des Direktors des Stadtbezirksgerichts Berlin-Lichtenberg mit dem Ablauf des 31. August 1985

ernenne ich Sie hierdurch gemäß § 34 Abs. 2 des Gerichtsverfassungsgesetzes vom 27. 9. 1974 mit Wirkung zum 1. September 1985 zum

Stellvertreter des Direktors
des Stadtbezirksgerichts Berlin-Hohenschönhausen.

Ich beglückwünsche Sie zu dieser Ernennung, mit der Ihre vorbildlichen Leistungen im Dienste der sozialistischen Rechtspflege gewürdigt werden, und danke Ihnen zugleich für Ihre gewissenhafte Pflicht-erfüllung am Stadtbezirksgericht Lichtenberg.
Ich erwarte von Ihnen, daß Sie verantwortungs-bewußt und ideenreich in enger Zusammenarbeit mit dem Direktor und den Mitarbeitern mithelfen, die sich aus den Beschlüssen unserer Partei- und Staatsführung ableitenden Aufgaben des Stadtbe-zirksgerichts beispielhaft zu lösen.
Bei der Erfüllung Ihres Klassenauftrages wünsche ich Ihnen viel Erfolg und Schaffenskraft sowie ge-sundheitliches Wohlergehen.

Mit sozialistischem Gruß
(Unterschrift)
Dr. Hugot

In meiner Zeit als stellvertretender Direktor konnte ich von meinem Direktor nach Geschäftsverteilungsplan zu politischen Strafsachen eingesetzt werden. Zum Glück nicht durchgängig, sondern nur in Ausnahmefällen. Wenn der Richter, der dafür zuständig war, das nicht schaffen konnte, weil zuviel Arbeit war.

Ja, wie habe ich diese Sache gesehn... Wenn einer zum Beispiel mit einer Wäscheleine und einem Flei-scherhaken dran losgelaufen ist, um das an der Mauer festzumachen... den hab' ich gar nicht für voll genommen. Ich selbst wäre nie auf die Idee gekommen, unter Einsatz meines eigenen Lebens loszulaufen und über diesen häßlich beleuchteten Streifen zu rennen, das hielt ich für idiotisch. Ich hab's also verurteilt, einfach aus dieser Naivität heraus: Das ist Gesetz, das darf man nicht, man kann nicht ohne Genehmigung diese Grenze wie auch alle anderen Grenzen überschreiten. (Ich hab' kurioserweise auch mal jemand verurteilt, weil er die Grenze nach Polen durchschwommen hatte.) Eine besondere politische Funktion habe ich beim § 213 nicht gesehen. Ich habe mir gesagt: Ein legaler Antrag war möglich. Vielleicht völlig naiv, weil das ja für mich nie in den Bereich des Machbaren kam. Welche Repressalien sich aus einem solchen Antrag ergaben, war ja erst im Laufe der Zeit erkennbar. Eigentlich erst nach 1983/84, als die Ausreiseanträge insgesamt in der Gesellschaft eine sichtbare Rolle zu spielen begannen.

[G.F.: Der Richter war ja auch ein ganz normaler Bürger, und als ganz normaler Bürger hatte man doch das Gefühl: Verdammt noch mal, wir werden hier festgehalten. Eigentlich steht uns zu, daß wir die Grenze passieren dürfen. Aber wir dürfen es nicht.]

Ja, sicher. Aber für mich galt eigentlich nur das Unerlaubte. Ich habe mir gesagt, man muß dann eben den Antrag stellen, dorthin verreisen zu dürfen. Als Richter kam das für mich ohnehin nicht in Frage, da hätte ich nicht weiter drüber nachzudenken brauchen, ob ich noch weiter Richter sein will, dann hätte ich schon die Konsequenzen ziehen müssen: Entweder ich mache meinen Beruf, den ich ja durchaus geliebt habe, oder ich mache ihn nicht mehr und versuche mal, meine in den Kaderakten nicht vorhandene Tante Erna zu besuchen, die dann wie bei so manchen hätte im nachhinein aus der Versenkung auftauchen können.

Das war für mich schon interessant, wer dann plötzlich alles Verwandte hatte, von denen vorher nie die Rede war, das war schon drollig und hat mich auch gewurmt.

Nun bin ich eine Generation, die nie da *drüben* war, ich hab' mich zwar geärgert, daß da drei Kilometer weiter auch noch was ist, nicht nur ein weißer Fleck auf der Landkarte, aber ich dachte eben, bevor du sechzig bist, kommst du da nicht hin. Und da hätte ich eben noch 20 Jahre gebraucht. So richtig deutlich ist mir das alles erst geworden, nachdem Reinhard, mein geschiedener Mann, das erste Mal in Frankreich war. Uns ist ja immer eingehämmert worden, wir sind alle in Salzgitter registriert, und sowie du die Grenze überschreitest, hat schon der Verfassungsschutz die Hand auf deiner Schulter. Und als dann Kollegen von mir, Rechtsanwälte, drüben waren, und man fragte: Hat sich denn irgend jemand um euch gekümmert? Da sagten die: Die Geheimnisse, die du weißt, die stehen auch in der Zeitung. Warum sollst du also nicht dorthin.

Ich hätte nicht mal gewußt, welche Geheimnisse ich hätte ausplaudern sollen aus meinem Richterdasein. Und nachdem Reinhard in Frankreich war, dachte ich dann auch: So'n Scheiß, da möchtest du auch mal hin. Nach Paris. Und deshalb hatte ich auch nach Öffnung der Mauer nicht die Berührungsängste, die viele meiner Kollegen hatten. Die haben mich dann auch, als ich zwei Tage nach Öffnung der Mauer ohne Genehmigung meines Direktors drüben war (ohne daß mir einer die Hand auf die Schulter legte) und freimütig am Montag erzählte, daß ich gewesen bin, gefragt: Du hast dich getraut?

Na ja, hab' ich gesagt, es dürfen alle DDR-Bürger, und ich bin *alle DDR Bürger* – das erste Mal, war schön. Aber dann begannen auch schon die Diskussionen, wer denn nun gewesen sei ohne Genehmigung, denn man hatte doch unterschrieben. Und da dachte ich: Sind die denn alle blöde. Und ich habe dann im Kollegenkreis gesagt: Zum ersten Mal habe ich für mich entschieden und keinen gefragt und habe mir dabei nichts gedacht. Aber man hat sich darüber nur im unmittelbaren Kollegenkreis unterhalten. Es hat mich zwar auch einer der Höheren am Mittagstisch gefragt: Was, du bist auch schon gewesen? Aber einen Tag später kam ein Telegramm vom Ministerium, daß wir auch dürfen.

URKUNDE

Die Stadtverordnetenversammlung von Berlin
hat in der Tagung vom 29. 6. 1989
auf Vorschlag des Ministeriums der Justiz

Frau Brigitte Grahl

als Richter gewählt.

Aus diesem Anlaß wird diese Urkunde ausgestellt.
Berlin, den 29. 6. 1989

Erhard Krack
Vorsitzender des Rates

In den letzten Jahren bin ich meiner Verpflichtung ausgewichen, für die ich unterschrieben hatte: keine Kontakte. Ich hab' sie eben nicht gemeldet. Hört sich heute blöd an. In früheren Jahren sind Leute wegen solcher Sachen aus dem Beruf rausgeflogen. Aber die Frage war für mich nicht so vordergründig. Ich war Richter und war insoweit auch von meinem Vater Staat... *abhängig* ist nicht das richtige Wort, aber ich war da eingebunden. Daß du dich selber damit natürlich immer mehr mit einbindest, das habe ich erst im Laufe der Zeit begriffen, so ganz bewußt. Unterschwellig, ja. Aber ich hätte nicht meinen Beruf aufgeben wollen, auch nicht für Frankreich, wo ich auf Reinhard neidisch war.

Jetzt habe ich mit dem Gedanken, weiter Richter zu sein, schon abgeschlossen. Ich habe meinen Fragebogen ausgefüllt und weiß ja unterdessen auch, wie die Wessis da rangehen – wenn du fünfzehn Jahre Richter gewesen bist, da muß doch irgendwas gewesen sein. Vielleicht warst du doch... Ich war nie in der Stasi, ich bin auch nie angeworben worden, habe also auch nie nein sagen müssen, ob mir das nun heute einer glaubt oder nicht, das ist mir auch Wurst.

Nicht einmal in meinen Verfahren habe ich mit denen Kontakt gehabt. Jedenfalls habe ich keine Versuche *interessierter Stellen* erlebt, auf den Ausgang Einfluß zu nehmen, sei es durch einen Anruf bei mir selbst oder bei meinem Direktor. Aber es gab solche Versuche. Das ist mir von Kollegen bekannt. Ich hatte es konkret ein einziges Mal in einem Verfahren, das war aber ein Familienverfahren, wo es Anrufe des ZK gab und ein Abteilungsleiter des ZK meinte, das Verfahren müsse bis dann und dann und so und so zum Abschluß gebracht werden. War ein Scheidungsverfahren. Letztendlich habe ich die Scheidung ausgesprochen, aber nicht, weil die angerufen haben, sondern weil unter anderem ein übereinstimmender Antrag vorlag. Aber ich habe dieses Verfahren deshalb nicht anders behandelt als jedes andere Verfahren. Und da gab's auch kein Nachspiel. Ich habe da also keine negativen Erfahrungen machen müssen. Es gab zwar Richtlinien des Obersten Gerichts zu den Straftaten des 8. Kapitels*, wo unter anderem auch ein gewisser Strafrahmen für bestimmte Sachen genannt wurde. Aber daß bei mir direkt einer gesagt hätte: Bei der Sache so und so, das habe ich nicht erlebt. Und insoweit hab' ich mich auch unabhängig gefühlt. Und ob ein Angeklagter von seinen Anwälten instruiert oder vom Untersuchungsorgan unter Druck gesetzt worden war, war für mich nicht ersichtlich. Vielleicht war ich auch da naiv – wahrscheinlich. Aber ich habe die Leute immer dazu befragt, und ich habe auch keinen beschimpft oder bin ausfallend geworden.

Der Staatsanwalt war ja weisungsgebunden. Der Richter nicht. Das war der kleine, feine Unterschied, worauf ich immer stolz war. Und aus diesem Grunde wollte ich auch kein Staatsanwalt werden, weil ich dann etwas hätte vertreten müssen, was ich vielleicht nicht hätte mittragen können.

Da ich Richter werden wollte, war es für mich überhaupt kein Problem, 1971 in die Partei zu gehen, auch aus meiner Einstellung heraus, und in gewissem Maße, von der Idee her, habe ich die Einstellung heute noch. Daß damit nun so Schindluder getrieben wurde... Ich war Richter seit 1976 und war es immer aus Passion, bis zuletzt, und bin es auch höchst ungern am 3. Oktober nicht mehr gewesen. Weil ich mir wirklich eingebildet habe, daß ich manchem geholfen habe zu klären...

Ich bin eigentlich nach wie vor davon überzeugt, daß ich meine Arbeit gut gemacht habe, insgesamt. Daß man manches anders hätte machen können, vielleicht müs-

---

* Strafgesetzbuch der DDR: Straftaten gegen die staatliche Ordnung

sen... Aber ich könnte jetzt keinen Einzelfall sagen. Auf jeden Fall habe ich keine Verfahren so gemacht, daß ich irgendwie Recht gebeugt hätte. Oder Leute nicht ernstgenommen. Aber ich bin natürlich nie aus dem Verfahren heraus zu Freispruch gekommen, jedenfalls in den politischen Verfahren. Es gibt ja Kollegen, die jetzt sich und andere verrückt machen: »Kannst du dich entsinnen, da habe ich doch mal einen freigesprochen.« Sich auf die Weise von seiner Verantwortung reinwaschen zu wollen, das ist...

Senatsverwaltung für Justiz Berlin   25. März 1991
Salzburger Straße 21–25
D-1000 Berlin 62

Sehr geehrte Frau Grahl,
aus dem Hinweis über die Pflicht zur Verfassungstreue ist Ihnen bekannt, daß Bewerber um Weiterverwendung im Probedienstverhältnis nach ihrer Persönlichkeit und ihrer bisherigen Tätigkeit in der Rechtspflege die Gewähr dafür bieten müssen, daß sie ihr Amt im Geist der Verfassung ausüben werden. Hieran bestehen aufgrund Ihrer bisherigen Tätigkeit erhebliche Zweifel. Sie hatten [...] als stellvertretende Direktorin des Stadtbezirksgerichts Berlin-Lichtenberg bzw. als stellvertretende Direktorin des Stadtbezirksgerichts Berlin-Hohenschönhausen eine herausgehobene Stellung in der Justiz der ehemaligen DDR eingenommen. Ferner waren Sie beim Stadtbezirksgericht Berlin-Lichtenberg – nach hiesiger Erkenntnis – schwerpunktmäßig mit der Bearbeitung von Straftaten gegen die staatliche und öffentliche Ordnung befaßt. Damit waren Sie

auch auf dem Gebiet des politischen Strafrechts [...] tätig. Auch auf diese Weise haben Sie das Regime in der ehemaligen DDR unterstützt.

Sie erhalten Gelegenheit zur Äußerung bis zum 10. April 1991. Sofern Sie es wünschen, können Sie Ihren Bewerbungsvorgang jeweils Montag bis Freitag in der Zeit von 10.00 bis 13.00 Uhr in der hiesigen Registratur (Zimmer 252) einsehen.

Hochachtungsvoll
Im Auftrag
(Unterschrift)
Ritter

Ich hatte mich ja auf die Aktenlage schon eingestellt, aber es gab eine ganze Reihe von Kollegen, die es sehr getroffen hat, weil sie nicht damit gerechnet haben, denn sie konnten sagen: Ich habe nie strafverhandelt.

Daß es bei den Strafrichtern mehr Zweifel geben kann, wußten alle. Das trifft übrigens alle stellvertretenden Direktoren. (Es gibt aber auch welche, die gar kein Strafrecht verhandelt haben.) Die haben zwar 1460 Mark als Anfangsgehalt bekommen, aber so herausragend war die Stelle nun auch wieder nicht, von der Bezahlung jedenfalls nicht, und Privilegien hatten wir überhaupt nicht, und Treueprämie hat man auch erst nach zehn Jahren gekriegt. Was da nun so fürchterlich herausragend gewesen sein soll... Letztlich hat jeder, der im Staatsapparat tätig war, durch seine Tätigkeit das Regime auch unterstützt, zumindest gestützt. Insofern ist es ja nicht richtig, wenn gesagt wird: Prüfung im Einzelfall.

Geäußert habe ich mich zu dem Schreiben nicht. Das ist mir zu blöd. Ich könnte noch ein paar Spitzen rüberwerfen... Aber für mich ist das Kapitel abgeschlossen. Ich ziehe aber meine Bewerbung auch nicht zurück. Insoweit betrachte ich dieses Schreiben noch lange nicht als Ablehnung, weiß nur aus der Bewerbungsakte, daß da irgendeine unleserliche Unterschrift alles zusammengefaßt hat, was ich im Fragebogen geschrieben habe. Nun weiß ich nicht, wenn ich das alles nicht reingeschrieben hätte, ob sie mir noch was anderes angelastet hätten. Ich habe ja meinen beruflichen Werdegang mit aller Offenheit geschildert. Aber damit muß ich leben, und damit kann ich inzwischen auch leben.

In dem erwähnten »Bewerbungsvorgang«, den ich einsehen durfte, hab' ich einen von mir unterschriebenen Haftbefehl gefunden von 1982. Als Haftgrund war deklariert: »Vorbereitung zum ungesetzlichen Grenzübertritt«.

Und zwar wollte er das machen mit einem Flugapparat, den er gebaut hatte aus Aluminium-Zeltstäben und mit irgendwelchen Bespannungen, aber überhaupt nicht fachmännisch, so daß die Gutachter des MfS gesagt haben, damit hätte er sich höchstens sechs Meter fortbewegt und auch nur in zehn Zentimetern Höhe, wenn überhaupt.

Es war letztendlich fast ein Versuch am untauglichen Objekt. Das weiß ich natürlich erst aus der Akte; zum Zeitpunkt des Haftbefehls wußte ich das noch nicht. Eine recht kuriose Sache, aber der hatte tatsächlich die Absicht, von einem Hochhaus in der Leipziger Straße Richtung *Springer* zu segeln. Es wäre also wahrscheinlich ganz unglücklich ausgegangen. Aber er ist im Vorfeld offenbar denunziert worden. Das war aus der Akte nicht ersichtlich. Jedenfalls haben sie im Keller das Fluggerät gefunden. Diesen Haftbefehl hatte ich im Bewerbungsfragebogen zur Übernahme nicht erwähnt, und sie hatten ihn dann dort vorliegen.

Und dann gibt es noch die Eingabe des Bürgers, der gesagt hat: Die ist vom *Honeckerbüro** eingesetzt worden und gilt als besonders vorauseilend und gehorsam. Und das paßt alles so schön, ohne daß man sich das betreffende Verfahren überhaupt mal angekuckt hat. Das war die Vermögensauseinandersetzung eines früheren Offiziers der NVA, der irgendwie gescheitert ist, nicht aus politischen Gründen. Und da haben wir gesagt, was haut der so auf die Senkel. Wir haben eine Berufung von ihm abgewiesen. Mit dem erstinstanzlichen Verfahren hatte ich überhaupt nichts zu tun. Im Familien- und Zivilverfahren ist es eben oft so, daß einer gewinnt und einer verliert. Und der Offizier hatte nun verloren und schob das auf das *Honeckerbüro,* das zu dem Zeitpunkt schon gar nicht mehr existierte (das Verfahren war ja im April 1990). Und es ärgert mich, weil ohne zu hinterfragen und ohne Kommentar übernommen wurde, daß der Offizier schreibt, man solle bei der Überprüfung der Richter besonders auf die Grahl achten. Das macht mich schon an irgendeiner Stelle traurig und wütend.

Trotzdem: Schon als ich den Fragebogen ausgefüllt habe, habe ich – mit deren Denkweise – gesagt: Ich würde mich auch nicht nehmen. Und seither geht's mir besser. Schwer zu erklären oder vielleicht auch gar nicht, aber inzwischen bin ich so weit, daß ich dort gar nicht mehr würde arbeiten wollen.

(aufgezeichnet am 10. April 1991)

---

* Honeckerbüro: Umschreibung für die Eingabenstelle beim Staatsrat der DDR

Kontrapunkt 3
Teil 2

Ermittlungsergebnis

Der Angeschuldigte Gronau kommt aus dem Arbeiterstand und hat 8 Jahre Volksschulbildung. Von 1934 bis 1937 erlernte er das Maschinenschlosserhandwerk und dann bis Oktober 1939 den Kochberuf. Im Oktober 1939 wurde er zur faschistischen Wehrmacht eingesetzt. Im Januar 1945 geriet er bei Stalingrad in Gefangenschaft. Nach seiner Rückkehr aus der Gefangenschaft im November 1945 nach Danzig wurde er im März 1946 nach Templin umgesiedelt. Anfänglich arbeitete er bei einem sowjetischen Baustab, dann auf der MAS in Golzow und seit November 1948 im SWH »Wilhelm Florin«.

Politisch war er vor 1945 nicht organisiert. Von 1947 bis 1949 gehörte er der SED an, aus der er austrat, weil er mit den Zielen nicht einverstanden war. [...]

Sämtliche Angeschuldigten sind Mitglieder bzw. Agenten der berüchtigten Spionageorganisation »Kampfgruppe gegen Unmenschlichkeit«. Es ist durch viele Prozesse erwiesen, daß das Ziel dieser Organisation darin besteht, mit Hilfe von angeworbenen Agenten, volksfeindlichen Elementen und Vaterlandsverrätern im Staatsapparat, in Industrie und Wirtschaft, in politische Parteien und Organisationen der Deutschen Demokratischen Republik einzudringen und Spionage zu betreiben und durch Versand von kriegshetzerischen und räuberischen Schriften auf die in Wirtschaft und Verwaltung tätigen Menschen zersetzend einzuwirken und sie zu aktiven feindlichen Handlungen zu bewegen. [...]

Die Ergebnisse der wirtschaftlichen und militärischen Spionage werden dem amerikanischen Geheimdienst übermittelt und dienen dem amerikanischen Imperialismus zur Vorbereitung eines neuen Weltkrieges. [...]

Die Sache mit der SED-Mitgliedschaft ist eine reine Erfindung. Bei allen drei Angeklagten, das weiß ich auch von den anderen hundertprozentig. Beim Baustab 101, da gab es keine Parteizugehörigkeit, wir gehörten als Arbeitsbataillon zu den sowjetischen Streitkräften. Selbst in der Gewerkschaft war ich ja nur ein Vierteljahr. Als sie anfingen, den Arbeitern die Stunden zu streichen, hab' ich gesagt, hier habt ihr mein Buch.

Warum bin ich denn rebellisch geworden im Gerichtssaal? Weil man mir die Sache mit dem Sprengstoff unterschieben wollte. Weil es eine Lüge war mit der Sabotage. Ich mußte nach vorn kommen zum Richter, der gab mir einen Zettel mit einem Text und meiner Unterschrift, und ich mußte den Text vorlesen. Und da stand dann drauf, daß ich die Sache mit dem Sprengstoff machen wollte. Und ich hab' gesagt, das ist zwar meine Unterschrift, aber so was hab' ich nicht gesagt, das stimmt nicht, es entspricht nicht der Wahrheit. (Ich weiß nicht, was ich alles unterschrieben habe. Ich weiß bloß, nach der Vernehmung, die ging ja oft die Nacht durch, da bin ich schon beim Essen eingeschlafen, da sind mir die Augen zugefallen. Ich weiß noch, daß immer alles schon vorgeschrieben war, mit Schreibmaschine...). Und ich hab' dann wiederholt, daß es nicht einmal einen Gedanken an Sprengstoff gegeben hat. Gesprochen wurde von Stahl. Ich wurde dann unterbrochen, ich sollte schweigen, und da hab' ich gesagt, wenn das die Gerechtigkeit sein soll, dann werd' ich mein Leben lang gegen den Kommunismus kämpfen. Für diesen Satz bekam ich drei Jahre mehr. Fünfzehn statt zwölf. Zu meiner Tat habe ich gestanden. Und ich gehe davon auch nicht ab. Aber ich gehe auch davon nicht ab, daß da irgendwas inszeniert werden sollte, und dazu wurde ein Mensch gesucht, und das sollte ich sein. Mein Vernehmer hatte mir sogar mit der Todesstrafe gedroht. Todesstrafe ist klar, hat er gesagt. (Einmal hatte ich acht oder neun Stunden Vernehmung mit einem, der die ganze Zeit, also acht bis neun Stunden, dasaß mit der Hand vorm Gesicht, daß die Augen nur zwischen den Fingern rausgeguckt haben. Hinterher hat mir dann mein Vernehmer gesagt: Das war der größte Vernehmer, den wir in Berlin haben: Herr Mielke. Ich kannte ihn nicht. Damals war Zaisser wohl Minister für Staatssicherheit.)

Was konnte man mir denn überhaupt vorwerfen? Die Wahrheit: Ich wußte dies, und ich wußte das, und daß Vorbereitungen zum Kriege getroffen wurden, das wußte ich, und da mußte ich ausgeschaltet werden. Ich war zu bekannt im Stahlwerk. Die wollten ja damals schon streiken, 1951. Da hätten die mich bestimmt zum Tode verurteilt, wenn ich an der Spitze der Kolonne angekommen wäre. Der eine hatte ja schon gesagt: Fritze, steig da rauf, red' zu uns. Es war ja nicht, daß sie nicht arbeiten wollten.

Die haben ja gearbeitet. Aber die fühlten sich be-
drückt, die fühlten sich verraten und verkauft. Und
überall die Roten Ecken. Die Freiheit, oder die so-
zialistische Freiheit – alles pure Lüge. Und ich hab'
mir gesagt, irgendwas mußt du machen, irgendwas
muß passieren, damit es nicht so weitergeht.

Friedrich Gronau

Unter den gleichen Umständen könnte ich mich heute kaum anders verhalten

Horst Willamowski, geb. 1933, war von 1956 bis 1963 Richter an einem Kreisgericht, 1963/64 Richter am Bezirksgericht, von 1964 bis 1990 wissenschaftlicher Mitarbeiter/Sektorenleiter im Ministerium für Justiz der DDR, ist jetzt Altersübergangsgeld-Empfänger (zugelassen als Rechtsanwalt beim Landgericht Berlin)

Ich stamme aus Ostpreußen, wo meine Eltern einen Bauernhof bewirtschafteten. Im Zuge der Umsiedlung gelangte ich im November 1945 nach Mecklenburg.

In der Oberschule in Grevesmühlen, an der ich auch 1952 mein Abitur gemacht habe, hatte ich zunächst drei Hauptrichtungen für mein zukünftiges Studium in Betracht gezogen. Das waren Medizin, Wirtschaftswissenschaft und Rechtswissenschaft. Bei den Überlegungen – was sollst du aus deinem Leben machen, habe ich mich bemüht, einen Beruf zu finden, der einmal meiner Begabung entsprach (so wie ich mich selbst einschätzte und wie ich wußte, daß mich meine Lehrer einschätzten) und mit dem ich dem Menschen, dem einzelnen Menschen oder auch dem Menschen in Gestalt der Gesellschaft nutzen und dienen wollte.

Man hatte natürlich als Schüler keine so konkreten Vorstellungen. Und da gab dann den Ausschlag ein Gespräch in der Schulpause mit meinem Lateinlehrer, den ich sehr schätzte, weil er ein väterlicher Lehrer war und ein Freund zugleich der Schüler. Der ging auf mich zu, legte den Arm um meine Schulter und sagte: Mein lieber Willamowski, Sie müssen Rechtsanwalt werden. Mit dem Begriff *Rechtsanwalt* meinte er aber wohl in erster Linie, ich müsse Rechtswissenschaft studieren. »Das können Sie, dafür sind Sie geeignet.« Ich war damals eine gewisse Zeit FDJ-Vorsitzender an der Schule, da mußte man ja oft vor der schulischen Öffentlichkeit auftreten, argumentieren, sprechen, und das hatte wohl Eindruck auf ihn gemacht. Er gab mir also diesen väterlichen Rat, und das war für mich ganz entscheidend.

Zu Beginn meines juristischen Studiums wollte ich an sich nicht Richter werden, sondern Wirtschaftsjurist. Erst in der letzten Phase des Studiums, als die Berufslenkung einsetzte, wurde mir von einem Vertreter des Ministeriums der Justiz der Vorschlag gemacht, doch Richter zu werden. Und ich habe mich damals sozusagen umorientieren lassen. Dieser Vorschlag erschien mir als ein Vertrauensbeweis: Ich war damals parteilos (und blieb es auch eine ganze Reihe von Jahren noch, weil mir z.B. die offizielle DDR-Politik in der Frage der deutschen Ostgebiete große Probleme bereitete), und mir war ja bekannt, daß man sich mit dem Vorschlag, Richter zu werden, vor allem an Parteimitglieder wandte. Aber ich sah darin auch eine Anerkennung meiner guten fachlichen, juristischen Leistungen und natürlich eine große Herausforderung an mich selbst, die Möglichkeit zu einer ganz besonderen Bewährung, denn der Richter muß ja die Entscheidung treffen. Auf ihn kommt es in ganz besonderer Weise an. Er hat das Urteil zu finden und zu begründen.

Ich wollte ein guter Jurist werden und sein, und ich bin auch angetreten, in meinem juristischen Beruf der *Wahrheit* zu dienen (ich muß hier dieses große Wort verwenden), für Gerechtigkeit einzutreten und die Gesetze durchsetzen zu helfen. Und alle diese Dinge – glaubte ich – könnte ich in diesem Richterberuf gut angehen und auch verwirklichen. Es trafen sich hier also sozusagen persönliche Überlegungen und gesellschaftliches Anliegen, für das ich mich durchaus mit aller Kraft als junger Jurist einsetzen wollte.

Ich sah im Richterberuf also die beste Möglichkeit des Wirkens als Jurist; wenn man so will, eine Krone des juristischen Berufs. Dabei bin ich natürlich davon ausgegangen, daß der Richter unabhängig entscheiden kann, daß er allein dem Gesetz verpflichtet ist, daß er seinem Gewissen folgen kann. Die Wirklichkeit später hat dann gezeigt, daß das in dieser reinen Form leider nicht immer möglich war. Ich hatte in der Berufslenkung den Wunsch geäußert, in Berlin oder in der Nähe von Berlin arbeiten zu können, wenn ich denn als Richter arbeiten sollte. Das ist mir dann gewissermaßen auch genehmigt worden. Ich wurde in den Bezirk Potsdam vermittelt und war – nach einer kurzen Assistentenzeit – Richter am Kreisgericht in Zossen.

Wie an kleinen Kreisgerichten üblich, war ich auf allen Rechtsgebieten tätig, vornehmlich aber auf strafrechtlichem und familienrechtlichem Gebiet. Das Selbstverständnis, mit dem ich die ganze etwa achtjährige Richterzeit gearbeitet habe, war, die Wahrheit zu finden (das war manchmal nicht einfach), die Gesetze richtig anzuwenden und gerechte Urteile zu finden. Dies ist mir meines Erachtens im großen und ganzen auch gelungen.

Ich war ein bißchen verrufen für lange Verhandlungen, für relativ lange Urteile, habe viel über die Arbeitszeit hinaus gearbeitet. Das war einmal dem starken Arbeitsanfall geschuldet, aber auch diesem persönlichen Bestreben, es möglichst gut zu machen. Das trug mir den Vorwurf einer gewissen Weitschweifigkeit ein, manchmal auch, daß ich die politischen Schwerpunkte nicht richtig erkennen würde. Das waren aber Vorwürfe, die ich innerlich nicht oder meistens nicht anerkannt habe. Natürlich gab es Probleme mit dem Wunsch nach richterlicher Unabhängigkeit. Es ist mir – und daran erinnere ich mich mit Unbehagen, aber sehr deutlich – wiederholt kritisch gesagt worden, daß es zum Beispiel nicht begründet sei, vom Antrag des Staatsanwalts abzuweichen, wenn die Abweichung nicht sehr umfänglich ist. Ich glaubte, daß sich auch darin die Unabhängigkeit des Richters ausdrückt, seine eigene Verantwortung. Ich bin dann eben meiner Überzeugung gefolgt, und das hat mir in einer Reihe von Fällen den Vorwurf eingetragen, sogenannte *Rabatturteile* gesprochen zu haben.

Es kam auch vor, daß das Gericht unter meinem Vorsitz zu der Meinung gelangte, daß der Angeklagte nicht schuldig ist, und dieser dann konsequenterweise freigesprochen wurde. Ich kann mich da noch an einen ganz gravierenden Fall erinnern, wo ein Mann der vorsätzlichen Brandstiftung angeklagt war. Er hatte als Mitglied der freiwilligen Feuerwehr den Brand als erster gemeldet. Es ging um das Gebäude einer landwirtschaftlichen Genossenschaft, an dem ein großer Schaden entstanden war. Es gab eine sehr komplizierte Beweislage, und am Ende war ich mit meinen beiden Schöffen der Meinung, die Tat könne dem Angeklagten nicht mit der letzten

Sicherheit nachgewiesen werden, obwohl einiges dafür sprach, daß er der Täter gewesen war. Der Staatsanwalt hatte fünf Jahre Zuchthaus gefordert, und wir haben den Angeklagten freigesprochen. Dieser Freispruch verursachte Aufsehen, und der Staatsanwalt beschwerte sich wegen dieses Urteils bei der damaligen 1. Kreissekretärin der SED in Zossen. Und da ich dort wegen meiner angeblich eigenwilligen Urteile nicht im besten Ruf stand, war das sozusagen der Tropfen, der das Faß zum Überlaufen brachte. Man kam zu der Meinung, es müsse mir ein gewisser Denkzettel verpaßt werden. Und man hat mich in die Produktion geschickt, damit ich mich dort bewähren möge und lernen solle, wie die Arbeiter in der Produktion denken.

Meine richterliche Tätigkeit wurde unterbrochen; ich wurde zwar nicht aus der Justiz hinausgeworfen, war aber dann im Kreisbaubetrieb Zossen ein halbes Jahr als Hilfsarbeiter tätig. Unter anderem arbeitete ich auf einer Baustelle, wo ein Rinderoffenstall errichtet wurde. Ich hatte ein gutes Verhältnis zu den Arbeitern und gab mir Mühe, auch dort eine möglichst ordentliche Arbeit zu tun. Obwohl mir die Arbeiter manche schwere Arbeit abnahmen, holte ich mir einen Leistenbruch. Im Ergebnis dieses Arbeitseinsatzes hatte ich eine Art Niederschrift zu machen, in der ich meine Erkenntnisse aus diesem körperlichen Arbeitseinsatz für meine richterliche Tätigkeit niederlegen sollte. Natürlich mußte ich, was ich da schrieb, so abfassen, daß meine Vorgesetzten dann auch den Eindruck gewinnen, die Sache dort ist mit Nutzen abgelaufen, sonst hätte ich eventuell riskiert, noch einmal irgendwohin geschickt zu werden, oder was weiß ich, was man getan hätte.

Ich bin ganz gewiß nicht der einzige, dem es so ergangen ist*, weil er sich seinem eigenen Rechtsgefühl verpflichtet fühlte und auch entsprechend handelte und urteilte. Auch nach diesem Arbeitseinsatz habe ich mich, wenn ich das mal so pauschal bewerten möchte, in diesem Punkt nicht geändert. Dazu hat mir das Rechtsmittelurteil in dieser Brandsache den Rücken gestärkt, denn das Bezirksgericht Potsdam ist dem Protest des Staatsanwalts in dieser Sache nicht gefolgt, sondern hat ihn zurückgewiesen, und es blieb beim Freispruch. Das hat mir persönlich natürlich eine große Genugtuung verschafft, so daß ich mich auch später von meiner Linie nicht habe abbringen lassen.

Aus einer Beurteilung:
[...] In seiner fachlichen Arbeit ist er sehr gründlich, jedoch mitunter immer noch etwas weitschweifig. Als Ursache der Weitschweifigkeit bestehen nach Ansicht der BPO politische Unklarheiten, die sich auch darin zeigen, daß er die politischen Schwerpunkte nicht immer erkennt. [...]
Er ist Mitglied des FDGB, der DSF und der FDJ. In der letzteren Organisation ist er Mitglied der Kreisleitung und Sekretär der FDJ-Gruppe des Kreisgerichts, wo er eine gute Arbeit leistet.
In der Zeit vom 1. 9. 1959 bis 29. 2. 1960 befand er sich zu seiner Qualifizierung im körperlichen Einsatz im Kreisbaubetrieb Zossen in Rangsdorf. Er hat während dieser Zeit im Betrieb gute gesell-

---

* Horst Willamowski möchte hier darauf verweisen, daß anderen in solchen Situationen der Richterberuf verboten wurde; einige sogar ihre persönliche Freiheit verloren haben, z.B. sein Freund Udo Gemballa.

schaftliche Arbeit geleistet und hat es verstanden, rasch guten Kontakt zu den Produktionsarbeitern zu bekommen. Er hat zum Ausdruck gebracht, daß er durch den Einsatz gelernt hat, die Sorgen und Nöte der Arbeiter besser zu verstehen. [...]

Seit seiner Rückkehr aus dem körperlichen Einsatz hat sich gezeigt, daß seine Verbindung zum Kollektiv und die Zusammenarbeit mit der Staatsanwaltschaft besser geworden ist. [...]

Zossen, den 21. April 1960

(Unterschrift)   *(Unterschrift)*
Sekretär der BPO   Kreisgerichtsdirektor

Handschriftliche Randbemerkung auf der Beurteilung: Formulierung des W. und aller, die sie bearbeitet haben: scheint nicht klar zu sein, daß die Arbeiterklasse das Vorwärtstreibende ist. Diese progressiven Kräfte sollten W. helfen, unklare Vorstellungen zu überwinden. Über seinen Prod.-Einsatz ist eine ausführliche Stellungnahme zu geben. *(gezeichnet durch den Kaderleiter der damaligen Justizverwaltungsstelle Potsdam)*

Das offizielle Verständnis von der Justiz ging ja dahin, daß die Justiz mit ihrer Tätigkeit auf allen Rechtsgebieten einen Beitrag zu leisten hatte zur Gestaltung der sozialistischen Gesellschaft. Insbesondere sollten Gesellschaft, Staat und Bürger vor Angriffen geschützt werden. Es sollte beigetragen werden zur Entwicklung sozialistischer Beziehungen zwischen den Menschen, es sollten die Gesetze durchgesetzt werden, die ja alle darauf gerichtet waren, den Sozialismus, so wie er in den Beschlüssen von Partei und Regierung definiert worden war, zu errichten, und die Ausbildung und Erziehung der Juristen schon an der Universität gingen ja dahin, sie zu einem persönlichen Beitrag zu befähigen.

Durch das Studium und später in der Partei (mein Eintritt erfolgte einige Zeit nach dem Mauerbau) sowie durch die Beschäftigung mit den Ideen des Sozialismus kam ich zu der Überzeugung, daß es notwendig und richtig ist, als Jurist dazu beizutragen, aber auf eine ganz eigene gezielte und individuelle Weise. Ich habe also keinen Widerspruch gesehen – keinen Grundwiderspruch jedenfalls – zwischen meiner beruflichen Tätigkeit und dem – wenn man so will – politischen Auftrag.

Für mich lag das Problem eher in dem *Wie*. Da gab es an bestimmten Stellen Probleme und Konflikte, auch Zweifel. Aber das ist ja zu einem Gutteil auch normal, daß das menschliche Leben nicht immer glatt verläuft, daß es zu gewissen Bruchstellen kommt. Daß man Auseinandersetzungen aushalten und ausfechten muß, daß man sich Ziele stellt, sich aber immer wieder vergewissern muß, welchen Weg man geht. Sicher war der Staat, in dem ich tätig war, in einer ganz bestimmten Weise politisch definiert, aber ich habe mich für die meiner Meinung nach positiven Zielsetzungen dieses Staates und dieser Gesellschaft engagiert und habe mich, soweit mir das möglich war, gegen negative Tendenzen ausgesprochen.

Natürlich ist es so, daß sich der Richter seine Gesetze nicht machen kann. Das ist in der ganzen Welt so. Der Richter findet die Gesetze vor und muß sie anwenden. Dabei hat er einen gewissen Spielraum. Aber er kann, wenn der Angeklagte ein Gesetz verletzt hat, ihn nicht freisprechen. Er kann ihn milde verurteilen, wenn entsprechende Gründe zur Verfügung stehen, aber er kann sich über das Gesetz nicht hinwegsetzen, er darf es nicht, sonst beginge er Rechtsbeugung. Und weil das so ist, muß der Richter in manchen Fällen auch *verurteilende* Urteile sprechen, bei denen er von der Richtigkeit oder Begründetheit des Strafgesetzes nicht oder nicht vollständig überzeugt ist. In solch eine Situation kann der Richter kommen und sind die Richter durchaus gekommen. Auch mir ist es so ergangen. Zum Beispiel war nach Errichtung der Berliner Mauer – das fiel ja in meine Zeit als Richter – nun plötzlich das illegale Verlassen der DDR ein Straftatbestand geworden war. Das war vorher, glaube ich, de jure auch schon der Fall, wurde aber in der Praxis kaum relevant, weil ja die Grenzen offen waren und die Leute eben fortgegangen sind, wenn sie es wollten, weil sie relativ leicht die DDR verlassen konnten. Dann waren sie eben weg und konnten nicht vor Gericht gestellt werden. Jetzt aber wurden viele bei dem Versuch, die DDR zu verlassen, gefaßt. Und der Richter mußte nun das Gesetz anwenden, ob er es wollte oder nicht, ob er also von dem Gesetz selbst überzeugt war oder nicht. Und da konnte er dann den Konflikt, in dem er selbst war, nur so überwinden, daß er ein möglichst mildes Urteil sprach.

Ich kann mich auch daran erinnern, daß nach Errichtung der Mauer dann plötzlich Strafverfahren gegen sogenannte Grenzgänger durchgeführt worden sind, und zwar wegen der illegalen Einfuhr von Geld. Diese Leute hatten vor Errichtung der Mauer im Westen gearbeitet, ihren ganzen Verdienst oder ein Teil in Westgeld bekommen, ihn in den Wechselstuben zum sogenannten *Schwindelkurs* umgetauscht, und diese DDR-Mark ungenehmigt, entgegen den gesetzlichen Vorschriften in die DDR gebracht. Und nun wurden Anklagen erhoben, die sich auf die Zeit vor Errichtung der Mauer bezogen, als das gang und gäbe war und strafrechtlich nach meinem Wissen nicht verfolgt wurde, obwohl bekannt war, daß das fortlaufend geschah.

So ein Vorgehen erschien mir als ungerechtfertigt, weil die Leute zunächst Monate und Jahre in dem Glauben gelassen wurden, das würde toleriert. Und da habe ich (daß sie sich de jure strafbar gemacht hatten, daran konnte man nicht vorbei) in einer Reihe von Fällen äußerst geringe Strafen ausgesprochen: zwei bis drei Wochen. Das war damals eine Provokation. Dafür bin ich dann auch geharnischt kritisiert und diese Urteile sind auf den Protest der Staatsanwaltschaft hin aufgehoben worden. (Von meiner Einberufung zur Reserve der Nationalen Volksarmee als Kanonier nach Eilenburg bei Leipzig hatte ich damals auch den Verdacht, daß sie Mittel einer gewissen Disziplinierung war.)

Der Richter konnte also gerade in dieser politisch bewegten Zeit in Konflikte geraten, da von beiden Seiten der Grenze mit harten Bandagen gearbeitet wurde, was sich natürlich auch auf die Rechtsprechung übertrug.

Im eigentlichen Sinne war ich im politischen Strafrecht nicht tätig, sofern man darunter versteht, was die sogenannten Ersten Strafsenate an den Bezirksgerichten und am Obersten Gericht zuständigkeitshalber taten. Aber natürlich hatten einige Strafsachen der, wie wir sagten, allgemeinen Kriminalität auch gewisse politische Tendenzen. So wurde z.B. mit dem illegalen Verlassen der DDR der § 8 des Paßgesetzes verletzt, später dann der § 213 des Strafgesetzbuches. Aber der ist zu einer Zeit herausgebracht worden, als ich nicht mehr Richter war. Und dann gab es solche Delikte, die auch am Kreisgericht angeklagt worden sind, wie *Staatsver-*

leumdung oder *Widerstand gegen die Staatsgewalt,* wobei das letztere Delikt nicht DDR-spezifisch ist. Ich habe mich bemüht, auch in diesen Sachen vor allem die Wahrheit genau festzustellen, weil manchmal die Tendenz dahin ging, dem Angeklagten alle Schuld am Geschehen anzulasten und nicht den Anteil anderer Beteiligter zu untersuchen, die Ursachen für gewisse Weiterungen selbst gesetzt hatten. Zum Beispiel wenn es zu einer Widerstandshandlung gegen die Volkspolizei kam (die natürlich strafbar ist, wenn es denn eine echte Widerstandshandlung war), und Volkspolizisten über ihre dienstlichen Obliegenheiten hinausgegangen sind und sich nicht korrekt verhalten haben gegenüber dem späteren Angeklagten, dieser also gereizt worden ist. Da wurde manchmal von der Anklagebehörde versucht, das Verhalten der Volkspolizisten gewissermaßen auszuklammern oder in den Hintergrund zu drängen. Und allein dadurch, daß man die Sache in ihrem Gesamtzusammenhang aufklärte, alle Ursachen für das Zustandekommen der Tat beleuchtete, ergab sich eine mindere Schuld des Angeklagten. Und nur so konnte man auch zu einem geringeren Strafmaß kommen.

In diese Richtung habe ich solche Verfahren zu lenken versucht, damit keine einseitigen Ergebnisse herauskamen.

Sicher würde man heute manches konkret anders machen, aber unter den gleichen Umständen, objektiv wie subjektiv, könnte ich mich heute kaum anders verhalten. Ich bin der Meinung, daß ich aus dem, was zu tun war, doch das relativ Beste zu machen bemüht war. Das soll aber keine Selbstgerechtigkeit sein.

Justizrat Horst Willamowski   *Berlin, 9. April 1990*
Ministerium der Justiz

Disposition [Auszüge] für das Rundtischgespräch mit der Chefredakteurin der »Neuen Justiz« zur Rehabilitierung von Personen, die aus politischen Gründen strafrechtlich verurteilt wurden:

1. Welche Überlegungen (Gründe) liegen der Aufnahme von Arbeiten an einem Rehabilitierungsgesetz zugrunde? [...]

Zur schlimmen Erblast der Vergangenheit, von mehr als 40 Jahren, gehört ohne Zweifel das politische Strafrecht, soweit dadurch die Wahrnehmung verfassungsmäßiger politischer Grundrechte (insbesondere auf freie Meinungsäußerung, Versammlungsfreiheit, Vereinigungsfreiheit und Glaubensfreiheit) und damit auch völkerrechtlich allgemein anerkannte Menschenrechte kriminalisiert wurden. Das Grundübel dieser Konzeption sehe ich in dem zum Scheitern verurteilten Versuch, politische und andere Widersprüche in der Gesellschaft mittels des Strafrechts »zu bewältigen«, sich mit politisch Andersdenkenden, mit der sogenannten politischen Opposition, nicht mit politischen Mitteln, auf geistiger Ebene auseinanderzusetzen und nach kooperativen Lösungen zu streben, sondern sie mit repressiven Mitteln »zu disziplinieren«.

Dieses politische Strafrecht belastet das Bild der Strafrechtspflege der DDR, es ist [...] ein Schandfleck unserer Rechtsordnung, der dringend der gesetzgeberischen Korrektur bedarf [...]

Es genügt jedoch nicht, diese Auswüchse einer pervertierten Sicherheitsdoktrin nur für die Zukunft aus der Welt zu schaffen, ihre Auswirkungen müssen auch – soweit das irgend möglich ist – rückwirkend, für die Vergangenheit, beseitigt werden. Dieses Anliegen verfolgt das Rehabilitierungsgesetz.

Es darf nicht vergessen werden, daß die Rehabilitierungsproblematik eine eminent menschliche Komponente hat. Wer kann ermessen, wieviel und wie tragisches Leid, welche seelischen Bedrängnisse durch diese politischen Strafverfahren, mit denen wir uns jetzt wieder zu befassen haben, verursacht worden sind? Diese gar nicht faßbare, gar nicht ausdrückbare Schuld nimmt uns heute in eine harte Pflicht auch gegenüber den Opfern, und dieser Pflicht können und dürfen wir uns nicht entziehen. [...]

Wir hatten damals, als ich in Zossen tätig war, ja noch in wesentlichen Teilen das alte Reichsstrafgesetzbuch aus dem Jahre 1871, allerdings mit einigen wichtigen Novellierungen, und die Strafprozeßordnung aus dem Jahre 1952. Etwa 1964 wurden die Arbeiten an der Fertigstellung eines Strafgesetzbuches der DDR und einer neuen Strafprozeßordnung wieder aufgenommen und aktiviert. Das gesamte Strafrecht sollte nun neu kodifiziert werden. Und es wurden geeignete jüngere Kräfte gesucht, mit praktischen Erfahrungen, die an dieser Gesetzgebungsarbeit mithelfen sollten. Da ist man aus Gründen, die ich nicht so übersehe, auf mich gekommen. Ich habe dann nach einer kurzen Probezeit als wissenschaftlicher Mitarbeiter in der Hauptabteilung Gesetzgebung im Ministerium der Justiz meine Arbeit aufgenommen (da war Hilde Benjamin noch Ministerin). Das war für mich jungen Richter eine starke Umstellung. Der

Richter hat ja vor sich das Gesetz, und er muß es anwenden. Hier ging es aber darum, Überlegungen anzustellen, für und wider, welches die besten gesetzlichen Regelungen für die Zukunft sein sollten. Diese neuen Anforderungen haben mir Spaß gemacht, das Denken vom Einzelfall weg, die Probleme in ihrer Allgemeinheit zu sehen, Regelungen zu finden, die sich auf alle Fälle anwenden ließen. Ich habe mich im Ministerium gut eingearbeitet und auch wohlgefühlt. Es gab natürlich im Laufe der Jahre – ich war ja dort von 1964 bis zum 2. Oktober 1990 – auch (zum Teil erhebliche) Konflikte. Das hing einerseits mit dogmatischen und sektiererischen Tendenzen und andererseits mit opportunistischen Haltungen zusammen, die sich natürlich auch im Justizministerium zeigten. Man muß sich das Ministerium nicht so vorstellen, als wären dort alle Juristen von ein und demselben Schlage gewesen. Es waren Menschen mit unterschiedlichen beruflichen Erfahrungen, unterschiedlichem Wissens- und Erkenntnisstand. Es gab Kollegen, die ihr Fach beherrschten, und andere, die es weniger beherrschten und diesen Mangel auf andere Weise ausgleichen wollten. Es gab Menschen, mit denen man diskutieren konnte, die Überlegungen zur Kenntnis nahmen, abwogen, differenziert dachten, und es gab andere mit vorgestanzten Auffassungen. Und wenn solche Leute das Sagen hatten, dann wurde es schwierig.

Zum Beispiel gab es Diskussionen, wie man denn mit denen umgehen und verfahren sollte, die damals die Losung vertraten: *Schwerter zu Pflugscharen*. Das war ja eine ganz spezifische Situation bei der Herausbildung einer politischen Opposition, und da wurde deutlich, daß wir es mit einer ernst zu nehmenden Gruppe politisch Andersdenkender zu tun hatten. Es ging um die Frage:

Sollen diese Menschen kriminalisiert werden (das war mit den geltenden Strafgesetzen mehr oder minder möglich), und es gab Leute in der Justiz, die zu diesem Zweck die Gesetze auch sehr extensiv ausgelegt haben. Die Alternative hätte hier darin bestehen müssen, das politische Gespräch zu suchen, die Auseinandersetzung auf politischer Ebene zu führen, einfach eine politische Meinung gegen die andere zu stellen, unter Umständen zu einem Konsens zu kommen mit den vorwiegend jungen Leuten, die damals diese These vertraten und auch entsprechende Aufkleber an den Jacken trugen. Und da gab es dogmatische, sektiererische Kräfte im Ministerium, die nichts anderes im Sinn hatten, als mit den tatsächlichen oder vermeintlichen Mitteln des Strafrechts vorzugehen.

Ich hatte die Möglichkeit, das Ministerium im Ausland zu vertreten, auf dem Gebiet des Strafprozeßrechts, meinem Fachgebiet. Das hat mir natürlich großen Spaß gemacht. So war ich mehrere Male in Wien und habe bei der Internationalen Atomenergiekommission in der kleinen DDR-Delegation mitgearbeitet an einer Konvention über den physischen Schutz von Atomenergie. Die dazu erforderlichen Sprachkenntnisse waren bei mir gerade so vorhanden. Man gehörte also zu den Reisekadern. Das waren nicht allzu viele. Anfang der achtziger Jahre bin ich von der Liste dieser Reisekader gestrichen worden (und es war aus mit diesen internationalen Einsätzen), weil die Eltern meiner Frau in der Bundesrepublik, also in Westdeutschland, lebten, und ich sollte die vorhandenen Kontakte unterbinden. Da ich das nicht machte, kam es eben zu Reibereien mit dem Dienstherrn. Und der Dienstherr saß da am längeren Hebel. Solche Dinge waren natürlich demotivierend.

Es ist eigentlich nicht so, daß ich mich dessen, was ich getan habe, schämen müßte. Ich sage das jetzt nicht nur so, sondern dafür habe ich mir die Sache schon damals nicht leichtgemacht. Zum Beispiel bei der Erarbeitung neuer Gesetze. Die hat natürlich kein einzelner gemacht. Da wirkten verschiedene Kräfte mit. Zum Beispiel Vertreter des Ministeriums des Innern und des Ministeriums für Staatssicherheit. Und da gab es manche Auseinandersetzungen um konkrete Dinge, und es ist natürlich vorgekommen, daß eigene Vorstellungen nicht realisiert wurden. Man ist manchmal *zweiter Sieger* geblieben und mußte dann sagen: Das ist nicht das, was du wolltest, genau das wolltest du nicht, aber es ist so beschlossen worden. Das wurmte einen, aber es ist auch manches, was im eigenen Kopf entstanden war, verbindliche Regelung geworden. Wir haben zum Beispiel etwas gemacht, was es bis dahin in keinem anderen Land gegeben hat: Wir haben eine Verordnung über den Schutz von Häftlingen und ihres Vermögens im Falle einer Inhaftierung erlassen. *Haftfürsorgeverordnung* ist der Kurztitel, und sie stammt aus den siebziger Jahren.

Verordnung über die Fürsorge für Personen
und den Schutz der Wohnung und des Vermögens
bei Inhaftierung
– Haftfürsorgeverordnung – (Auszug)
vom 8. November 1979
(GBl. I Nr. 45 S. 470)

Zur Fürsorge für Personen und zum Schutz der Wohnung und des Vermögens bei Inhaftierungen [...] wird folgendes verordnet:

Allgemeine Bestimmungen
§ 1

(1) Der Beschuldigte, durch dessen Verhaftung eine minderjährige oder pflegebedürftige erwachsene Person ohne Aufsicht oder Betreuung bleiben würde, hat das Recht, die zur Gewährleistung der Fürsorge für diese Person notwendigen Entscheidungen zu treffen. Entsprechendes gilt, wenn infolge der Verhaftung Maßnahmen zum Schutz seiner Wohnung und seines Vermögens erforderlich sind.

(2) Der Beschuldigte hat ihm mögliche Fürsorge- und Schutzmaßnahmen selbst durchzuführen oder zu veranlassen. Er kann hierzu die Hilfe eines Rechtsanwalts in Anspruch nehmen. Die Untersuchungsorgane haben ihn bei der Durchführung und Veranlassung von notwendigen Fürsorge- und Schutzmaßnahmen zu unterstützen.

(3) Dem Beschuldigten ist Gelegenheit zu geben, zur Wahrnehmung seiner Rechte und zur Erfüllung seiner Pflichten mit einem Rechtsanwalt sowie mit staatlichen Organen und Einrichtungen, Betrieben, Genossenschaften, gesellschaftlichen Organisationen und Bürgern schriftlich und mündlich in Verbindung zu treten, soweit dadurch der Untersuchungszweck nicht gefährdet wird.

§ 2

(1) Die Untersuchungsorgane haben unverzüglich nach der Verhaftung
– den Beschuldigten darüber zu befragen, ob und welche Fürsorge- und Schutzmaßnahmen notwendig sind,

- den Beschuldigten über seine Rechte und Pflichten gemäß § 1 zu belehren sowie
- die notwendigen Fürsorge- und Schutzmaßnahmen mit dem Beschuldigten zu besprechen.

Die Untersuchungsorgane können den Beschuldigten dazu heranziehen, ihm mögliche Fürsorge- und Schutzmaßnahmen selbst durchzuführen.

[...]

§ 4
Fürsorge für Kinder und Jugendliche

[...]

§ 5
Fürsorge für pflegebedürftige Erwachsene

[...]

§ 6
Schutz der Wohnung und des Vermögens

[...]*

---

* G.F.: Diese Verordnung mag wirklich gut gemeint gewesen sein, und die getroffenen Festlegungen hatten gewiß ihre Berechtigung. Wenn ich mir freilich – um nur ein Beispiel herauszugreifen – den § 6 ansehe (Schutz der Wohnung und des Vermögens), so kommt mir schon beim ersten Satz ein bitteres Lachen, verbunden mit dem Gedanken an das Sprichwort vom Bock und vom Gärtner. Da, wie an vielen anderen Stellen heißt es nämlich »Die *Untersuchungsorgane* haben zu gewährleisten...« Die also, die mir auf jeden Fall alles Mögliche nachweisen wollten, sollten auch mein Eigentum hüten. Ich will versuchen, ohne jede Polemik zwei Punkte zu nennen, die mir Zweifel am *praktischen* Sinn solcher Bestimmungen kommen lassen (jedenfalls, soweit das Untersuchungsorgan MfS hieß): *Erstens:* Als in meinem Falle die Wohnung durchsucht und eine Reihe von Gegenständen beschlagnahmt wurden, waren – wie das § 113 der Strafprozeßordnung verlangt – zwei unbeteiligte Personen anwesend. Nun will ich mich nicht darüber streiten, ob mein Fachdirektor als unbeteiligt gelten kann, jedenfalls hat er die Liste der beschlagnahmten Gegenstände offenbar vorher blanko unterschrieben, denn als mir diese Liste vorgelegt wurde, stand auf dem letzten Blatt – außer seiner Unterschrift – nichts drauf. Also hatte die Stasi hier freie

Ich habe mich auch bemüht, die Anweisung über den Vollzug in der Untersuchungshaft, die leider immer eine interne Regelung des Generalstaatsanwalts, des Ministers des Innern und des Ministers für Staatssicherheit war, auf Gesetzesniveau zu heben. Während meiner Tätigkeit im Justizministerium habe ich mich mehrfach darum bemüht, diese Regelungen auf diese Weise ans Licht der Öffentlichkeit zu bringen. Das hätte natürlich zur Folge gehabt, daß sie sich auch inhaltlich hätten ändern müssen. Darüber ist jahrelang gestritten worden. Es ist sogar eine Kommission gebildet worden, die auch einen entsprechenden Gesetzesentwurf vorbereitet hat, aber es ist nicht mehr gelungen, dieses Gesetz von der Volkskammer noch beschließen zu lassen. Es war eine Tortur, das immer wieder anzustoßen, selbstverständlich gegen den Widerspruch namentlich des Ministers für Staatssicherheit, in dessen Zuständigkeit das ja lag. Auch der Generalstaatsanwalt war nicht begeistert, aber er wäre eher geneigt gewesen... Das ist auch so ein Punkt, wo man mit seinen Vorstellungen letztlich nicht durchgekommen ist.

Die Mitwirkung an der Rehabilitierung habe ich mir nicht ausgesucht. Ich wurde offenbar für geeignet gehalten, diese Aufgabe mit einiger Aussicht auf Erfolg anzupacken. Sie hatte natürlich auch gewisse enge inhaltliche Beziehungen zu meinem Tätigkeitsbereich, denn

---

Hand, unkontrolliert zu beschlagnahmen. *Zweitens:* Völlig unbehelligt durch Bestimmungen wie die Strafprozeßordnung oder die Haftfürsorgeverordnung konnte mein Vernehmer – weil die Stasi mit Polizeivollmacht ausgestattet war – am grünen Tisch einziehen, was immer er wollte, ohne daß das Gericht ein Wort mitsprechen konnte. Und er hat es fleißig getan. Die abschließende Frage ist allerdings: Kann das dem Verfasser der Verordnung als seine Schuld angekreidet werden?

natürlich hat sie mit Verfahrensregeln zu tun. Diese Aufgabe wurde mir also übertragen, aber ich habe sie auch auf mich genommen, weil ich der Meinung war, daß die Gründe für die Rehabilitierung ja durch die Justiz in der DDR gesetzt worden sind und daß es jetzt eine Aufgabe von DDR-Juristen sein müßte, mit diesem schlimmen Erbe der Vergangenheit, so gut es ging, so weit es in unseren Kräften stand, aufzuräumen. Und die Konsequenzen zu ziehen, um an Wiedergutmachung das zu leisten, was zu leisten möglich ist. Diejenigen, die unmittelbar mit der politischen Justiz etwas zu tun hatten – die konnten das aber nicht machen. Die hätten das auch gar nicht zustande gebracht. Die standen für diese Aufgabe auch nicht zur Verfügung; sie waren vielleicht auch, zum Teil wenigstens, nicht willens und bereit, so etwas zu machen, aber es mußte getan werden. Das ist ein wesentlicher persönlicher Grund dafür gewesen, daß ich mich da engagiert habe. Ein anderer wichtiger Grund war es, daß ich in zunehmendem Maße persönlich zu der Überzeugung gekommen bin, daß das politische Strafrecht in der DDR mehr und mehr pervertierte, daß es so nicht richtig und verantwortbar war.

Das ist insbesondere deutlich geworden – und mir persönlich schmerzlich ins Bewußtsein gekommen – mit dem 3. Strafrechtsänderungsgesetz von 1979, mit dem ja das politische Strafrecht bedeutend verschärft worden ist. Deshalb gab es für mich keine unüberwindbaren Hindernisse, mich jetzt für die Aufhebung dieser Gesetze einzusetzen. Und weil ich das politische Strafrecht als überdimensioniert, als in wesentlichen Punkten überzogen gesehen habe, konnte ich mich dieser Aufgabe stellen. Natürlich war es dennoch eine schwierige Sache, weil man ja, wenn man in der Justiz tätig war, zwar sagen kann, Verantwortung trage ich nur für das, was ich persönlich getan habe. Aber man kommt ja so oder so in die Position, daß man (ob mit Recht oder mit Unrecht) für verantwortlich gehalten wird für das, was die Justiz als Ganzes produziert hat. Und es war nicht einfach für einen, der in dieser Justiz gearbeitet hat, sich mit der kritischen Analyse und der Aufhebung, ja der Verdammung bestimmter Arbeitsergebnisse eben dieser Justiz zu beschäftigen. Das bedeutete schon die Überwindung gewisser bisheriger Denkweisen.

Die politische Strafgesetzgebung ist ja immer auch exklusiv gemacht, nie in normalen Kommissionen erledigt worden. Es waren immer besondere Arbeitsgruppen, die gebildet worden sind, um diese Bestimmungen vorzubereiten, zu diskutieren, und zwar Arbeitsgruppen, die sehr stark beeinflußt worden sind vom Ministerium für Staatssicherheit, ich möchte meinen, dort lag auch die Federführung. Das Ministerium für Justiz hatte dort nie das Sagen, selbst wenn es solche Arbeitsgruppen formell einberufen hat.

Ich bin persönlich nie bei solchen Tagungen anwesend gewesen, ich habe das aus der Position des Außenstehenden beobachtet, der das natürlich mit gewissem Interesse zur Kenntnis genommen hat. Es muß hier bedacht werden, daß nach dem Ausscheiden von Hilde Benjamin die Justizminister nicht der SED angehörten, sondern der LDPD. Das hat sicher eine Rolle gespielt bei der Frage, wem von der Partei die Federführung bei der Gestaltung des politischen Strafrechts übertragen wurde. Und der Minister für Staatssicherheit hätte es gewiß unter seiner Würde befunden, wenn ein anderes Ministerium Gesetze entworfen hätte, nach denen er dann zu arbeiten gehabt hätte. Schon diese Konstellation schloß eigentlich aus, daß die Justiz hier eine führende Rolle hätte spielen können.

Aus der Disposition für das Rundtischgespräch:
[...] Die Hauptverantwortung und damit auch die Hauptschuld trifft unzweifelhaft – und an dieser Feststellung führt meiner Meinung nach kein Weg vorbei – den Gesetzgeber, der dieses Strafrecht beschlossen hat, [...] weiterhin diejenigen, die dieses politische Strafrecht gefordert, durchgesetzt und vorbereitet haben. Den Ton hierbei gaben zweifellos die leitenden Kräfte des ehemaligen Sicherheits- und Parteiapparates an. Nicht beteiligt daran waren in aller Regel die Richter, Staatsanwälte, Rechtsanwälte und Kriminalisten. Diese hatten das geltende Recht entsprechend ihrer jeweiligen konkreten Funktion und Aufgabe anzuwenden, weil sie sich sonst – mit Ausnahme der Verteidiger – der Rechtsbeugung (§ 244 StGB) schuldig gemacht hätten. Ausdrücklich ausnehmen von dieser Bewertung möchte ich diejenigen, die die ohnehin weiten und ohnehin dehnbaren Straftatbestände auch noch extensiv oder sogar unzulässig ausgelegt und angewandt oder überzogene Strafen beantragt oder ausgesprochen haben. Und auch für Gesetzesverletzungen (materieller oder prozessualer Natur) in diesen Strafverfahren sind selbstverständlich die Juristen oder Kriminalisten (entsprechend den in Betracht kommenden Vorschriften) verantwortlich, die diese Rechtsbrüche begangen haben.

Ich bedaure es sehr, daß der in der DDR begonnene Versuch, eine sozialistische Gesellschaft zu schaffen, gescheitert ist, gescheitert an den Fehlern und Mängeln, die von der Partei und vom Staat selbst verursacht worden sind. Ich sehe die Gründe für das Scheitern des Sozialismus in erster Linie, jedenfalls aufs Ganze bezogen, in den Fehlern und Mängeln im Innern dieses Systems, nicht so sehr in schädlichen äußeren Einwirkungen, die es natürlich – teilweise ganz massiv – auch gegeben hat. Ich bin der Meinung, daß der Sozialismus als Gesellschaftskonzeption von allen Möglichkeiten, die ich kenne und die es gibt, die vergleichsweise beste ist, wenn diese Gesellschaftskonzeption richtig verwirklicht wird, wozu vor allem echte Demokratie gehört; daß diese Konzeption den Idealen von Gerechtigkeit, Humanismus und menschlichem Umgang miteinander am besten Rechnung trägt. Und deswegen bin ich der Meinung, daß man nicht, weil dieser Versuch gescheitert ist, von seinen Grundüberzeugungen abrücken muß, und das möchte ich auch nicht tun. Ich fühle mich auch heute sozialistischen Überzeugungen, sozialistischen Idealen verbunden, und ich hoffe, daß sie in einer besseren Art und Weise, als wir sie erlebt haben, doch in der Zukunft Wirklichkeit werden können. Das müssen aber die Generationen nach uns selbst in die Hand nehmen. Jedenfalls bin ich der Überzeugung, daß der Kapitalismus, so wie wir ihn jetzt auch im Osten Deutschlands erleben, ganz sicher nicht das letzte Wort der Geschichte sein kann.

(aufgezeichnet am 14. Oktober 1991)

Kontrapunkt 3
Teil 3

[...] war der Angeschuldigte Gronau der Ansicht, daß der Siemens-Martin-Ofen mit Sprengstoff auseinandergejagt werden könne. Er bot sich dabei an, dieses Verbrechen selbst zu begehen. Einer der mitanwesenden Agenten der KGU erörterte seinen Plan, wie es möglich wäre, mit einem starken Wasserrohr mit 6 atü Wasserdruck den Ofen auseinanderzujagen. Auch hierzu erklärte sich der Angeschuldigte bereit.

[...] Dem Mitangeschuldigten zu 3), der auch Mitglied der sogenannten illegalen Kampfgruppe war, gab er den Auftrag, ihm bei der Beschaffung von Fotografien aus dem Stahlwerk behilflich zu sein, und zwar sollte der Angeschuldigte zu 3) Aufnahmen von 2 Wachtürmen sowie von den neuen Generatoren und den Schiffsschrauben, die in der Gießerei hergestellt werden, machen, die dann vom Angeschuldigten zu 1) der Agentenzentrale übermittelt werden sollten.

[...] nahm er ca. auch 200 Klebezettel und Hetzschriften mit, die er in Seelow und an seiner Arbeitsstätte verteilte. Bei einem dieser Treffs erhielt er auch den Auftrag, Verbindung zum MfS aufzunehmen. Am 28. 5. 52 übergab er der Werkkripo eine größere Menge von Hetzschriften, die er angeblich im Werk gefunden haben will. Es handelt sich offensichtlich um Hetzschriften, die er selbst ins Werk eingeschleust hat und die er jetzt abgab, um auf diese Weise, unter der Begründung, an der

Entlarvung der Tätigkeit feindlicher Elemente teilzunehmen, sich das Vertrauen der MfS-Dienststelle
zu erwerben und dadurch die Verbindung herzustellen. [...] Durch seine Verbindungsaufnahme zu
unseren Sicherheitsorganen hoffte der Angeschuldigte, seine illegale Gruppe besser schützen zu
können.

*Es stimmt, daß ich Flugblätter verteilt habe. Es
stimmt auch, daß ich mich in die Staatssicherheit
einschleusen wollte. Aber was nicht wahr ist, kann
ich nicht auf mir sitzen lassen: Sabotage ist doch
eine kriminelle Handlung. Ich bin doch keiner, der
etwas in die Luft sprengt. Außerdem ist die Sache
mit dem Wasserstrahl einfach lächerlich: Da ich an
den Öfen gearbeitet habe, wußte ich doch, daß ich
dabei mich selbst mit in die Luft gejagt hätte. Er-
funden ist auch, daß wir mit Fotos aus dem Werk
Hetzpropaganda gemacht haben. Tatsächlich war es
so: Wir hatten eine Wohnung, da wohnten Schwie-
gervater, Schwiegermutter, ich und meine Frau und
der Horst, der war damals noch klein. Und da stand
eine Wahl bevor, und da wurde natürlich Wahlpro-
paganda gemacht. Und einmal kamen Leute von
der Zeitung und wollten mich dazu fragen. Und ich
hab' gesagt: Was schreit ihr denn so rum, solange
ich in einer Bude, die noch dazu kaputt ist, mit vier
mal vier Quadratmetern hocke. Da sagten die: Das
müssen wir fotografieren. Ich hab' gedacht, die sind
von der* Berliner Illustrierten: *Ja, Schiete, die waren
von drüben. Und der hat uns wirklich fotografiert,
der hat die Bude fotografiert, nur statt vier mal vier,
was ich gesagt hatte, hat er vier Quadratmeter ge-*

schrieben. Und das haben sie mir natürlich stramm vorgehalten.

Und was die Fotos von den Schiffsschrauben und den Generatoren angeht – wieviel Dummheit gehört zu so einem Vorwurf. Notfalls kann ich so eine Schiffsschraube als Schiffsmaschinenschlosser aufzeichnen und ausmessen, da wissen die andern, was die für eine Schubkraft hat. Soviel Dummheit gibt es gar nicht, daß wir die hätten fotografieren müssen. Genauso mit den Generatoren. Die haben sie schon beim alten Flick gehabt. Bloß beim alten Flick haben sie Koks genommen, und hier haben sie das mit Braunkohle gemacht. Und die Wachtürme? Gewiß standen da überall Wachtürme, wo ich mir gesagt hab': Wir sind hier eine freie Wirtschaft, ein freier Betrieb, aber vorne Polizei, hinten Polizei, ringsum Posten, und einer ging mit dem Hund. Mein Ziel war, daß keine neue Militärmacht aufgestellt werden sollte. Daß wir Polizei haben mußten, das war klar, aber die muß nicht nur für den Staat, für die da oben dasein, sondern für das Land, nicht für die Regierung. Auch Kriminalisten mußten sein, aber nicht so viel Militärisches: die GST, die Kampfgruppe, die Polizei, die Armee, der Staatssicherheitsdienst; hier waren ja paar Millionen unter Waffen. Vielleicht gefiel mir auch das ganze System nicht. Aber mein Grundsatz war, daß kein Krieg kommen darf. Alles andere hätten wir ja so regeln können.

Irgendwann in Hennigsdorf hatten sie mir mal eine Einladung geschickt zu einer Veranstaltung, da wurde geworben für die Kasernierte Volkspolizei. Sie hatten mich sogar persönlich angesprochen, *angeboten, sie würden meine Kriegsverletzung operieren, mich wiederherstellen. Und bei dieser Veranstaltung bin ich aufgestanden und hab' gesagt: Leute, habt ihr Stalingrad vergessen, wir wollten nie wieder eine Waffe in die Hand nehmen. Da hab' ich von hinten ein paar Ohrfeigen gekriegt, weiß bis heute nicht, wer das war.*

Friedrich Gronau

Die wahren Hintergründe wurden mir erst nach der Wende bekannt

N.N., geb. 1950, nach dem Jura-Studium von 1975 bis 1990 Staatsanwältin am Kreisgericht, jetzt arbeitslos

Nach dem Abschluß der 10. Klasse habe ich in einem Baubetrieb Werkstoffprüfer gelernt. Das war der Beruf, der mir von wenigen, die damals geboten wurden, am besten gefiel. Als die Lehre beendet war, war ich 18 und saß nun im Labor mit meinem *Dreck* (Baugrunduntersuchungen haben wir gemacht – den Baugrund unter dem damals zukünftigen Fernsehturm z. B.), irgendwie war dies nicht die Erfüllung für mich. Ich suchte nach Wegen und kam durch Zufall – Werbung an einer Litfaßsäule – auf die Idee, das Abitur an der Volkshochschule abzulegen.

In der 8. Klasse hatte ich mich zwar um Aufnahme in die Oberschule beworben, wurde aber abgelehnt, da ich nicht zu den Besten gehörte und bei den weiteren Auswahlkriterien auch die soziale Herkunft entscheidend war.

Mein Selbstbewußtsein war damals nicht gerade sehr ausgeprägt, ich war eher schüchtern. Sicher hatte dann die Ablehnung meinen Ehrgeiz herausgefordert, zu probieren, ob ich das Abitur schaffe. So habe ich zwei Jahre lang zweimal in der Woche abends nach der Arbeit bis 22 Uhr und samstags die Schulbank gedrückt.

Anfangs war es sehr hart, die Erfolgserlebnisse kamen erst, als ich ernsthaft zu Hause gebüffelt habe. Ende der elften Klasse sollte ich meinen Studienwunsch äußern. Psychologie hätte mich interessiert, aber da waren zu wenig Studienplätze. Nach vielem Grübeln entschied ich mich für das Studium der Rechtswissenschaft, in der Hoffnung, einen Beruf zu erlernen, in dem der Umgang mit Menschen die Hauptarbeit ist. Verschwommen schwebte mir das Bild eines Jugendrichters vor. (Aus reiner Emotion heraus hatte ich mich bereits in der Schulzeit und auch später für gerechte Entscheidungen eingesetzt, die Mitschüler und Kollegen betrafen. Dabei habe ich manches Eigentor geschossen.) Mit meiner Bewerbung erhielt ich auch ein Delegierungsschreiben vom Betrieb, in dem meine Eignung für diesen Berufswunsch bestätigt wurde und daß ich nach dem Studium auch als Justitiar oder anderes in den Betrieb zurückkommen könne.

Innerlich war es für mich ein erhebendes Gefühl, Studentin an der Humboldt-Uni zu werden. Ich war stolz, aber hatte auch Angst, daß ich dem, was auf mich zukommt, nicht gewachsen bin. Anfangs bestärkten sich meine Zweifel eines erfolgreichen Abschlusses insbesondere im Hinblick auf die Kommilitonen, die mit ausgezeichneten und sehr guten EOS-Abschlüssen aufwarten konnten. Ich fiel zunächst in meine gewohnte Zurückhaltung und merkte erst allmählich, daß geschicktes Bluffen und sicheres Auftreten mehr Erfolg bringen als unsicher vorgetragene Antworten. Ich mußte lernen, mich zu behaupten.

Am Ende des Studiums war ich doch z.T. über das Niveau enttäuscht. Nach der Schulzeit hatte ich mir vorgenommen, mich in der FDJ-Arbeit nicht mehr zu engagieren. Weder hatte ich gute Erfahrungen gemacht, noch konnte ich Dinge vortragen, von denen ich nicht überzeugt war. Dennoch bekam ich den Auftrag, in der FDJ-Leitung, verantwortlich für Agitation und Wandzeitung, mitzuarbeiten, was ich dann auch nicht ablehnte. Es kam zu den erwarteten Auseinandersetzungen, und auch die Haltung einiger Leitungsfunktionäre widerstrebte mir, so daß ich bei der nächsten Wahl nicht mehr als Kandidat aufgestellt wurde.

Nach den vier Jahren Studium fing ich als Staatsanwaltsassistent bei einem Kreisstaatsanwalt zu arbeiten an. Den Entschluß faßte ich insbesondere nach der Absolvierung der Praktika, wo man einen Einblick in die einzelnen Tätigkeitsbereiche und die Aufgabengebiete erhielt. Die Umstellung auf den langen Arbeitsalltag nach der relativen Freizügigkeit der Uni fiel mir schwer. Dazu kamen die vielfältigen neuen Aufgaben, die fehlende Übersicht über den gesamten Arbeitsumfang, die viele Unsicherheiten bei mir hervorriefen. Ich weiß noch, wie ich mich blamiert habe, als ich die Bedeutung der einzelnen Ziffern des Aktenzeichens nicht wußte. Probleme hatte ich auch, mich im Kollektiv heimisch zu fühlen. Da hatte ich wohl meine Erwartungen zu hoch geschraubt. In meinem alten Betrieb war ich im Bereich Labor damals die einzige Genossin. Mit 19 Jahren wurde ich SED-Kandidatin. Viele akzeptierten meinen Schritt nicht und ließen mich dies auch manchmal spüren. Im Arbeitsalltag und im Umgang miteinander änderte sich dies später. Dennoch freute ich mich auf ein Kollektiv, in dem ich mit der gleichen politischen Gesinnung auch eine offene und kritische Atmosphäre erwartet hatte. Diese Erwartungen haben sich nicht erfüllt. Meine Ideale waren wohl keine guten Maßstäbe, sonst wären meine Enttäuschungen geringer ausgefallen.

Meine Überzeugung, daß der Sozialismus zur damaligen Zeit die beste Alternative zu allen übrigen Gesellschaftsordnungen ist, war stark ausgeprägt. Es gab aber auch vieles, was ich nicht gut fand, was in »mein Sozialismuskonzept« nicht hineinpaßte. Dies war für mich aber kein Grund (bis zur Wende), an der Idee zu zweifeln. Die Ursachen sah ich einmal in dem Problem, wirtschaftlich unter hiesigen Umständen und damit finanziell auf einen grünen Zweig zu kommen, und in den Menschen, die den Sozialismus praktizieren. Die antagonistischen Widersprüche... Aus diesen Gründen habe ich mich nach meinen Idealen für diese Sache eingesetzt und mich dort engagiert, wo ich einen effektiven Nutzen sah.

Mit meinen Vorstellungen bin ich bei vielen Kollegen nicht auf Gegenliebe gestoßen. Habe meine Mitteilungsbedürftigkeit zu den Problemen, die mich stark und im Laufe der Zeit zunehmend beschäftigten, immer häufiger unterdrückt und mich eingefügt. Meine Zuwendung zur Arbeit und Abschottung, um Auseinandersetzungen zu vermeiden, sowie persönliche Probleme führten später zu harten Auseinandersetzungen – über meine Arbeit, meinen Eifer usw. Im Endergebnis blieb ich immer ein »mittelmäßiger« Staatsanwalt, ohne staatliche Würdigungen und Auszeichnungen.

Motiviert haben mich indes zahlreiche Erlebnisse, die eng im Zusammenhang mit meiner unmittelbaren Arbeit standen: die Kontakte zu einer Vielzahl verschiedenster Arbeitskollektive, zu Richtern, Kriminalisten, Kollegen, mit denen man sich offen austauschen konnte, und die Ergebnisse meiner Arbeit, die selten beanstandet wurden. Das Entgegenbringen von Anerkennung, Achtung und Vertrauen haben mich immer wieder bestärkt, doch nicht aufzugeben.

Arbeitsmäßig war ich in den ersten Jahren für *Diebstahl persönlichen Eigentums* zuständig. Dazu kam dann ein Teilbereich von *Straftaten, die gegen das sozialistische Eigentum* gerichtet waren, hier vorrangig der Scheckbetrug. Die Verteilung der Aufgabengebiete richtete sich nach dem von der Leitung festgelegten Geschäftsverteilungsplan. Wenn ein Kollege durch Krankheit oder anderes ausfiel, übernahm der im Plan festgelegte Vertreter dessen Arbeit, oder es wurde mitunter auf mehrere verteilt. Mehrere Ursachen veranlaßten mich, die erste Dienststelle zu wechseln, was auch befürwortet wurde. Im neuen Kreis hatte ich ähnliche Arbeitsbereiche, zusätzlich wurde ich mit der Bearbeitung der Gewaltkriminalität (z. B. Raub, Erpressung, Körperverletzung, Vergewaltigung) beauftragt.

Der Wechsel brachte für mich auch eine erhöhte Arbeitsbelastung, da der Gesamtanfall, damit auch der Umfang der Aufgaben, größer wurde. Hier habe ich auch vertretungsweise ein Verfahren wegen versuchten ungesetzlichen Grenzübertritts angeklagt und in der Verhandlung mitgewirkt. Nach meiner Erinnerung waren es nicht viele Verfahren dieser Art, die in den Kreisen bearbeitet wurden. Ich kann mich zwar an Diskussionen zu Strafvorschlägen noch erinnern (d. h., auch in den Kreisen wurden weder uns noch den Richtern die Entscheidungen verbindlich vorgegeben), aber ich kann konkret nicht mehr sagen, wie viele es waren, an denen ich mitgewirkt habe. Aber es war eine einstellige Zahl. Dennoch war ich zum damaligen Zeitpunkt (bis zu den Massenfluchten

1989) überzeugt, daß die strafrechtliche Verfolgung von Angriffen auf die anerkannte Staatsgrenze durchaus legitim war.

Dem jungen Mann, den ich vor über zehn Jahren angeklagt habe, war völlig klar, daß er sich strafbar macht, wenn er mit einem Brecheisen oder Seitenschneider ins Grenzgebiet geht, um Grenzbarrieren zu zerstören, zu überwinden, und mit dem Ziel, die DDR zu verlassen, dann im Grenzgebiet geschnappt wird. Echte Gründe für sein Vorhaben hatte er nicht, er wollte eigentlich gar nicht abhauen. Über einen Ausreiseantrag sein Vorhaben zu realisieren, hatte er nie versucht. Dies war für mich der springende Punkt. Daß es die Möglichkeit gab, einen Antrag auf Ausreise zu stellen, war allgemein bekannt. Auch daß damit dann Schwierigkeiten verbunden waren, deren Ursachen eigentlich keiner konkret durchschaute. Ich hatte nie verstanden, welches Ziel verfolgt wurde, wenn Ausreiseantragsteller mitunter ewig warten mußten. Die wahrscheinlich wahren Hintergründe wurden mir und vielen anderen erst nach der Wende bekannt. Da in meinem Wohnhaus mehrere solche Anträge gestellt hatten und ausreisten, Schüler aus den Klassen meiner Kinder und auch andere Bekannte die DDR ganz legal verließen, konnte ich einen Grenzdurchbruch nicht akzeptieren.

Die gesamte Palette der politischen Verfahren mit Ausreiseantragstellern ist von der Masse her nicht in den Kreisen bearbeitet worden, sondern an zentraler Stelle. Für die Bearbeitung brisanter politischer Verfahren war die Abteilung I a zuständig. Was dort tatsächlich an Verfahren lief, drang nicht nach außen. Der Geschäftsstellenbereich war auch gesondert. Auch Auskünfte zu Verfahren wurden dort nicht gegeben. Selbst persönliche Nachfragen blieben erfolglos. Dieses Verschweigen von Fakten und die Geheimnistuerei führten auch im Vorwendezeitraum zu Spannungen und Diskussionen.

Im Jahre 1985 kam es nach einer Vielzahl von Diskrepanzen zu einer Situation für mich, über die ich ungern rede oder berichte. Ich hatte ernsthaft die Absicht aufzustecken. Es würde zu weit führen, Ursachen und Umstände zu erläutern. Ich war damals fassungslos und niedergeschmettert, hatte mich überschätzt und war bitter enttäuscht über die Einschätzung meines damaligen Chefs und die seiner vorgetragenen Meinung folgende Bestätigung durch das gesamte Kollektiv. Würdevoll wollte ich dies alles beenden. Innerlich aber war ich tief zusammengebrochen und habe diese gemeine Ungerechtigkeit (wie ich sie damals empfand und auch heute nicht anders sehe) noch immer nicht verwunden.

Nach etwa einem halben Jahr kam es nicht zum zunächst beabsichtigten Ausscheiden, sondern zum Wechsel in eine Abteilung, in der Verfahren der allgemeinen Kriminalität (Kapitel 3 des StGB der DDR) in der 2. Instanz bearbeitet wurden. Das heißt, ich hatte nach der Gerichtsverhandlung die Verfahren zu überprüfen, wo der Angeklagte gegen die erste Entscheidung in Berufung gegangen war bzw. wo der Staatsanwalt des Kreises mit der richterlichen Entscheidung nicht einverstanden war und mit einem Protest reagierte. Ich mußte also insbesondere die Ergebnisse der ersten Hauptverhandlung auf sachliche und strafprozessuale Richtigkeit überprüfen und in der Verhandlung vor dem Rechtsmittelsenat meine Meinung darlegen, begründen und Strafanträge stellen. Hier war ich besonders auf dem Gebiet der Gewaltdelikte wirksam. In dieser Aufgabe bin ich eigentlich voll aufgegangen. Es stand mehr Zeit für ein gründlicheres Akten- und Literaturstudium zur Verfügung. Die Verfahren waren oft in sich kompliziert und zur exakten Beweisführung mußte jede Kleinigkeit ins Kalkül gezogen werden. Dieses Knifflige reizte mich, und ich baute mein fast verlorenes Ich langsam wieder auf. Glücklich war ich, weil es auch viele Kollegen gab, die mir dabei halfen.

In der Zwischenzeit blieb die politische Entwicklung in der DDR nicht stehen. Obwohl ich eine Zeitlang wegen der persönlichen Probleme dies kaum wahr-nahm, war etwa seit 1986 eine steigende »miese Stimmung« zu verzeichnen. Immer weniger Informationen über Probleme usw. drangen zu uns vor. Dagegen wurde mehr Bereitschaft und Verständnis von uns als Genossen gefordert. Diese Situation steigerte sich bis Anfang 1989 ins fast Unerträgliche. Ich erinnere mich gut an die Brisanz der Worte: *Ossietzkyschule**, *Verfahren gegen Vera Wollenberger***. Über die wahren Ereignisse an der Ossietzkyschule habe ich damals nie etwas erfahren. Immer wurde der gesamte Sachverhalt eingeschränkt, Details nicht genannt. Auch das Verfahren gegen Vera Wollenberger rührte Wogen auf. Arbeitskollektive fragten mich ganz konkret

---

* Im Zusammenhang mit einer kritischen Wandzeitung gegen Militarisierung wurden Schüler von der Schule verwiesen.
** Gemeint sind die Ereignisse im Zusammenhang mit der Demonstration zum Todestag von R. Luxemburg und K. Liebknecht (alljährlich offiziell verordnet) im Januar 1988, bei der Oppositionelle auf Transparenten R. Luxemburgs Satz: *Freiheit ist immer die Freiheit der Andersdenkenden* gegen die politische Realität der DDR stellten.

nach dem tatsächlichen Sachverhalt, denn die Artikel in den Zeitungen widersprachen sich täglich neu. Nachdem ihr *Staatsverbrechen* mit einer Freiheitsstrafe in Höhe von sechs Monaten geahndet wurde, erfolgte einige Zeit später ihre Ausweisung. Eine Entscheidung dieser Art war nach dem gültigen Strafgesetzbuch gar nicht möglich. Auf meine Frage kam die Antwort, ich solle mich an Hand der Zeitung informieren. Den Arbeitskollektiven blieb ich eine korrekte Antwort schuldig.

Innerlich war ich immer mehr unzufrieden über die gesamte Situation, ich hatte das Gefühl, es entwickelt sich zurück bei uns. Daß die Ursachen auch am System lagen, habe ich klar erst nach der Wende erkannt. Aber daß die Entwicklung zum Konflikt sich anbahnte, war eindeutig fühlbar, z. B. bei den Wahlen '89: Nach der Stimmung zu urteilen, die allgemein in der Bevölkerung herrschte, die selbst unter Genossen spürbar war, hielt ich das Ergebnis für einen Betrug. Ich konnte mir einfach nicht vorstellen, daß dies stimmen soll. Unter den Kollegen gab es dazu auch Diskussionen. Nun waren einige als ehrenamtliche Wahlhelfer eingesetzt, die versicherten glaubhaft, daß bei der Auszählung alles korrekt verlief und nicht manipuliert wurde! Dort vielleicht nicht. Die Korrektheit der Ergebnisse blieb dennoch zweifelhaft. Warum, habe ich mich immer gefragt, müssen es fast 100% sein, wenn 60% auch reichen? Wer braucht den Zahlenorgasmus? Dies war mir widerlich, und ich war heilfroh, daß die Weisung kam, Anzeigen wegen Wahlbetrug an die Abteilung I a weiterzuleiten. Damit fand ich meine Vermutung bestätigt, fügte mich aber – sicher feige – dieser Situation. Es hieß: Konterrevolutionäre wollten die Wahlergebnisse beeinflussen und unterwandern, um das System zu zerrütten. Wie wahr, wie wahr...

Die Ereignisse hielten uns in Spannung. Zum Pfingsttreffen wurden noch Quartiere gesucht. In der Parteiversammlung mußte *jeder* Genosse Rechenschaft ablegen, ob er welche bereitstellte. Nun hatte ich in der Vergangenheit zu solchen Ereignissen immer zwei Mädels beherbergt, mir aber nach der letzten Einquartierung geschworen, mit mir nicht mehr. Ich entging dem Problem, da ich zu Pfingsten, wissend darum, Urlaub hatte und mit Kind und Kegel tatsächlich wegfuhr. Froh, dieser Lügenfete zu entgehen, mit Unruhe und unheimlichen Gefühlen, was noch kommen würde.

Im September/Oktober '89 war ich krank und sah – als Antifernsehfan – in die Röhre. Kein Krimi war und wird je so spannend sein wie die Dokumentarberichte um die Zeit der Wende herum. Es war so ein Aufruhr in allen Menschen – ein Glücksgefühl, der 4. November! Ich hatte das Empfinden, jeder auf dieser wohl einmaligen Demonstration schreit ohne Angst seine Emotionen heraus. Wie verschieden waren sie doch, wie beeindruckend! Ich weiß auch noch genau, daß mich die Rede von Marianne Birthler erregte und ich ihr nicht glaubte, was sie dort aus den Gedächtnisprotokollen vorlas.

Nach dem 4. November war ich gesund und wieder im Dienst. Mein Chef fragte mich, ob ich bereit wäre, bei den sogenannten *Oktoberverfahren* mitzuarbeiten. Ich war sogar froh darüber und sehr interessiert, mitzuhelfen, die Wahrheit aufzudecken. Glaubte ich doch, die Gedächtnisprotokolle und Anzeigen seien emotionsgeladen, übertrieben. Die Wahrheit war bitter. Die Menschen, die als Zeugen oder Geschädigte mir gegenüberstanden, hatten in den Protokollen den reinen Sachverhalt geschildert, und das, was sie wirklich erlebt hatten, war weitaus schlimmer. Solche Erniedrigungen und Demütigungen waren kaum formulierbar. Die ersten drei Tage waren für mich wie ein Zusammenbruch. Ich stürzte mich in die Arbeit, schwor mir, die reine Wahrheit aufzudecken, nichts zu beschönigen, mir nichts einreden zu lassen – nur so geht es, um sich selbst nicht verachten zu müssen.

Die Vernehmungen von Zeugen und Geschädigten fanden in Rummelsburg statt. Wieso an diesem Ort des Geschehens für viele? Wen wunderte es dann noch, wenn Geschädigte den Vorladungen an den für sie schrecklichen Ort nicht Folge leisteten? Sehr viele kamen nicht. Es behinderte die Aufklärung. Mein Vorschlag, die Vernehmungen an anderen Orten durchzuführen, Vertreter der Kirche oder andere mit einzubeziehen u. a., wurde nicht akzeptiert, bzw. es wurde gar nicht darauf reagiert. Viele der Betroffenen werden nicht gekommen sein, weil sie das Vertrauen in die ermittelnden Organe spätestens an den betreffenden Oktobertagen verloren hatten und auch im November aus Angst über mögliche Konsequenzen sich zurückzogen.

Das Chaos bei den Ermittlungen und der Sachstand, den ich nach fast einem Monat in den Vorgängen vorfand, war erschütternd.

Das Pferd wurde von hinten aufgezäumt. Grundlage der Ermittlungen waren hier nicht etwa die Einsatzpläne der Polizei an diesen Tagen und Vorführungsprotokolle, sondern die einzelnen Aussagen der Betroffenen. Viele Geschädigte kannten ja nicht einmal die Aufenthaltsorte, die wir nur aus ihren Beschreibungen zuordnen konnten. Geprüft wurden insbesondere Anzeigen, wo der Verdacht einer Körperverletzung vorlag. Der betreffende

Paragraph* im Strafgesetzbuch erfaßte aber keinesfalls den Umfang der Demütigungen und Erniedrigungen, die die Geschädigten erlitten hatten. Auch fehlten Festlegungen zu den Festnahmen der völlig an den Demonstrationen unbeteiligten Geschädigten. So wurden einige, die den Hund ausgeführt hatten, einen Brief zum Briefkasten brachten oder aus völlig anderen Gründen unterwegs waren, damals festgenommen, weil sie sich in der Gegend befanden. Es waren ganze Straßenzüge vorn und hinten abgesperrt und alle, die sich dort befanden, zumeist würdelos auf LKWs u. a. getrieben worden. Ein 19jähriger junger Mann (hätte mein Sohn sein können) schilderte mir völlig unbefangen den von ihm erlebten Ablauf. So fand er die Demo, zu der er auf seinem Heimweg kam, irre. *Keine Gewalt* war der Slogan, der ihn beeindruckte. Er lief nebenher und wollte sehen, was geschieht. Neugierde. Er schilderte die Straßensperre – keine Chance, zu entrinnen; den Wasserwerfer, der auch auf Fenster zielte, wo Anwohner zuschauten und ihre Empörung herausriefen. Mit nassen Klamotten saß er viele Stunden auf dem LKW und fror. Er sah, wie andere getreten und geschlagen wurden, weil sie widersprachen.

---

* Aus dem Strafgesetzbuch der DDR: § 131 Freiheitsberaubung:
(1) Wer einen Menschen einsperrt oder auf andere Weise rechtswidrig der persönlichen Freiheit beraubt, wird mit Freiheitsstrafe bis zu zwei Jahren oder mit Verurteilung auf Bewährung, Geldstrafe oder mit öffentlichem Tadel bestraft oder von einem gesellschaftlichen Organ der Rechtspflege zur Verantwortung gezogen.
(2) Wer durch die Freiheitsberaubung eine schwere Körperverletzung fahrlässig verursacht oder sie auf andere, die Menschenwürde besonders verletzende Art und Weise begeht, wird mit Freiheitsstrafe bis zu fünf Jahren, und wer durch sie den Tod des Opfers fahrlässig verursacht, mit Freiheitsstrafe von zwei bis zu zehn Jahren bestraft.
(3) Der Versuch ist strafbar.

Darum fügte er sich. Seine Notdurft konnte er, trotz mehrfach wiederholter Bitte, nicht verrichten. Keiner durfte vom LKW. Bis zum Schmerz hielt er es aus.

Wenn ich nicht die vielen Menschen selbst gehört hätte und deren Schilderungen nicht durch völlig andere Zeugen, die sich untereinander nicht kannten, immer wiederholt wurden, hätte ich dies niemals in diesem Ausmaß geglaubt. So wie ich waren auch andere Kollegen sehr daran interessiert, diese Verfahren wahrheitsgetreu aufzudecken und zu verfolgen. Das ging aber nicht. Irgendwie kam es immer zu Blockierungen, die die Ermittlungen behinderten.

Aus: Gesetz über die Staatsanwaltschaft der Deutschen Demokratischen Republik, vom 7. April 1977:

§ 2

(1) Die Aufsicht der Staatsanwaltschaft über die strikte Einhaltung der Gesetzlichkeit und die einheitliche Anwendung des Rechts dient der Lösung der Aufgaben der sozialistischen Staatsmacht bei der weiteren Gestaltung der entwickelten sozialistischen Gesellschaft, mit der grundlegende Voraussetzungen für den allmählichen Übergang zum Kommunismus geschaffen werden. Die Staatsanwaltschaft hat insbesondere beizutragen,
- die sozialistische Gesellschafts- und Staatsverordnung, das sozialistische Eigentum und die Volkswirtschaft zu schützen;
- die gesetzlich garantierten Rechte und Interessen der Bürger zu schützen, zu wahren und durchzusetzen;
- das sozialistische Staats- und Rechtsbewußtsein der Bürger zu festigen und ihre gesellschaftliche

Aktivität, Wachsamkeit und Unduldsamkeit gegen jegliche Rechtsverletzungen zu entwickeln sowie Rechtsverletzungen vorzubeugen. [...]

Es war anfangs auch alles diffus organisiert. So mußte ich z.B. bis 17 Uhr warten (war mein Feierabend nach einem harten Tag), weil ein Beschuldigter (!) die vergangene Nacht Schicht hatte und ausschlafen mußte, ehe er zur Vernehmung erschien. Ich war davon ausgegangen, daß ein beschuldigter Polizist, zumindest bis eine Entscheidung vorliegt, vom Dienst beurlaubt ist. Auch die materiellen Voraussetzungen waren äußerst mangelhaft. Kein Papier, keine Schreibmaschinen, kein Telefon, kein Tisch... Es verging ein weiterer Monat, ehe diesbezüglich eine Besserung eintrat.

War dies alles Unvermögen, oder war es Absicht? Was mir damals alles fragwürdig erschien, wurde mir später ziemlich klar. Es gab auch laufend einen Wechsel unter den Sachbearbeitern der Kripo und auch bei den Staatsanwälten. Ende November arbeiteten andere Kollegen in Rummelsburg, ich hatte eine Sache zu Ende zu führen. Unter den damaligen Bedingungen war es absolut keine Freude, wenn man ackerte, um Licht in die Sache mit hineinzubringen, aber kein richtiges Vorankommen sichtbar wurde und dazu die Medien laufend Negativ-Schlagzeilen entwarfen, ohne die geringste Ahnung vom wirklichen Sachverhalt zu haben. Zumindest kann ich mich nicht erinnern, daß im November mal jemand von der Presse bei uns erschienen war. War ich damals wütend auf die Stimmungsmache der Reporter, gewöhnte man sich später daran.

Das scheidende Jahr wartete ja noch mit einer Masse an traurigen Sensationen auf, wenn man vom 9. November absieht. Schlag für Schlag wurden Dinge offenbart, die in ihrer Gesamtzahl für den Normalbürger kaum zu verkraften waren. War denn alles falsch, was wir mal in Geschichte gelernt hatten? Alles verschwand bei mir im Zweifel.

Anfang des Jahres 1990 wurde bei uns die Abteilung I a, die in der Hauptsache für die Bearbeitung politischer Verfahren zuständig war, aufgelöst. Mit weiteren Kollegen waren wir beauftragt, Vorbereitungen zu treffen für eine spätere Rehabilitierung zu Unrecht Verurteilter. Damit hatte ich erstmalig Zugang zu Strafakten, die vom MfS bearbeitet worden waren.

Die deprimierenden Erkenntnisse nahmen kein Ende. Wähnte ich bis dahin, daß durch diese Abteilung komplizierte politische Verfahren (Spionage, Sabotage u. dgl.) bearbeitet wurden, so war ich gleich bei der Durchsicht der ersten Akten betroffen; z.B. enthielten diese einen total primitiven Sachverhalt, für den es eigentlich keinen Paragraphen im Strafgesetzbuch gab. Ein Schleifchen an der Antenne des Trabis, und ich glaube, es wurde damit eine Fahrt nach Dresden und eine in den Spreewald gemacht (genau weiß ich es nicht mehr, es waren auf jeden Fall zwei Fahrten). Mutter, Vater und Sohn erhielten dafür mehrere Monate Freiheitsstrafe. Für den umfangarmen Sachverhalt waren die Akten (für jeden eine) sagenhaft dick. Beim Lesen dachte ich immer, es muß doch noch etwas kommen? Dafür fiel die Beweisaufnahme in der Verhandlung recht kurz aus. Für alle drei wurde später die Ausreise realisiert. Verfahren dieser Art gab es viele. Da war die Gardine an den Fenstern einer Wohnung in der

17. Etage wie ein *A* angeordnet oder ein Ausreisewilliger hatte einen *dekorierten Kaktus* an die damalige Abteilung Innere Angelegenheiten geschickt. Den *Verkauf* sogenannter politischer Häftlinge ahnte ich damals erst.

In dieser Zeit wurde zwar viel von Rehabilitierung geredet, es gab aber noch kein Gesetz dafür. So haben wir uns entschlossen, die Akten sofort für eine Kassation zu prüfen, wo die Einjahresfrist noch nicht abgelaufen war. Nur in Ausnahmefällen, die besonders schwerwiegend waren, haben wir auch über Ausnahmeregelungen die Kassation der Entscheidung durchführen können, wo schon mehr als ein Jahr vergangen war. Wir waren zu größeren Aktionen kaum in der Lage, weil wir inzwischen personell total überfordert waren. Durch die (diesmal berechtigten) Pressemitteilungen, daß alle politisch Verurteilten die Herausgabe ihrer Prozeßdokumente (Anklageschrift und Urteil) von den Gerichten fordern konnten, wurde eine Flut von Anforderungen ausgelöst, denen wir aus verschiedenen Gründen kaum gewachsen waren. Erstens waren die Akten beim MfS und nicht bei uns archiviert, und durch die vorhergegangenen Ereignisse war es schwierig, die Akten zu bekommen. Dann wußten viele nicht genau, wo die Verurteilungen (die z.T. schon Jahrzehnte zurücklagen) erfolgt waren und auch z.T. nicht weswegen. Angehörige kamen und konnten nicht mehr als Namen und Jahr benennen. Und mit der Herausgabe der Prozeßunterlagen gaben viele sofort auch ihre Anträge auf Rehabilitierung ab. Diese wurden mit den Akten bereitgelegt, um sofort nach Inkrafttreten des Gesetzes wirksam werden zu können.

Im Frühjahr und Sommer 1990 gingen weitere Staatsanwälte weg. Viele nutzten die Gelegenheit, sich als Rechtsanwalt selbständig zu machen. (In der DDR war es davor schwierig gewesen, sich als Rechtsanwalt niederzulassen.) Finanzielle Vorteile und sicher auch der Reiz der relativen Unabhängigkeit spielten dabei eine Rolle sowie die absehbare Entwicklung. Die Übriggebliebenen hatten alle Hände voll zu tun. Und das war beileibe nicht die allgemeine Kriminalität, die uns in Atem hielt. Was wurde nicht alles aufgedeckt, wo wurde Geld gefunden, Akten, wo Papier vernichtet. Es wurden Leute abgezogen zu Ermittlungen der Regierungskriminalität, RAF-Aufdeckungen kamen dazu und, und, und...

Ich habe nicht nach links und rechts gesehen, bis der 3. Oktober kam. Noch am 2. 10. 90 haben wir zig Schreiben an diejenigen geschickt, die einen Rehabilitierungsantrag gestellt hatten. Zwischendurch mußten wir unsere Zimmer ausräumen und unsere persönlichen Sachen nach Hause tragen. Jeden Abend bin ich mit einem meiner Blumentöpfe und anderem Kram nach Hause gegangen. Auf meinem letzten Heimweg von meiner Arbeit am 2. 10. 90 war mir mehr als nur zum Heulen. 16 Jahre...

In Berlin waren im Ostteil ab 4. 10. 90 alle Gerichte zu. Den ehemaligen Staatsanwälten und Richtern aus dem Ostteil der Stadt blieben die Türen verschlossen. Der Einigungsvertrag hat mich in den Wartestand versetzt – eine Mitteilung darüber habe ich nie erhalten. Obwohl der Wartestand am 2. 4. 91 ablief, weiß ich noch immer nicht, wie der Stand der Überprüfung ist, natürlich hoffe ich. Das Wartegeld (70% vom Durchschnitt der letzten sechs Monate vor dem 3. 10. 90) wurde bis 2. 4. 91 gezahlt. Seit dem 3. 4. 91 bin ich arbeitslos und beziehe Arbeitslosengeld. Und ich warte noch immer...

(aufgezeichnet im Juni 1991)

Kontrapunkt 3
Teil 4

IM NAMEN DES VOLKES!

StKs. 211/52   In der Strafsache
gegen
1) den Bauschlosser Wilhelm *Kiefer* [...]
2) den Maschinenschlosser Friedrich *Gronau* [...]
3) den Maschinenschlosser Georg *Panitz* [...]
wegen Verbrechens nach Art. 6 der Verfassung der DDR in Verbindung mit Abschn. II Art. III A III der Kontr. Direktive 38 wurde in der Sitzung des I. Strafsenats des Bezirksgerichts Potsdam vom 12. Dezember 1952, an der teilgenommen haben:

Oberrichter *Dzida*
als Vorsitzender
Frau *Bachmann*
Herr *Hupka*
als beisitzende Richter
Staatsanwalt *Amman* als Vertreter
der Bez.Staatsanwaltschaft
1) Angestellte *Opitz*
2) Angestellte *Jonas*
als Schriftführer der Geschäftsstelle

für Recht erkannt:
der Angeklagte Kiefer zu einer Zuchthausstrafe von 15 Jahren, der Angeklagte Gronau zu einer Zuchthausstrafe von 15 Jahren, der Angeklagte Panitz zu einer Zuchthausstrafe von 4 Jahren verurteilt.

Das Vermögen der Angeklagten wird eingezogen.

Gründe: [...] Während der Senat hinsichtlich des Angeklagten Kiefer dieselbe Auffassung von der notwendigen Strafe hat wie der Anklagevertreter, ist er, den Angeklagten Gronau betr., anderer Meinung. Zwar ist Gronau erst durch Kiefer mit dem »KgU« in Verbindung getreten, dennoch hat seine später gezeigte Aktivität dem Gericht den Eindruck vermittelt, daß sein Haß und sein verbrecherischer Wille für die Menschen der DDR und die Sache des Friedens eine genauso hohe Gefahr darstellen, wie Kiefer selbst.

Schon bald nach der Verurteilung haben sie mich zur Scheidung gedrängt, und sie haben mich bekniet: Trennen Sie sich von der Frau. Immer wieder haben sie mir erzählt: Deine Frau geht fremd, geht als Prostituierte, heute haben wir sie wieder mit einem fremden Mann im Bett angetroffen. Nutte. (Wie man solch eine Frau so runtermachen kann – das sind keine Menschen.) Als ich dann nach dem Nervenzusammenbruch aus dem Krankenhaus rauskam, haben sie mich erst mit zwei Mördern zusammengesperrt, davor war ich in Einzelhaft. Dann kam ich zu einem Kriminellen, der hatte schon unter Hitler wegen Rauschgift gesessen und saß auch jetzt wieder wegen so einer Sache. Ich bin ja gegen Rauschgift, das ist eine ganz schlimme Sache, aber – ich weiß nicht, warum – dieser Mann war für mich eine Stütze. Eine andere Stütze war – außer meiner Frau – meine Schwiegermutter. Sie ist dann später an Krebs gestorben. Die hat mir einen Brief geschrieben ins Gefängnis und hat zu meiner Frau gesagt, daß sie mich nie verlassen soll. Das rechne ich ihr hoch an. Den Brief habe ich ein halbes Jahr bei mir getragen, im Schuh, im Absatz. Die hatten mir doch die orthopädischen Schuhe weggenommen, und ich mußte einfache Schuhe tragen ohne Einlage, und da hab' ich mir dann aus Zeitung eine Einlage gemacht, und dort steckte der Brief drin. Eines Tages kam »Filzung«, und er war weg.

Gleich nach meiner Entlassung wollten sie meinen Sohn Horst als Spitzel werben. Sie hatten ihn mitgenommen nach Seelow, da war er vielleicht 17 oder 18, und in eine Dunkelzelle gesperrt. Und als sie nach seiner Freilassung noch mal kamen, da ist meine Frau dazwischengegangen und hat gesagt, jetzt ist Schluß, und hat sie weggejagt. Das war Courage. Freunde gab's dann nicht mehr. Verschiedene, die sich danebenbenommen hatten gegenüber meiner Frau, die haben dann später versucht, vom Schlachten was mitzubringen, um was wiedergutzumachen, aber als ich am 12. Dezember 1964 nach Hause kam, da konnte ich nichts essen, da war ich das Knastessen gewöhnt. Hier in Golzow, da war bei Großkopf eine Gastwirtschaft, da bin ich hingegangen, um für Horst ein paar Zigaretten zu holen, und da hat einer – der war bißchen angetrunken – gleich gesagt: Dir müßte man paar in die Fresse hauen, und dir haue ich auch noch paar in die Fresse. Ein gewisser Hartwig, der ist schon verstorben, hat dann aber gesagt, den läßt du in Ruhe.

Ich selbst mußte mich ja immer melden – wenn ich mal in die Tschechei fahren wollte, mußte ich mich abmelden.

Ich wollte dann Lehrschweißer werden, wollte junge Leute ausbilden; das durfte ich nicht machen. Ich durfte noch nicht mal als Pförtner gehen, weil da Telefongespräche ankamen. Das Schlimme ist ja bloß: Wenn man einmal schlechtgemacht ist, hängt einem das an, wenn es auch nicht stimmt. Wie soll ich das heute noch beweisen? Die Gerichtsakten gibt's vielleicht nicht mehr. Und meine beiden Kameraden, ob die noch leben? Die Leute sagen eben: Irgendwas wird schon gewesen sein. Ja, es gab sogar welche, die haben zu mir gesagt: Du bist ja selber schuld, daß du im Knast gesessen hast, hättest es ja nicht machen müssen. (Der das gesagt hat, hat – kaum aus der Kriegsgefangenschaft nach Hause gekommen – gleich wieder die Knarre in die Hand genommen und bei der Kampfgruppe mitgemacht.)

Friedrich Gronau

Staatsanwaltschaft   *5. 9 1991*
Bezirksgericht Frankfurt (Oder)

VERFÜGUNG
[...]

mit folgender Stellungnahme zum Kassationsantrag des

Friedrich Gronau
Gasse 15, O-1211 Golzow:

Der Antragsteller hätte mit den am 12. 12. 1952 getroffenen Feststellungen nicht wegen Verbrechens gem. Artikel 6 der DDR-Verfassung bestraft werden dürfen. [...]

Es wird daher beantragt,
Friedrich Gronau
unter Aufhebung der Nebenstrafe
freizusprechen
und ihm für den vom 12. 6. 1952 bis 11. 12. 1964 erlittenen Freiheitsentzug Entschädigung zu bewilligen.

Hummler
Staatsanwalt

Ich habe zwar massive Schlafstörungen gehabt, aber nicht deswegen

N.N., geb. 1949, war von 1974 bis 1984 Richter bzw. stellv. Direktor an einem Kreisgericht, ist seit 1984 Anwalt

Ich bin Jurist geworden, weil ich eigentlich *schreiben* wollte, und ich habe als ein Gebiet, das mir interessant erschien, an Strafrecht gedacht. Meine Vorstellungen dazu habe ich aber eigentlich nur aus Filmen und Erzählungen bezogen. Ich habe dann gemerkt, als ich die ersten Kontakte mit Rechtsfächern hatte, nachdem also dieser Ideologiewust der ersten Semester überstanden war, daß Strafrecht mein Leben nicht ausfüllen würde, habe aber festgestellt, daß in diesem Studium etwas drinsteckte, was mich vorher überhaupt nicht berührt hatte, das ich aber sehr interessant fand, nämlich Zivilrecht.

Als ich mit dem Studium fertig war, standen mir die üblichen juristischen Berufe offen, nämlich Richter und Staatsanwalt. Ich wurde Forschungsstudent. Da habe ich nach anderthalb Jahren, nachdem ich teils durch eigene, teils durch fremde Schuld nicht so richtig weitergekommen war, einfach den Kopf in den Sand gesteckt und bin nicht mehr hingegangen. Und das hätte vielleicht auch nicht zu besonderen Konsequenzen geführt, wenn nicht in dieser Zeit (ich war, damit man mir nicht sagen konnte, ich hätte es getan, um zum Studium zu kommen, erst *nach* Beginn des Studiums in die Partei eingetreten) eine

Parteigruppenwahl stattgefunden hätte. Und daran nicht teilzunehmen, das war eine Todsünde. Es gab Konsequenzen – ein Parteiverfahren, und ich flog aus dem Forschungsstudium, was ich heute, aus der weiseren Sicht, als einen ausgesprochenen Glücksfall betrachte.

Aber nun mußte man mit mir ja irgendwas anfangen. Ohnehin, also auch unabhängig von dieser Geschichte, war geplant, mich für ein Jahr in die Praxis zu schicken, und so wurde ich Anfang 1974 – mit sehr viel Asche auf dem Haupt (es war ja wirklich nicht in Ordnung, was ich da gemacht hatte – das muß ich völlig wertfrei sagen) Notarpraktikant. Dort war ich bemüht, mich vor mir selber zu beweisen, und konnte nach kurzer Zeit feststellen, daß diese Notariatspraxis mir ganz ungeheuren Spaß machte. So war mir klar, daß ich Notar werde und nie wieder zur – wie ich heute noch sage – Humboldtschule zurückgehe. Und dann kam eines Tages der Kaderleiter des Stadtgerichts zu mir und sagte: In Lichtenberg wird ein Richter gebraucht, hast du nicht Lust, dort Richterassistent zu werden und dich der nächsten Richterwahl zu stellen? Ich habe gesagt, ich hab' nichts dagegen, habe aber Bedenken, ob mein Persönlichkeitsbild ausreicht, worauf er mir antwortete – das werde ich nie vergessen: Da mach' dir mal keine Sorgen, da sind schon ganz andere Richter geworden.

Ich wurde also Richterassistent in Lichtenberg, im Familien- und Zivilrecht, und habe (nach gewissen Anfangsschwierigkeiten – ich wußte zum Beispiel nicht, wie man eine Verfügung macht – und immer noch mit dem schlechten Gewissen, dem Gefühl, man müsse den Genossen beweisen, daß man so schlecht nicht ist) mich wohl ganz gut entwickelt. Und habe das gerne gemacht.

Im Jahre 1977 habe ich angefangen, darüber nachzudenken, ob ich nicht Anwalt werden sollte, weil das ja
eigentlich mal das gewesen war, wo ich hinwollte. Ich
hatte sozusagen die Scheuklappen wieder abgelegt. Ich
bin dann zum Stadtgericht gegangen und hab' gesagt:
Ich kandidiere nicht mehr. Daraufhin sagte der Direktor
zu mir: Ich kann dich nicht zwingen, als Richter zu
kandidieren, aber ich kann dafür sorgen, daß du nicht
Anwalt wirst, denn das Kollegium streitet sich nicht um
einen Kader mit dem Stadtgericht, denen sind die guten
Beziehungen zum Gericht wichtiger. Mach noch eine
Wahlperiode, ich brauch' dich jetzt, wo das neue Zivil-
gesetz in Kraft getreten ist, und dann kannst du gehen.
Ich kannte ihn zwar nur so, wie man eben aus der Frosch-
perspektive solche Leute kennt. Aber da ich das Gefühl
hatte, ihm vertrauen zu können, und auch nicht direkt
darauf wartete, daß mit der Richterei Schluß ist, habe ich
weitergemacht.

Später fragte man mich, ob ich bereit wäre, Stellvertreter des Direktors zu werden. Ich hab' erst mal gesagt:
Nein, weil ich das Gefühl hatte, ich müßte dann meine
Arbeit in der Zivil-Kammer sein lassen. Dann wurde ich
ins Strafrecht umgesetzt, und da hab' ich mir dann irgendwann gesagt, ist ja eigentlich ganz egal, was du in
der Zwischenzeit bis zum Ausscheiden machst. Bin also
Stellvertreter geworden, allerdings unter der Bedingung,
daß ich in reduziertem Umfang mein Zivilrecht weitermachen kann. Dann nahmen durch die verschiedensten
Umstände – der Leitungskram nahm immer mehr zu –
meine Möglichkeiten, Verhandlungen zu machen, immer mehr ab. Es tauchten Dinge auf, die mir ausgesprochen unangenehm waren, beispielsweise die freundliche
Pflicht (wenn mein Chef nicht konnte oder behauptete,

nicht zu können, weil er keine Lust hatte), einem Bürgermeister zu gratulieren. Das behagte mir nicht, und so habe ich dann vielleicht 1981 oder '82 angefangen, mich auf den Ausstieg vorzubereiten.

Ich hätte zu dieser Zeit aus mindestens zwei Gründen nicht mehr Richter bleiben wollen: Erstens weil ich schon so bißchen in eine Sonderposition geschoben worden war, wogegen ich freilich nicht so fürchterlich ernsthaft gekämpft habe. Das zweite: Es ging ja immer mehr auf eine Spezialisierung zu, und irgendwann hätte ich dann als ein absolut Spezialisierter im DDR-Recht dagesessen, und das wäre langweilig geworden. Hinzu kam, daß ich die trügerische Hoffnung hatte, als Anwalt nicht mehr täglich von acht bis sechzehn Uhr auf einem Platz sitzen zu müssen, sondern mehr meinen Hobbystrecken nachgehen zu können. Daß das ein Irrtum war, habe ich damals noch nicht geahnt.

[G.F.: Ich erinnere mich an eine Andeutung, die du vor Jahren gemacht hast, die von Einmischung in deine richterliche Kompetenz handelte und von der ich immer meinte, eine Häufung solcher Dinge sei Grund für deinen Wechsel ins Anwaltsbüro gewesen.]

Das kann ich sogar noch ziemlich genau lokalisieren. Es handelte sich da um ein Sexualdelikt. Das Besondere an dem Verfahren war, daß der Vater eines der beiden Hauptangeklagten Oberst bei der Armee war und daß da die Haftbefehle, die damals etwas überaus Übliches waren, aufgehoben wurden. Untersuchungshaft war eben Usus. *Es gehörte sich so.* Das Stadtgericht hat dann zwar entschieden, daß die wieder reinkommen, und die wurden auch wieder verhaftet – da fehlten dann wohl doch die Beziehungen –, aber es gab dann von den verschiedensten Seiten immer solche komischen Geschichten –

der will die Akte sehen, jener will die Akte sehen. Und das waren Sachen, die einfach aufgehalten haben, die die Aktivitäten im Verfahren verzerrten.

Ich hatte mir im übrigen beim Zivilrecht angewöhnt, im Verfahren meine Fragen so ein bißchen mit Pokerface zu stellen, also nicht merken zu lassen, was ich dachte. Das habe ich dann im Strafrecht noch kultiviert. Angewöhnt hatte ich mir das im Zusammenhang mit meinem Parteiverfahren an der Uni, wo Leute, die mit mir gar nichts zu tun hatten, mich gefragt haben: Was hast du denn? Und da hab' ich mir gedacht, das darf dir nie wieder passieren, daß man dir so was ansieht. Und ich konnte dann damit im Strafrecht den Eindruck vermitteln, daß für mich nichts feststeht, bevor nicht die Beweisaufnahme abgeschlossen ist. Und das war auch meine eigentliche Form des Herangehens. Obwohl es eben manchmal gleich von Anfang an so aussah: Hier ist alles glasklar, und wenn keine Sensation passiert, könnte man eigentlich das Urteil schon vorschreiben. (In diesem Zusammenhang fällt mir ein: Eines Tages kamen zwei Rechtsanwälte ganz empört zu mir und erzählten, sie hätten in einer Strafsache in Frankfurt, ich glaube, es war eine I a-Sache, in der Akte hinten drin das vorgefertigte Urteil gefunden, und wollten wissen, was ich dazu sage. Und da hab' ich dann gesagt: Erstens muß der, der das gemacht hat, ein ordentlicher Döskopp sein. Zweitens find' ich dabei eigentlich nichts, denn das ist ja kein Urteil. Es ist ein Votum. Das Problem besteht nur darin, ob der Richter die Kraft hat, von seinem Votum abzugehen. Ich hab' mich da selbst gesehen. Ich hab' – weil wir im Strafrecht nach der Urteilsverkündung nur drei Tage Zeit hatten, dann mußte das Urteil geschrieben sein – mir ja auch in seltenen Fällen mein Urteil vorgeschrieben. Ob dann letztlich drinsteht »hätte« oder »würde«, ist dann auch egal; es ging einfach schneller. Aber du mußtest natürlich notfalls die Kraft haben, das ganze Ding zu nehmen und zu zerreißen. Das ist eine Frage des persönlichen Charakters. Schlimm ist eben nur, wenn ich nach dem Entwurf verhandle und es zu was anderm gar nicht mehr kommen lasse, um meinen Entwurf zu retten.)

Um zurückzukommen auf die Vergewaltigungsgeschichte: Ich sitze also da in dem Saal, und es schlägt mir von den Zuhörerbänken, von den Eltern, von den Angeklagten ein ständiges Mißtrauen entgegen. Hinter jeder Frage wird eine zweite Fangfrage gewittert. Das war unerträglich. In dem Moment, wo ich die Sache dann verhandelt habe, hatte ich es in der Hand, wie weit sich einer einmischt. Und dann hab' ich einfach nichts mehr zugelassen. Aber die Tatsache, daß ich das nicht zuließ, wurde mir nicht als Unbefangenheit und das Bemühen um die eigene Unabhängigkeit ausgelegt, sondern als einseitige Verfahrensführung, also das Gegenteil. Wie gesagt, habe ich ganz selten Einmischungsversuche erlebt, und ich habe sie durch die Bank zurückweisen können. Allerdings muß ich schon sagen, dem jeweiligen potentiellen Einmischer entsprechend mit recht unterschiedlichen Mitteln. (Man müßte die Arten von Einmischungsversuchen in die richterliche Unabhängigkeit mal systematisieren; das wäre ein Dissertationsthema.) Es hat Fälle gegeben, wo ich gesagt habe: Da ist die Tür. Aber das konnte man mit bestimmten Leuten nicht machen, ohne sich zusätzlich Ärger zu holen. Aber man konnte der Einmischung ja auch dadurch begegnen, daß man denjenigen reden ließ, immer ja, ja sagte und dann doch anders entschied.

Es gab aber eine ganz andere Art der Einmischung, an die heute kein Mensch mehr denkt und die – wenn man so will, eine sehr, sehr kluge war. Ich habe eine Reihe von Strafverfahren gemacht. Nicht vordringlich politische, sondern auch andere, die aus den verschiedensten Gründen ein gewisses Interesse geweckt haben. Da hatte ich manchmal die Akte noch gar nicht gesehen oder hatte an der Akte noch gar nichts gemacht, und schon kam ein Schreiben vom Obersten Gericht mit der Bitte um Übersendung einer Urteilskopie oder vom Ministerium der Justiz mit der gleichen Bitte. Da stand nicht drin: Derjenige ist zu verurteilen, oder gar: So und so. Das Schreiben war auch nicht an mich persönlich gerichtet. Aber man fühlte sich von Anfang an beobachtet. Das konnte es schon erschweren, unbefangen heranzugehen. Also es ist durchaus nicht immer nur die Staatssicherheit gewesen...

»Man kann vielleicht ganz grob drei Typen [von Richtern, G.F.] unterscheiden, wenn man mit ihnen über die Vergangenheit spricht. Die einen würde ich einmal die Idealisten nennen, die uns ganz ehrlich und offen sagen, sie sind in die SED eingetreten, haben den Staat unterstützt, weil sie von den Idealen des Sozialismus begeistert waren. Und gegen die Ideen, die uns dann aufgezählt werden, kann man nichts sagen.

Die zweite Kategorie sind eine Gruppe, die eigentlich sehr klein ist. Das sind die Opportunisten. Diejenigen, die mir, vorsichtig gesagt, am unsympatischsten sind. Sie sagen, ich habe die SED und den Staat schon immer abgelehnt, ich war immer im Widerspruch dazu, nach der Wende bin ich natür-

lich sofort ausgetreten, weil es mich sonst bei meinem jetzigen beruflichen Fortkommen stören könnte.

Und die dritte Gruppe, das sind, so würde ich sagen, die Gleichgültigen, die sagen, es gehörte dazu, in der SED zu sein, sonst konnte man nicht Richter sein. Und deshalb bin ich eingetreten. Ich habe mich um nichts gekümmert, und ich trete auch wieder aus oder bin schon wieder ausgetreten. Es gehörte halt dazu, aber es hat mich eigentlich alles nicht berührt.

Wenn ich mir die Gruppe ansehe, die ich als Idealisten bezeichnen würde, dann würde ich sagen, sie mögen bestimmt in unserem Rechtsstaat, nachdem sie die Möglichkeit haben, unabhängige Richter zu sein, das auch werden. [...] Die anderen beiden Gruppen, die Opportunisten und die Gleichgültigen, werden wahrscheinlich solche Richter werden wie viele von unseren Richtern.«

[Aus dem Votum der Berliner Kammergerichtspräsidentin Knobloch auf der Tagung der Evangelischen Akademie Bad Boll (4.–6. Oktober 1991) zum Thema: *Rechtskultur im vereinten Deutschland – Elemente einer vertrauenswürdigen Justiz*]

Es gab ja in der DDR immer sehr lange Untersuchungshaftzeiten, viel länger, als das jetzt üblich ist. Wenn also beispielsweise jemand schon sechs Monate in U-Haft gesessen hatte für eine Sache, von der ich mir sagen mußte, das ist nichts, das ist absolut gar nichts, hab' ich mir gesagt: Wenn ich jetzt schnell entscheide, ihn schnell verurteile und ihn dann rauslasse, ist das zwar immer noch nicht gerecht, aber die Sache ist dann vom Tisch, und die Staatsanwaltschaft wird das im Regelfall auch schlucken. Einen Freispruch oder die Aufhebung des Haftbefehls hätten die nicht geschluckt. Dann hätten die den sofort wieder gegriffen. Und er säße dann zumindest so lange, bis die zweite Instanz entschieden hat, wie auch immer. Solche Kompromisse hab' ich gemacht. Und sooft ich so was gemacht habe (so oft war es ja nicht, vielleicht ein halbes Dutzend, vielleicht war's auch ein Dutzend), immer zur Empörung der Angeklagten. Nun konnte ich mir den ja nicht anschließend beiseite nehmen und mit ihm wispern. Das hätte ihm außerdem auch nichts genützt. Und das hat mich dann schon beschäftigt, weil diese reine Zweckmäßigkeitsentscheidung eben letztlich eine ungerechte war. Aber das ist auch eine Frage des Stehvermögens in bezug auf solche Vorkommnisse. Also wenn du jemand die Zeit und die Kraft gibst, sich in jeder Sache intensiv mit dem Fall und auch mit sich selbst auseinanderzusetzen, dann wirst du natürlich öfter solchen Zwiespalt haben. Wenn du ihn aber mit Arbeit zudeckst, wird er viele solche Dinge routinemäßig machen. Es hat schon Fälle gegeben, in denen ich wahrscheinlich zu gedankenlos war. Aber daß man in der einen oder in der anderen Sache ein schlechtes Gewissen haben muß, das gehört – obwohl das heute auch wieder verleugnet wird, früher hätte man das gar nicht sagen dürfen –, das gehört zu diesem Beruf.

Das eigentliche Problem mit der Unabhängigkeit der Richter läßt sich am Beispiel der Volkskammerabgeordneten erklären. Es war nicht verboten, eine Nein-Stimme abzugeben. Und das waren auch nicht alles charakterlose Idioten. Auch der Richter war im Regelfall so unabhängig, wie er sich gemacht hat. Mit einer Ausnahme, und diese Ausnahme ist eben das Gesetz. Was heute in dieser Beziehung über die ehemaligen DDR-Juristen diskutiert wird, geht in vieler Hinsicht am Kern der Dinge vorbei. Ich kann einem Richter nicht vorwerfen, daß er z.B. den § 213 angewandt hat, wenn ich ihm nicht schlechthin vorwerfe, daß er Richter ist. Richter zu sein und das Gesetz nicht anzuwenden, das ist nicht nur dem Richter verboten, das ist nicht einmal ein Problem, sondern es ist eine Idiotie für sich. Ich bin dem Gesetz unterworfen. Ich kann nicht sagen, das Gesetz ist zwar da, aber ich wende es nicht an. Das kann jeder machen – der Richter kann es nicht. Wenn der Richter das tut, dann ist er, wo immer er sich befindet, zum Richter nicht geeignet. Eine andere Frage, die man auch diskutieren kann, ist die, ob ein eigentlich der Moral zugeneigter Mensch in der DDR Richter sein konnte. Ich behaupte allerdings: ja. Sehr viel leichter als beispielsweise Polizist oder auch Staatsanwalt, weil die »Partei« waren. Während der Richter, wenn er versucht hat, es richtig zu machen, tatsächlich wie ein Außenstehender war, der über den Dingen zu stehen hatte. Vielleicht gibt es diesen Richter auf der ganzen Welt nicht. Das ist nun wieder ein generelles Element der Unvollkommenheit des Lebens. Wär' ja auch fürchterlich, wenn es anders wäre. Daß es bedrückende Verfahren gab, das gehört dazu.

Diesen Abstand zur Euphorisierung, insbesondere auch politischer Verhältnisse, werde ich wohl mein Leben lang haben. Dabei habe ich immer das Gefühl gehabt – das muß man wissen –, daß die Justiz mit dem Gesetzesmaßstab einen ganz anderen Unabhängigkeitsgrad hat als zum Beispiel die Polizei. Ich habe später aus der ganz anderen Sicht des Anwalts den Eindruck bekommen, daß das stückweise abbröckelte. Das hat mich im nachhinein sehr bewegt. Entweder ist es in dieser Hinsicht, besonders in den achtziger Jahren, deutlich schlimmer geworden – was ich damals eigentlich nicht geglaubt habe –, oder ich war vorher – und das klingt natürlich ganz seltsam – tatsächlich noch zu naiv. Dazu muß man aber wissen, daß die Richter – und zwar, wie ich heute sage, aus gutem Grund – eine der am schlechtesten informierten Berufsgruppen waren, selbst was ihr eigenes Arbeitsgebiet angeht. Es gab also eine ganze Reihe von Dingen, die mir verborgen blieben.

Trotzdem halte ich Richter heute noch, nach wie vor, für einen ausgezeichneten Beruf. Und dann gibt es etwas anderes, das traut man sich heutzutage schon gar nicht mehr zu sagen, das sagen sie nämlich inzwischen alle. Aber ich hab' mir bei manchen Dingen gesagt, wenn *du* das nicht machst, dann macht das ein anderer, und der hat nicht mal ein komisches Gefühl dabei. Da mach *du* das man lieber und versuche mal wenigstens, das, was du machen kannst, zu machen. Schlimm war – aber das sehe ich eben auch erst heute so –, daß eine Richtlinie des Obersten Gerichts wie ein Gesetz zu behandeln war. Aber das war eben unsere Gewohnheit, und das haben wir früh schon gelernt wie eine ganz bestimmte handwerkliche Technik. Das war eine schlimme Geschichte, weil damit der Gesetzgeber aus bestimmten Dingen raus war. Und wenn ich mich bei meiner Entscheidung an so eine Richtlinie nicht hielt, dann wußte ich, daß allein unter Hinweis auf diese Tatsache mein Urteil aufgehoben werden wird. Hier zeigt sich: Es hat keinen Sinn, ein Urteil zu produzieren, von dem man weiß, es hat keinen Bestand. Da mußte man eben versuchen, das dem eigenen Standpunkt am nächsten kommende Bestandsfähige zu finden.

Wenn man Richter von damals beurteilt, muß man auch sehen, daß ein Richter in einer Instanz ja eben fast immer eine zweite über sich hatte. Es ist übrigens eine ganz seltsame Erfahrung, wie manche Westberliner mit rechtskräftigen DDR-Urteilen umgehen. An einem Tag: alles Unfug, alles Unrecht! Und dann kommst du am nächsten Tag, da sagen sie: Ja, das ist aber ein rechtskräftiges Urteil des Stadtbezirksgerichts. Und ich: Das ist doch aber Unfug, sogar nach DDR-Recht war das Unfug, das hab' ich schon im Berufungsverfahren damals gesagt. Antwort: Es ist rechtskräftig. Und das ist ja richtig, denn es geht ja nicht anders.

Bedrängnisse, die es in einzelnen Tätigkeiten als Richter gegeben hat, gehörten für mich zum Beruf. Wenn man den Beruf nicht als Job sieht, sondern mit ein bißchen Engagement ausübt, dann muß man mit solchen Bedrängnissen rechnen, die sind unvermeidlich. Und noch eins: Ich habe in meinem ganzen Leben, jedenfalls seit ich angefangen habe, über so was nachzudenken, noch nie geglaubt, im Paradies zu leben. Verkündungen dieser Art hat es immer gegeben, und ich glaube, wenn ich noch drei oder vier verschiedene Varianten der Gesellschaft erleben würde, dann würde es auch dort welche geben.

Ich hab' aber auch nie das Gefühl gehabt, ich müßte das Paradies verlangen, mir war das eigentlich egal. Ich war mit den Zuständen für mich relativ zufrieden, hatte aber damit immer auch einen gewissen skeptischen Blick auf die Dinge, aber eben in der Auffassung – und so geht es mir jetzt auch noch –, daß es nichts ohne Übel gibt. Sicher kann man gegen zu beseitigende Übel mit den geeigneten Mitteln etwas tun, aber mich haben viele Dinge zwar gestört, aber sie haben mich nicht nachts aufwachen lassen. Ich habe zwar massive Schlafstörungen gehabt, aber nicht deswegen. Das steht fest.

(aufgezeichnet am 29. Oktober 1991)

Aus der Blindheit in die Feigheit?

Epilog

Nicht alle, von denen ich gehofft hatte, sie würden an diesem Projekt teilnehmen, waren bereit, die Vergangenheit (auch die eigene) aufzuarbeiten. Herr Wetzenstein-Ollenschläger, von seinen Kollegen W.O. genannt, einst Direktor des berüchtigten Stadtbezirkgerichts Berlin-Lichtenberg, jetzt Anwalt (er wurde noch zu DDR-Zeiten *Einzelanwalt,* da ihn das *Kollegium* der Rechtsanwälte abgelehnt hatte, nicht zuletzt, weil Lothar de Maizière mit dem Niederlegen aller Ämter gedroht hatte, falls das *Kollegium* die Zulassung erteilen sollte), fertigte mich Ende Oktober 1991 am Telefon, nachdem ich das Projekt ausführlich erläutert hatte, mit dem Satz ab: *Ich habe so viele Fragen beantwortet, ich will nicht mehr.*

Ein ehemaliger Militärrichter, der ursprünglich zugesagt hatte, zog seine Zusage zurück. Verlautbarungen des Bundesministeriums für Justiz zu diesem Thema seien von einer Art, daß dem Leser nur Mißverständnisse und ihm nur Nachteile entstehen könnten. Er habe, so sagte er mir November 1991, jetzt kein Interesse mehr, da er schlechte Erfahrungen mit falschen Verallgemeinerungen gemacht habe.

Auch die Richterin, die mich 1985 verurteilt hat, Frau Vogel, hätte ich sehr gern befragt. Zunächst gab es keine Aussicht, überhaupt zu erfahren, wo sie wohnt. Die (West-)Berliner Justizbehörden verschanzten sich hinter dem Datenschutz (wie ich später am Beispiel meines Vernehmers feststellen konnte, war das eine Ausrede, denn seine Adresse bekam ich vom Einwohnermeldeamt ohne weiteres mitgeteilt). Selbst ein persönliches Schreiben an Justizsenatorin Limbach blieb ohne Ergebnis. (Meine kurze Zeit darauf vorgebrachte Bitte, sie möge dem Buch doch ein Geleitwort voranstellen, hat sie nicht einmal beantwortet.) Nachdem ich dann Frau Vogels Anschrift herausbekommen hatte, war ich zweimal bei ihr. Beim ersten Mal hatte ich, um meinem Besuch den Geruch des Amtlichen zu nehmen, meinen zweijährigen Sohn Wilhelm mitgenommen. Sie fertigte mich an der Wohnungstür ab, war sogar sehr ungehalten, als Wilhelm in die Wohnung hineinlief. Nicht einmal die Tatsache, daß ich mich auf die Empfehlung von Staatsanwalt Kaul berufen konnte, half. Nachdem letzterer sie wenig später zufällig auf der Straße getroffen und mein Anliegen vorgebracht hatte, meinte sie dann, sie sei zwar nicht begeistert, aber wir könnten beide gemeinsam einmal zu ihr kommen. Als ich dann einen Termin mit ihr verabreden wollte, fertigte sie mich an der Haussprechanlage kurz ab: heute nicht. Schließlich rief ihr Mann bei Herrn Kaul an und bat, von weiteren Versuchen Abstand zu nehmen – es gäbe Probleme in der Familie.

Frau Vogel war für mich – neben dem Vernehmer – die Schlüsselfigur meiner eigenen Verurteilung, weil sie mich meine Ohnmacht am deutlichsten spüren ließ. Ich habe das in *Mehl aus Mielkes Mühlen* ausführlich geschildert. Zu ihrer Verhandlungsführung will ich nur wiederholen, daß sie mich an den Witz erinnert, in dem erzählt wird, wie Besuchern aus den USA die Moskauer Metro gezeigt wird. Der Gastgeber prahlt mit einer Zugfolge von drei Minuten. Als die Besucher nach 20 Minuten immer noch keinen Zug haben fahren sehen und die Vorspiegelung kritisieren, ist die Antwort: Und was macht ihr mit den Negern?

In einem Brief an meine Mutter aus der Untersuchungshaftanstalt Rummelsburg habe ich meine Prozeßbegegnung mit Richterin Vogel geschildert – natürlich versteckt in einer Geschichte:

17. November 1985

Liebe Mutti!
Als Zeichen meiner ungetrübten Laune und meines allgemeinen Wohlbefindens hier ein sprachspielerisches Experiment, nämlich einen kleinen Zweiakter aus der Reihe »Camera obscura oder: Nonsens, durch Haftschalen betrachtet«, geschrieben fürs »Theater der Feindschaft« oder auch fürs »Theater im 3. Stock« (oder in welchem Stock war das?), einzuordnen etwa in die Richtung des etatistischen Rigorismus, die höchste Form des real existierenden Konservatismus, geeignet auch als Hörspiel der Sendereihe »Da kann einem Hören und Sehen vergehen«. Sein Titel: »Haut ab, halbaus, ganzaus, oder: Ein nahrhafter Dialog« (frei nach den Gebrüdern Grimm); Personen der Handlung: Katze und Maus; Ort der Handlung: im Fettnäpfchen; Zeit: 1. Akt vormittags; 2. Akt nachmittags; Requisit: ein Spruchband mit der Aufschrift »Тише, мыше, кот на крыше«. [»Still, Maus, Katze in der Nähe«]
Die Dialoge:
Katze: *Wie heißen Sie?*
Maus: *Man nennt mich Maus.*
Katze: *Und Ihr Beruf?*
Maus: *Hausmaus.*

244

Katze: *Sie sind also diejenige, welche gegen alles Gute und Schöne ist!*

Maus: *?*

Katze: *Sie verbieten Ihren Kindern Katzenwäsche als unhygienisch. Katzenzungen bezeichnen Sie als kariesfördernd, und Sie halten es für Heuchelei, katzenfreundlich zu sein. Schließlich weigern Sie sich, auf Katzenkopfpflaster zu demonstrieren.*

Maus: *Ich habe aber jahrelang in den Großen Topf des Mäusehilfswerks gesammelt...*

Katze: *... und im vorigen Jahr haben Sie abrupt damit aufgehört...*

Maus: *...weil der Topf aber nun ein Loch hat und von alledem, was dahindurch verschwindet, Mausefallen angeschafft werden.*

Katze: *Ich stelle also fest, daß Sie die Regeln des Katze-und-Maus-Spiels mit erheblicher Intensität ablehnen, indem Sie das Mäusehilfswerk grundlos und andauernd boykottieren und damit unserer Losung »Alles für die Katz!« zuwiderhandeln.*

Maus: *Ich habe doch aber jahrelang...*

Katze: *Sie müssen mir schon gestatten, daß ich im erforderlichen Maße verallgemeinere, sonst lassen wir uns von allzu vielen Einzelheiten ablenken.*

(Ende des 1. Akts und Pause. Zur Entspannung tritt jetzt auf der Probebühne ein kleines Ensemble des »Zirkus Kusch« auf: Es zeigen die »Berittenen Para-Grafen und -Gräfinnen« einen atemberaubenden »salto culpale«, und zwar ohne Netz, aber mit doppeltem Boden. Unterdessen tritt die Katze die Treppe krumm, und die Maus nagt an dem Speck, mit dem sie gefangen wurde. Danach beginnt der 2. Akt.)

Katze: *Ich fahre fort: Sie betrachten Katzenaugen am Fahrrad ohne elektrische Rücklichter als Verkehrsgefährdung durch Dunkelheit. Den Weg, den wir gemeinsam zurückgelegt haben, denunzieren Sie als Katzensprung. Und endlich halten Sie Ihre Kinder davon ab, zum (Baldrian-)Trinker zu werden, indem Sie vor dem angeblich nachfolgenden Katzenjammer warnen.*

Maus: *Ich bin aber schon als Mäuschen dafür eingetreten, daß alle Ratten das Land verlassen, und habe deswegen auch die illustrierte Wochenzeitung »Das sinkende Schiff« abonniert.*

Katze: *Dagegen spricht aber Ihre Behauptung, ich liefe immer um den heißen Brei herum, die im übrigen eine doppelte Verleumdung darstellt: Erstens ist der Brei höchstens lauwarm, und zweitens stehen Sie mit dieser Auffassung weithin allein da, oder kennen Sie noch jemand...?*

Maus: *Doch: die Feldmaus, die Waldmaus, die Spitzmaus, die Tanzmaus und auch die weiße Maus.*

Katze: *Ich kann nicht gestatten, daß Sie Ihre vereinzelte Haltung ungerechtfertigt verallgemeinern, nur um von sich selbst abzulenken. Aus diesem Grunde muß ich zusammenfassend feststellen, daß Sie sich sowohl eines extremen zoologischen Egoismus als auch eines umfassenden linguistischen Terrorismus schuldig gemacht haben. Mein Spruch lautet daher: Mahlzeit!*

(Die Katze verschlingt die Maus. Ende.)

Herzlich Gilbert

Ich lasse dahingestellt, wieweit Frau Vogels Weigerung, mit mir zu sprechen, Ausdruck eines schlechten Gewissens ist, und wie weit sie damit auf eine pauschal urteilende Öffentlichkeit reagiert, die sich von reißerisch aufgemachten Illustriertenberichten aufheizen läßt. Zwei Briefe habe ich ihr geschrieben. Im ersten habe ich das Projekt erläutert und gab mich natürlich auch als einen von ihr Verurteilten zu erkennen. Keine Antwort. Der zweite Brief appellierte an ihre Verantwortung bei der Aufarbeitung der DDR-Geschichte. Auch hierauf keine Reaktion.

Eine Richter-Kollegin sagt über sie: *»Ich habe Sonja Vogel in Verfahren selbst nicht erlebt. Ich hab' sie gut gekannt, ohne daß wir nun unmittelbar familiären Kontakt hatten. Insofern ist es jetzt für mich schwierig, über sie was zu sagen. Sie war eine Kollegin. Ich weiß, daß sie sich in diesem Bereich – für mich eigentlich damals schon erstaunlicherweise – wohl fühlte. Die I a-Verfahren waren ja gut aufbereitet – da waren alle Beweismittel sehr genau, sehr akribisch, du hattest kaum Beweisschwierigkeiten. Solche Verfahren hatten für den Richter schon viele Erleichterungen. Da hatte man mit den Verfahren, die durch die normale Kripo ermittelt wurden, schon weitaus größere Schwierigkeiten. Und das war für sie auch der Grund, Richter zu bleiben. Hat sie mir selbst mal gesagt. Es ist für mich also schwierig, über jemand zu urteilen, den man gekannt hat und gegen den man keinerlei feindliche Gefühle hegt. Aber es ist schon bedrückend, wenn man dann mitbekommt, wie der einzelne sie erlebt hat, wie der Eindruck vom Richter ist, das ist schon beschämend. Also ich hab' mich selbst dann geschämt, als ich die Schilderungen las. Ich hoffe, daß ich diesen Eindruck weder in den politischen noch in anderen Verfahren hinterlassen habe.«*

Bernd Sickert, am 8. Januar 1985 von ihr wegen »ungesetzlichen Grenzübertritts« zu 1 Jahr und 6 Monaten verurteilt, schreibt: *»Die Richterin Vogel, zu der brauche ich mich nicht zu äußern, die ist allgemein bekannt. Blutunterlaufene Augen und eben nur Gebrülle: Staatsfeinde, Verräter.«*

Ein ehemaliger Staatsanwalt meint dagegen:

»Frau Vogel kann gar nicht schreien. Sie spricht ganz leise, aber so akzentuiert, daß es schon wieder hart wirkt. Eigentlich ist sie ein lieber, netter Kerl. Und sie war in diesen Verfahren generell auch in fürchterlichen Situationen. Ich hatte oftmals den Eindruck, daß sie ihre eigene Unsicherheit oder ihre eigene Unzufriedenheit mit der Verfahrensführung und den ihr auferlegten Zielstellungen durch besonders forsches Auftreten kaschieren wollte. Aber bei Frau Vogel ist es nicht nur die Stasi, die Druck ausgeübt hat. Ich weiß von ihr, daß sie in einer ganzen Reihe von Fällen die Konsultation mit ihrem übergeordneten Organ, also mit dem Stadtgericht, mit dem zuständigen Richter gesucht hat und von dort Weisungen erhalten hat, die ihr absolut widersprochen haben. Und da gab's keine Möglichkeit, sich darüber hinwegzusetzen. Es sei denn, man quittiert den Dienst. Diese Konsequenz ist ja für jeden da, aber es ist billig, immer dieses Argument zu bringen. Und sie ist auch oftmals gerügt worden, weil sie von den vorgegebenen Maßstäben abgegangen ist. Auch nach unten. Der vor ihr die Kammer geleitet hat, ist – möglicherweise auch angesichts seiner Aufgabe – dem Suff verfallen.«

Zur Erweiterung des Spektrums des Projektes hätte ich auch gern Schöffen befragt und habe deshalb zunächst versucht, die beiden Beisitzer aus meinem eigenen Prozeß zu finden. Vergeblich: Nach vielen Laufereien und noch zahlreicheren Telefonaten mit allen nur denkbaren Justizbehörden stand dann endlich fest: Niemand weiß, wo die Schöffenkartei des Stadtbezirksgerichts Lichtenberg geblieben ist. Jeder Bezirk verwies auf einen anderen, jedes Gericht vermutete die Kartei beim nächsten. Ich werde also keine Antwort eines Schöffen auf meine Frage vorlegen können: Wie haben Sie sich in solch einem politischen Verfahren gefühlt? Oder: Warum haben Sie nicht die (rechtlich durchaus vorhandene) Möglichkeit genutzt, den Richter zu überstimmen?

Natürlich wäre auch wichtig gewesen, die Befindlichkeit von Anwälten in solchen Verfahren zu erfragen, ihren Spielraum und ihre Selbstzweifel. Einer, den ich um einen Bericht gebeten habe, hat brieflich abgesagt:

Partei des	Parteivorstand
Demokratischen	Kleine Alexanderstr. 28
Sozialismus	Berlin, 1020
	2. 10. 91

Sehr geehrter Herr Furian,
Ihren Brief vom 11. 9. 1991 habe ich erhalten. Augenblicklich sehe ich keine reale Chance, die Ruhe und die Zeit zu finden, die ich benötigen würde, um entsprechend Ihren Vorstellungen über Amtsverständnis und Befindlichkeit in der Justiz meine Gedanken niederzuschreiben. Wenn es nicht oberflächlich werden soll, brauche ich dafür aber Zeit. Immerhin reizt mich das Thema so sehr, daß ich auch nicht ausschließen will, daß ich mir dafür ir-

gendwann die Zeit nehme. Konkrete Versprechungen kann ich aber nicht abgeben.

Ich bitte Sie, dafür Verständnis zu haben.

Hochachtungsvoll
Gregor Gysi

Besondere Erwartungen hatte ich an meinen damaligen Verteidiger, Herrn de Maizière, geknüpft. Erstens wollte ich ihm Gelegenheit geben, zu meiner Bewertung seiner Tätigkeit, wie ich sie in *Mehl aus Mielkes Mühlen* getroffen habe, Stellung zu nehmen, und sei es auch nur, um sich – wie er mir gegenüber in einem klärenden Gespräch gesagt hat – bitter zu beklagen. Vor allem aber hatte ich gehofft, aus seinem Munde oder seiner Feder zu erfahren, wie es erstens um den Spielraum und zweitens um das Selbstwertgefühl des DDR-Anwalts in politischen Verfahren bestellt gewesen ist. In dem erwähnten Gespräch hatte er mir sehr beeindruckend von einer Begegnung mit Bischof Forck erzählt, der ihn gebeten hatte, Stephan Krawczyk und Freya Klier zu verteidigen. Er, de Maizière, hatte erwidert, er habe es satt, als Galionsfigur aufzutreten und dem herrschenden System als rechtsstaatliches Feigenblatt zu dienen. Auf Forcks Einwand, er habe doch aber eine seelsorgerliche Pflicht zu erfüllen, entgegnete de Maizière, nach seinen eigenen Worten an dieser Stelle einigermaßen aus der Fassung geraten, wenn er dies hätte tun wollen, hätte er einen anderen Beruf erlernt. Dies aber sei nicht sein Wunsch gewesen. (In dieser Anekdote zeigt sich für mein Empfinden das klassische Dilemma eines »politischen« Anwalts zu DDR-Zeiten.)

Nachdem Herr de Maizière in dem Gespräch mit mir betont hatte, er rechne sich nicht der *Gegenseite* zu (ich hatte ihm das Projekt vorgestellt als Nachfolgebuch zu *Mehl aus Mielkes Mühlen* mit Befragungen der Gegenseite) und wolle nicht mit Richterin Vogel oder Staatsanwältin Bahn auf einer Ebene erscheinen, bot ich ihm an, das Nachwort oder einen von den anderen deutlich, etwa als Epilog, abgesetzten Bericht zu verfassen und ließ ihm zu diesem Zweck die Rohmanuskripte der übrigen Befragungen da. Seine Antwort: Ich werd's mir überlegen. Er wolle zu diesem Zweck auch noch in die eine oder andere Akte schauen, um Genaueres sagen zu können zu den juristischen Möglichkeiten, die er in seinen Verfahren hatte, den Mandanten tatsächlich zu helfen. Im letzten Moment hat er dann doch abgesagt.

Wenn ich nun versuche, mir die mitgeteilten Gründe in Erinnerung zu rufen, so ist da wenig wirklich Faßbares und kaum etwas Überzeugendes. Von all den Äußerungen der Befragten, so sagt er, seien nur die einer einzigen Person akzeptabel. Außerdem kenne er einige, und mit denen wolle er nicht in einer Reihe, ja nicht einmal in einem Buch zu Wort kommen. Schließlich seien möglicherweise einige meiner Fragen falsch gestellt, so daß der eine oder andere der Befragten sich daraufhin »bockig« gezeigt habe. Davon, daß er zu seiner eigenen Befindlichkeit als Anwalt etwas sagen sollte, kein Wort mehr. Ich war sehr enttäuscht. Und wenn jemand, der ihn gut kennt, meint, de Maizière habe im Moment einfach Angst, sich zu äußern, ganz gleich, in welchem Zusammenhang, und wittere überall Mißbrauch, so mag das ja sein; dennoch hätte ich von ihm mehr Souveränität erwartet. Schade. Sicher kann ich mir sagen: Die Rolle der Anwälte ist ja nicht das einzige, was am Ende dieses Unternehmens offengeblieben ist. Aber das ist ein schwacher Trost.

Einen, der zwar nicht der Justiz, wohl aber ihrer »Peripherie« zuzurechnen ist, Michael Franzen, ehemals mein Gruppenleiter im VEB Wärmeanlagenbau Berlin, hätte ich auch gern im Buch zu Wort kommen lassen. Er war derjenige, der mich denunziert hat. Ich habe mich lange gescheut, ihn darauf anzusprechen (unmittelbar nach meiner Entlassung 1986 habe ich mir lediglich die Schallplatte der englischen Version des *Messias* von Händel zurückgeholt, die ich ihm kurz vor meiner Verhaftung geliehen hatte), und es hat mich ausgesprochene Überwindung gekostet, ihn zu Hause aufzusuchen. Als ich es schließlich im Oktober 1991 doch tat, wurde die Tür – sie war von innen mit einer Kette gesichert – von seiner Frau einen Spalt weit geöffnet. Nachdem ich die Frage, wer denn da sei, beantwortet hatte, verging eine kleine Weile, dann öffnete er mir die Tür. Ich fragte, ob ich ihn kurz sprechen könne, und er ließ mich, offensichtlich widerwillig, in die Küche ein. Zunächst lehnte er rundweg ab, sich zu äußern. Als ich dann zu argumentieren versuchte, Ungeklärtes müsse doch bereinigt werden, und das Buchprojekt vorstellte, erklärte er, er könne sich genau erinnern, es sei ein heißer Tag gewesen, der Stasi-Mann sei gereizt gewesen, da er, Franzen, die erste getippte Fassung seiner Zeugenaussage nicht unterschrieben habe. Aber das, woran ich mich erinnere (mein Vernehmer hatte mir nämlich unter vielen anderen Zeugenaussagen auch Franzens Erklärung vorgelegt), habe er nicht gesagt. Sein Kontakt zum Sicherheitsbeauftragten des Betriebes sei rein privater Natur gewesen. Meinen Vorschlag, doch gemeinsam zu recherchieren, ob das MfS-Untersuchungsorgan eventuell mit Unterschriftsfälschungen gearbeitet habe, lehnte er ab. Er fügte dann hinzu, es habe keinen Sinn, wenn er sich äußere – er würde nur Frust ablassen, und das sei vor allem Frust gegen mich. Damit erklärte er das Gespräch für beendet und forderte mich auf, die Wohnung zu verlassen.

Aus der Gerichtsakte 11980/86, Strafsache Gilbert Radulovic (heute: Furian), Band 6, Blatt 1063/64:

Es muß Ende 1984 gewesen sein, als mich Radulovic im Betrieb ansprach und mir ein Exemplar der Schrift anbot. [...]
Da meine Frau wie ich zu der Meinung kam, daß diese Schrift ein niveauloses Machwerk war, [...] ging ich dann einige Tage nach Erhalt dieser Schrift zum Sicherheitsbeauftragten des Betriebes und teilte ihm mit, daß Radulovic eine derartige Schmiererei hergestellt hat. Was der Erstgenannte daraufhin einleitete, ist mir nicht bekannt.

Michael Franzen

Was fange ich nun mit ihm an? Verurteilen? Da ist mir der »Rechtsstaat« im Wege. Verachten? Da bin ich mir selbst im Wege. Verzeihen? Müßte er da nicht zuvor den Mut zum Bekenntnis und die Kraft zur Reue zeigen? Ich weiß es nicht.

Gilbert Furian

Nachbemerkungen

In dem vorliegenden Buch *Der Richter und sein Lenker* hat Gilbert Furian versucht, durch die Befragung von Menschen, die bei politischen Strafverfahren der DDR mitgearbeitet haben, Antworten auf die zwei Fragen zu finden: »Wie funktionierte die politische Justiz in der DDR?« und »Was waren die dafür zuständigen Richter, Staatsanwälte oder Vernehmer für Menschen?«

Es geht ihm dabei weder um die Reinwaschung der damals in der DDR in politischen Strafverfahren arbeitenden Menschen noch um ihre abstrakte Verurteilung als *Täter*. Er möchte vielmehr einsichtig machen, unter welchen Voraussetzungen diese Menschen damals funktioniert haben. Furian läßt die von ihm Befragten berichten, was sie seinerzeit zu der Wahl ihres Berufes geführt hat. Dabei wird deutlich, daß oft die positive Einstellung zum Sozialismus, von dem man eine Besserung der menschlichen Verhältnisse in der DDR und in der ganzen Welt erwartete, den Ausschlag für den Berufswunsch gegeben hat. Diese – im nachhinein von den Befragten nicht selten als »unkritisch« bezeichnete – positive Wertung des Sozialismus war es denn aber auch, die dazu führte, daß Gesetze oder Verordnungen des DDR-Staates zu selbstverständlich als für die Gesamtbevölkerung nützlich und nun einmal gegeben übernommen wurden. Wer meinte, den Sozialismus so uneingeschränkt bejahen zu können, mußte wohl alle kritische Auseinandersetzung mit ihm oder gar seine Ablehnung als gefährlich ansehen. Es gibt zu denken, wenn einzelne die Bestrafung politisch Andersdenkender als eine Hilfe für die Bestraften angesehen haben, eine bessere menschliche Einstellung zu finden. So, wie es berichtet wird, kann man jedenfalls das Gesagte nicht einfach als eine billige Ausrede oder gar als Vorwand wider besseres Wissen abtun. Vernehmer, Staatsanwälte und Richter haben sich zum Teil auch menschlich um die Angeklagten bemüht, waren aber auf die offizielle Ideologie des Staates so festgelegt, daß sie eine grundsätzlich andere Verfahrensweise im Ermittlungs- und Strafverfahren nicht für nötig hielten. Die positive Grundeinstellung zur Ideologie des DDR-Staates hat auch Spitzeln den Eindruck vermittelt, sie täten mit ihrer Beobachtung von Menschen und den Berichten über sie etwas für die Gesellschaft Positives. Erst der Sturz der Herrschenden und die Aufdeckung deren eigenen Verrats an den Grundideen des Sozialismus hat den Befragten ihre damaligen Entscheidungen fragwürdig erscheinen lassen.

Das Buch von Gilbert Furian ist eine Hilfe, die Vergangenheit in der DDR besser zu verstehen. Indem die Berichte Einblick geben in Motive und Zusammenhänge von gefällten Entscheidungen, bewahren sie vor einfacher Aburteilung von Menschen und sind ein Beitrag zur Entfeindung und Versöhnung, die heute zwischen den Menschen im Osten und im Westen Deutschlands besonders nötig sind.

Gottfried Forck
Dezember 1991

Dokumentation der gesetzlichen Grundlagen für die Durchsetzung politischen Strafrechts in der DDR
(Auswahl)

Strafgesetzbuch 1871
(Auszug)
§ 131
Staatsverleumdung

Wer erdichtete oder entstellte Tatsachen, wissend, daß sie erdichtet oder entstellt sind, öffentlich behauptet oder verbreitet, um dadurch Staatseinrichtungen oder Anordnungen der Obrigkeit verächtlich zu machen, wird mit Geldstrafe oder mit Gefängnis bis zu zwei Jahren bestraft.

[Wirkung wurde mit StEG § 27 am 1. 2. 1958 aufgehoben.]

Direktive Nr. 38 des Kontrollrates
vom 12. Oktober 1946
(Auszug)

Der Kontrollrat erläßt folgende Direktive:
Abschnitt I
1. Zweck

Der Zweck dieser Direktive ist es, für ganz Deutschland gemeinsam Richtlinien zu schaffen betreffend:

a) die Bestrafung von Kriegsverbrechern, Nationalsozialisten, Militaristen und Industriellen, welche das nationalsozialistische Regime gefördert und gestützt haben;

b) die vollständige und endgültige Vernichtung des Nationalsozialismus und des Militarismus durch Gefangensetzung oder Tätigkeitsbeschränkung von bedeutenden Teilnehmern oder Anhängern dieser Lehren;

c) die Internierung von Deutschen, welche, ohne bestimmter Verbrechen schuldig zu sein, als für die Ziele der Alliierten gefährlich zu betrachten sind, sowie die Kontrolle und Überwachung von Deutschen, die möglicherweise gefährlich werden können.

Abschnitt II

Artikel III

Belastete

A. Aktivisten.

[...] III. Aktivist ist auch, wer nach dem 8. Mai 1945 durch Propaganda für den Nationalsozialismus oder Militarismus oder durch Erfindung und Verbreitung tendenziöser Gerüchte den Frieden des deutschen Volkes oder den Frieden der Welt gefährdet hat oder möglicherweise noch gefährdet.

Artikel IX

Sühnemaßnahmen gegen Belastete

1. Sie können auf die Dauer bis zu zehn Jahren in einem Gefängnis oder in einem Lager interniert werden, um Wiedergutmachungs- oder Wiederaufbauarbeiten zu verrichten. Internierung aus politischen Gründen nach dem 8. Mai 1945 kann angerechnet werden.
2. Ihr Vermögen kann als Beitrag zur Wiedergutmachung ganz oder teilweise eingezogen werden. Bei teilweiser Einziehung des Vermögens sind insbesondere die Sachwerte einzuziehen. Die notwendigen Gebrauchsgegenstände sind ihnen zu belassen.
3. Sie dürfen kein öffentliches Amt einschließlich Notariat und Anwaltschaft bekleiden.
4. Sie verlieren alle Rechtsansprüche auf eine aus öffentlichen Mitteln zahlbare Pension oder Zuwendung.
5. Sie verlieren das aktive und passive Wahlrecht, das Recht, sich irgendwie politisch zu betätigen oder Mitglied einer politischen Partei zu sein.
6. Sie dürfen weder Mitglied einer Gewerkschaft noch einer wirtschaftlichen oder beruflichen Vereinigung sein.
7. Es ist ihnen auf Dauer von mindestens fünf Jahren nach ihrer Freilassung untersagt,
   a) in einem freien Beruf oder selbständig in irgendeinem

gewerblichen Betrieb tätig zu sein, sich an einem solchen zu beteiligen oder dessen Aufsicht oder Kontrolle auszuüben,

b) in nicht selbständiger Stellung anders als in gewöhnlicher Arbeit beschäftigt zu sein,

c) als Lehrer, Prediger, Redakteur, Schriftsteller oder Rundfunk-Kommentator tätig zu sein.

8. Sie unterliegen Wohnraum- und Aufenthaltsbeschränkungen.

9. Sie verlieren alle ihnen erteilten Approbationen, Konzessionen und Vorrechte sowie das Recht, ein Kraftfahrzeug zu halten.

10. Nach Ermessen der Zonenbefehlshaber können in die Zonengesetze Sühnemaßnahmen aufgenommen werden, die es den Belasteten untersagen, eine Zone ohne Genehmigung zu verlassen.

Verfassung
der Deutschen Demokratischen Republik
vom 7. Oktober 1949
(Auszug)

Artikel 6

(1) Alle Bürger sind vor dem Gesetz gleichberechtigt.

(2) Boykotthetze gegen demokratische Einrichtungen und Organisationen, Mordhetze gegen demokratische Politiker, Bekundung von Glaubens-, Rassen-, Völkerhaß, militaristische Propaganda sowie Kriegshetze und alle sonstigen Handlungen, die sich gegen die Gleichberechtigung richten, sind Verbrechen im Sinne des Strafgesetzbuches. Ausübung demokratischer Rechte im Sinne der Verfassung ist keine Boykotthetze.

(3) Wer wegen Begehung dieser Verbrechen bestraft ist, kann weder im öffentlichen Dienst noch in leitenden Stellen im wirtschaftlichen und kulturellen Leben tätig sein. Er verliert das Recht, zu wählen und gewählt zu werden.

Gesetz zur Ergänzung des Strafgesetzbuches
vom 11. Dezember 1957
(Strafrechtsergänzungsgesetz)
(Auszug)

§ 14
Spionage

Wer es unternimmt, Tatsachen, Gegenstände, Forschungsergeb-
nisse oder sonstige Nachrichten, die im politischen oder wirtschaftlichen Interesse oder zum Schutze der Deutschen Demokratischen Republik geheimzuhalten sind, an andere Staaten oder
deren Vertreter, an Organisationen oder Gruppen, die einen
Kampf gegen die Arbeiter-und-Bauern-Macht oder andere fried-
liebende Völker führen, oder deren Vertreter oder Helfer auszuliefern oder zu verraten, wird wegen Spionage mit Zuchthaus
nicht unter drei Jahren bestraft; auf Vermögenseinziehung kann
erkannt werden.

§ 19
Staatsgefährdende Propaganda und Hetze

(1) Wer
1. den Faschismus oder Militarismus verherrlicht oder propa-
    giert oder gegen andere Völker oder Rassen hetzt,
2. gegen die Arbeiter-und-Bauern-Macht hetzt, gegen ihre Or-
    gane, gegen gesellschaftliche Organisationen oder gegen ei-
    nen Bürger wegen seiner staatlichen oder gesellschaftlichen
    Tätigkeit oder seiner Zugehörigkeit zu einer staatlichen Ein-
    richtung oder gesellschaftlichen Organisation hetzt, Tätlich-
    keiten begeht oder sie mit Gewalttätigkeiten bedroht, wird
    mit Gefängnis nicht unter drei Monaten bestraft. Der Versuch
    ist strafbar.

(2) Ebenso wird bestraft, wer Schriften oder andere Gegenstände
mit einem derartigen Inhalt herstellt oder mit dem Ziele der Hetze
einführt oder verbreitet.

(3) In schweren Fällen, insbesondere, wenn die Tat im Auftrage
der in § 14 genannten Stellen oder Personen oder wenn sie planmäßig begangen wird, ist auf Zuchthaus zu erkennen.

§ 20
Staatsverleumdung

Wer

1. die Maßnahmen oder die Tätigkeit staatlicher Einrichtungen oder gesellschaftlicher Organisationen öffentlich verleumdet oder entstellt,
2. einen Bürger wegen seiner staatlichen oder gesellschaftlichen Tätigkeit oder seiner Zugehörigkeit zu einer staatlichen Einrichtung oder gesellschaftlichen Organisation öffentlich verleumdet oder verächtlich macht,

wird mit Gefängnis bis zu zwei Jahren bestraft.

§ 21
Verleitung zum Verlassen
der Deutschen Demokratischen Republik

(1) Wer es unternimmt, eine Person

1. im Auftrage von Agentenorganisationen, Spionageagenturen oder ähnlichen Dienststellen oder von Wirtschaftsunternehmen oder
2. zum Zwecke des Dienstes in Söldnerformationen zum Verlassen der Deutschen Demokratischen Republik zu verleiten, wird mit Zuchthaus bestraft; auf Vermögenseinziehung kann erkannt werden.

(2) Wer es unternimmt, einen Jugendlichen oder einen in der Berufsausbildung stehenden Menschen oder eine Person wegen ihrer beruflichen Tätigkeit oder wegen ihrer besonderen Fähigkeiten oder Leistungen mittels Drohung, Täuschung, Versprechen oder ähnlichen die Freiheit der Willensentscheidung beeinflussenden Methoden zum Verlassen der Deutschen Demokratischen Republik zu verleiten, wird mit Gefängnis nicht unter sechs Monaten bestraft.

Strafgesetzbuch
vom 12. Januar 1968
(Auszug)

§ 97
Spionage

(1) Wer Nachrichten oder Gegenstände, die geheimzuhalten sind, zum Nachteil der Interessen der Deutschen Demokratischen Republik für eine fremde Macht, deren Einrichtungen oder Vertreter oder für einen Geheimdienst oder für ausländische Organisationen sowie deren Helfer sammelt, an sie verrät, ihnen ausliefert oder in sonstiger Weise zugänglich macht, wird mit Freiheitsstrafe nicht unter fünf Jahren bestraft.

(2) Vorbereitung und Versuch sind strafbar.

(3) In besonders schweren Fällen kann auf lebenslängliche Freiheitsstrafe oder Todesstrafe erkannt werden.

§ 98

Wer sich von den im § 97 Absatz 1 genannten Stellen oder Personen zum Zwecke der Sammlung, des Verrats oder der Auslieferung von geheimzuhaltenden Nachrichten zum Nachteil der Interessen der Deutschen Demokratischen Republik anwerben läßt, wird ebenfalls wegen Spionage bestraft.

§ 99
Landesverräterische Nachrichtenübermittlung

(1) Wer der Geheimhaltung nicht unterliegende Nachrichten zum Nachteil der Interessen der Deutschen Demokratischen Republik an die im § 97 genannten Stellen oder Personen übergibt, für diese sammelt oder ihnen zugänglich macht, wird mit Freiheitsstrafe von zwei bis zu zwölf Jahren bestraft.

(2) Vorbereitung und Versuch sind strafbar.

§ 100
Landesverräterische Agententätigkeit

(1) Wer zu den im § 97 genannten Stellen oder Personen Verbindung aufnimmt oder sich zur Mitarbeit anbietet oder diese Stellen oder Personen in sonstiger Weise unterstützt, um die Interessen

der Deutschen Demokratischen Republik zu schädigen, wird mit Freiheitsstrafe von einem Jahr bis zu zehn Jahren bestraft.

(2) Vorbereitung und Versuch sind strafbar.

§ 103
Diversion

(1) Wer Maschinen, volkswirtschaftliche oder militärische Anlagen oder Ausrüstungen, Gebäude, Transport- oder Verkehrseinrichtungen, Rohstoffe, Erzeugnisse oder Reserven, Unterlagen der Forschung oder Wissenschaft oder andere für die Entwicklung der sozialistischen Gesellschaft, die Volkswirtschaft oder die Landesverteidigung wichtige Gegenstände, Materialien oder Einrichtungen zerstört, unbrauchbar macht, beschädigt oder in anderer Weise dem bestimmungsgemäßen Gebrauch entzieht, um die sozialistische Staats- und Gesellschaftsordnung der Deutschen Demokratischen Republik zu schädigen, wird mit Freiheitsstrafe nicht unter drei Jahren bestraft.

(2) Vorbereitung und Versuch sind strafbar.

(3) In besonders schweren Fällen kann auf lebenslängliche Freiheitsstrafe oder Todesstrafe erkannt werden.

§ 105
Staatsfeindlicher Menschenhandel

(1) Wer

1. um die Deutsche Demokratische Republik zu schädigen;
2. im Zusammenhang mit den in § 97 genannten Stellen oder Personen Bürger der Deutschen Demokratischen Republik ins Ausland abwirbt, verschleppt, ausschleust oder deren Rückkehr in die Deutsche Demokratische Republik verhindert oder in sonstiger Weise an der Tat mitwirkt,

wird mit Freiheitsstrafe nicht unter zwei Jahren bestraft.

(2) Vorbereitung und Versuch sind strafbar.

(3) In besonders schweren Fällen kann auf lebenslängliche Freiheitsstrafe erkannt werden.

§ 106
Staatsfeindliche Hetze

(1) Wer die verfassungsmäßigen Grundlagen der sozialistischen Staats- und Gesellschaftsordnung der Deutschen Demokratischen

Republik angreift oder gegen sie aufwiegelt, indem er

1. die gesellschaftlichen Verhältnisse, Repräsentanten oder andere Bürger der Deutschen Demokratischen Republik wegen deren staatlicher oder gesellschaftlicher Tätigkeit diskriminiert;
2. Schriften, Gegenstände oder Symbole zur Diskriminierung der gesellschaftlichen Verhältnisse, von Repräsentanten oder anderen Bürgern herstellt, einführt, verbreitet oder anbringt;
3. die Freundschafts- und Bündnisbeziehungen der Deutschen Demokratischen Republik diskriminiert;
4. Verbrechen gegen den Staat androht oder dazu auffordert, Widerstand gegen die sozialistische Staats- und Gesellschaftsordnung der Deutschen Demokratischen Republik zu leisten;
5. den Faschismus oder Militarismus verherrlicht oder Rassenhetze betreibt,

wird mit Freiheitsstrafe von einem bis zu acht Jahren bestraft.

(2) Wer zur Durchführung des Verbrechens mit Organisationen, Einrichtungen oder Personen zusammenwirkt, deren Tätigkeit gegen die Deutsche Demokratische Republik gerichtet ist, oder das Verbrechen planmäßig durchführt, wird mit Freiheitsstrafe von zwei bis zu zehn Jahren bestraft.

(3) Vorbereitung und Versuch sind strafbar.

§ 107
Verfassungsfeindlicher Zusammenschluß

(1) Wer einer Vereinigung, Organisation oder einem sonstigen Zusammenschluß von Personen angehört, die sich eine verfassungsfeindliche Tätigkeit zum Ziele setzen, wird mit Freiheitsstrafe von zwei bis zu acht Jahren bestraft.

(2) Wer einen verfassungsfeindlichen Zusammenschluß herbeiführt oder dessen Tätigkeit organisiert, wird mit Freiheitsstrafe von drei bis zu zwölf Jahren bestraft.

(3) Wer einen verfassungsfeindlichen Zusammenschluß fördert oder in sonstiger Weise unterstützt, wird mit Freiheitsstrafe von einem bis zu fünf Jahren bestraft.

(4) Der Versuch ist strafbar.

§ 213
Ungesetzlicher Grenzübertritt

(1) Wer widerrechtlich die Staatsgrenze der Deutschen Demokratischen Republik passiert oder Bestimmungen des zeitweiligen Aufenthalts in der Deutschen Demokratischen Republik sowie des Transits durch die Deutsche Demokratische Republik verletzt, wird mit Freiheitsstrafe bis zu zwei Jahren oder mit Verurteilung auf Bewährung, Haftstrafe oder mit Geldstrafe bestraft.

Hinweis: Zur strafrechtlichen Verfolgung wegen ungenehmigten Verlassens der DDR vor dem 1. 1. 1972 vgl. § 2 des Gesetzes vom 16. 10. 1972 zur Regelung von Fragen der Staatsbürgerschaft (GBl. I, Nr. I, S. 265).

(2) Ebenso wird bestraft, wer als Bürger der Deutschen Demokratischen Republik rechtswidrig nicht oder nicht fristgerecht in die Deutsche Demokratische Republik zurückkehrt oder staatliche Festlegungen über seinen Auslandsaufenthalt verletzt.

(3) In schweren Fällen wird der Täter mit Freiheitsstrafe von einem Jahr bis zu acht Jahren bestraft. Ein schwerer Fall liegt insbesondere vor, wenn

1. die Tat Leben oder Gesundheit von Menschen gefährdet;
2. die Tat unter Mitführung von Waffen oder unter Anwendung gefährlicher Mittel oder Methoden erfolgt;
3. die Tat mit besonderer Intensität durchgeführt wird;
4. die Tat durch Urkundenfälschung (§ 240), Falschbeurkundung (§ 242) oder durch Mißbrauch von Urkunden oder unter Ausnutzung eines Verstecks erfolgt;
5. die Tat zusammen mit anderen begangen wird;
6. der Täter wegen ungesetzlichen Grenzübertritts bereits bestraft ist.

   Hinweis: Vgl. Hinweis zu § 44 StGB.

(4) Vorbereitung und Versuch sind strafbar.

§ 214
Beeinträchtigung staatlicher oder gesellschaftlicher Tätigkeit

(1) Wer die Tätigkeit staatlicher Organe durch Gewalt oder Drohungen beeinträchtigt oder in einer die öffentliche Ordnung gefährdenden Weise eine Mißachtung der Gesetze bekundet oder zur Mißachtung der Gesetze auffordert, wird mit Freiheitsstrafe

bis zu drei Jahren oder mit Verurteilung auf Bewährung, Haftstrafe, Geldstrafe oder mit öffentlichem Tadel bestraft.

(2) Ebenso wird bestraft, wer gegen Bürger wegen ihrer staatlichen oder gesellschaftlichen Tätigkeit oder wegen ihres Eintretens für die öffentliche Ordnung und Sicherheit mit Tätlichkeiten vorgeht oder solche androht.

(3) Wer zusammen mit anderen eine Tat nach den Absätzen 1 oder 2 begeht, wird mit Freiheitsstrafe bis zu fünf Jahren bestraft.

(4) Ist die Tatbeteiligung von untergeordneter Bedeutung, kann der Täter mit Verurteilung auf Bewährung, Haftstrafe oder Geldstrafe bestraft werden.

(5) Der Versuch ist strafbar.

§ 219
Ungesetzliche Verbindungsaufnahme

(1) Wer zu Organisationen, Einrichtungen oder Personen, die sich eine gegen die staatliche Ordnung der Deutschen Demokratischen Republik gerichtete Tätigkeit zum Ziele setzen, in Kenntnis dieser Ziele oder Tätigkeit in Verbindung tritt, wird mit Freiheitsstrafe bis zu fünf Jahren, Verurteilung auf Bewährung oder mit Geldstrafe bestraft.

(2) Ebenso wird bestraft

1. wer als Bürger der Deutschen Demokratischen Republik Nachrichten, die geeignet sind, den Interessen der Deutschen Demokratischen Republik zu schaden, im Ausland verbreitet oder verbreiten läßt oder zu diesem Zweck Aufzeichnungen herstellt oder herstellen läßt;

2. wer Schriften, Manuskripte oder andere Materialien, die geeignet sind, den Interessen der Deutschen Demokratischen Republik zu schaden, unter Umgehung von Rechtsvorschriften an Organisationen, Einrichtungen oder Personen im Ausland übergibt oder übergeben läßt.

(3) Der Versuch ist im Falle des Absatzes 2 Ziffer 2 strafbar.

§ 220
Öffentliche Herabwürdigung

(1) Wer in der Öffentlichkeit die staatliche Ordnung oder staatliche Organe, Einrichtungen oder gesellschaftliche Organisationen oder deren Tätigkeit oder Maßnahmen herabwürdigt, wird mit

Freiheitsstrafe bis zu drei Jahren oder mit Verurteilung auf Bewährung, Haftstrafe, Geldstrafe oder mit öffentlichem Tadel bestraft.

(2) Ebenso wird bestraft, wer Schriften, Gegenstände oder Symbole, die geeignet sind, die staatliche oder öffentliche Ordnung zu beeinträchtigen, das sozialistische Zusammenleben zu stören oder die staatliche oder gesellschaftliche Ordnung verächtlich zu machen, verbreitet oder in sonstiger Weise anderen zugänglich macht.

(3) Ebenso wird bestraft, wer in der Öffentlichkeit Äußerungen faschistischen, rassistischen, militaristischen oder revanchistischen Charakters kundtut oder Symbole dieses Charakters verwendet, verbreitet oder anbringt.

(4) Wer als Bürger der Deutschen Demokratischen Republik die Tat nach Absatz 1 oder 3 im Ausland begeht, wird mit Freiheitsstrafe bis zu fünf Jahren, Verurteilung auf Bewährung oder mit Geldstrafe bestraft.

§ 221
Herabwürdigung ausländischer Persönlichkeiten

Wer in der Öffentlichkeit das Ansehen in der Deutschen Demokratischen Republik weilender führender Repräsentanten anderer Staaten oder einer ausländischen oder internationalen Organisation in einer Weise herabwürdigt, die geeignet ist, die friedliche Zusammenarbeit zwischen den Völkern zu beeinträchtigen und das Ansehen der Deutschen Demokratischen Republik zu schädigen, wird mit Freiheitsstrafe bis zu zwei Jahren oder Verurteilung auf Bewährung oder mit Geldstrafe bestraft.

§ 249
Beeinträchtigung der öffentlichen Ordnung und Sicherheit durch asoziales Verhalten

(1) Wer das gesellschaftliche Zusammenleben der Bürger oder die öffentliche Ordnung und Sicherheit beeinträchtigt, indem er sich aus Arbeitsscheu einer geregelten Arbeit entzieht, obwohl er arbeitsfähig ist, wird mit Verurteilung auf Bewährung, Haftstrafe oder mit Freiheitsentzug bis zu zwei Jahren bestraft.

(2) Ebenso wird bestraft, wer der Prostitution nachgeht oder in sonstiger Weise die öffentliche Ordnung und Sicherheit durch eine asoziale Lebensweise beeinträchtigt.

(3) In leichten Fällen kann von Maßnahmen der strafrechtlichen Verantwortlichkeit abgesehen und auf staatliche Kontroll- und Erziehungsaufsicht erkannt werden.

(4) Ist der Täter nach Absatz 1 oder 2 wegen eines Verbrechens bereits bestraft, kann auf Freiheitsstrafe bis zu fünf Jahren erkannt werden.

(5) Zusätzlich kann auf Aufenthaltsbeschränkung und auf ständige Kontroll- und Erziehungsaufsicht erkannt werden.

Ich danke der *Initiative Frieden und Menschenrechte*
für die finanzielle
und wiederum Hanka Knipper
für ihre tätige Unterstützung
sowie meinem Lektor Rolf Lonkowski
für den kurzen Weg und den langen Atem.

Inhalt

GILBERT FURIAN

Mehl aus
Mielkes Mühlen

Berichte

Briefe

Dokumente

312 Seiten · 12,80 DM
ISBN 3-359-00507-4
lieferbar

»Man erfährt sehr bald, daß mit dem Augenblick des Anlegens der Handschellen die Existenz als Mensch ein für allemal vorbei ist, daß mit der Nummer, die man bekommt, und mit den Beschuldigungen . . . leben muß, denn es gibt da nur eine allumfassende Wahrheit, das ist ihre Wahrheit . . .«

Vierzig Jahre DDR – das sind vierzig Jahre gewöhnlicher Sozialismus. Die Berichte der Opfer des Systems – Zeugnisse der unglaublichen und unmenschlichen Perfektion von Stasi und Justiz, ihres unheilvollen Zusammenspiels.

Die DDR war das Land der unbegrenzten Möglichkeiten – verhaftet und politisch verurteilt zu werden: wenn man aus diesem Land fliehen wollte, wenn man den Einmarsch in die ČSSR 1968 öffentlich kritisierte oder wenn man nicht mit der Stasi zusammenarbeiten wollte . . .